价值投资应具备的思维方式

蒋　炜◎著

中国铁道出版社有限公司
CHINA RAILWAY PUBLISHING HOUSE CO., LTD.

内 容 简 介

本书分为三大部分。第一部分是认识投资，对于绝大多数普通人来说，先养成储蓄的良好习惯，然后利用储蓄进行投资，才有机会借力资本市场实现财富的增值。这其中的门槛是需要改变看待股市的视角，只有先认可买股票就是买生意的逻辑，才有内在的驱动力去花时间和精力进行企业基本面的深度研究。第二部分是思维方式，介绍股权思维、安全边际、“市场先生”和能力圈的概念。企业财务报表分析过程中需要考察的核心要点。企业竞争优势分析的方法，建立识别消费垄断型企业的能力。常用的估值方法，掌握确定企业内在价值的方式。资产配置的方法，如何利用概率和赔率来建立投资组合。了解一些投资心理学的知识，避免在投资的过程中被人性的弱点牵制。第三部分是精神投资，财富只是手段，幸福才是目的。通过长时间坚持价值投资的方法，最终实现财务自由。

本书适合对股票投资感兴趣的广大业余投资者，尤其是尚未建立完善投资体系的朋友。

图书在版编目（CIP）数据

价值投资应具备的思维方式/蒋炜著.—北京：中国铁道出版社有限公司，2019.7（2019.10重印）
ISBN 978-7-113-25794-1

Ⅰ.①价… Ⅱ.①蒋… Ⅲ.①股票投资 Ⅳ.①F830.91

中国版本图书馆CIP数据核字（2019）第091675号

书　　名：价值投资应具备的思维方式
作　　者：蒋　炜

责任编辑：张亚慧　　读者热线电话：010-63560056
责任印制：赵星辰　　封面设计：MXK DESIGN STUDIO

出版发行：中国铁道出版社有限公司（100054，北京市西城区右安门西街8号）
印　　刷：三河市兴达印务有限公司
版　　次：2019年7月第1版　2019年10月第2次印刷
开　　本：700 mm×1 000 mm　1/16　印张：16　字数：253千
书　　号：ISBN 978-7-113-25794-1
定　　价：59.00元

推荐序

财富是认知的变现

张居营（闲来一坐s话投资）

与蒋炜先生多年前就在雪球上“认识”并互相关注，后来在一个价值投资线下交流会上终于谋面，发现他原来竟是一个如此充满朝气与活力的青年才俊。蒋炜先生还创办了价值投资“大视野”投资圈，“啸聚”了国内一些做价值投资的同道，并且每年还举办线下交流活动。或许由于“惺惺相惜”（价值投资本来就是小众），所以平时对他写的一些文章、帖子也经常学习，并且互有交流。因此，当蒋炜先生告诉我他写了《价值投资应具备的思维方式》这本书，并请我作序之时，我很高兴地答应下来。

是的，价值投资应当具有什么样的思维方式呢？我觉得这本书的这个“选题”很好。因为已经有大量的事实证明，对于我们普通人来讲，价值投资是让我们实现慢慢变富的唯一、正确的道路（当然也别抬扛，我也从不否认有少数的交易天才能够成功，但那已经不是普通人了），但是为什么这样一个很符合简单常识与逻辑的朴素理论，却从来不会在股票市场上为大数人所接受呢？

世界著名的投资大师巴菲特在他那篇著名的演讲《格雷厄姆——多德式的超级投资者》中说过：“让我感到奇怪的是，人们要么会瞬间接受以40美分买进1美元的东西这一理念，要么永远也不会接受这一理念。这就像向某人灌输某种思想一样，如果这一理念不能立即俘获他，即使你再跟他说上几年，拿出历史记录给他看，也无济于事。他们就是不能掌握这一理念，尽管它是如此简单明了。我从来没有见过什么人是在10年间逐渐接受这一理念的。这种事情与人的智商或教育背景无关；你要么马上理解它，要么一辈子也不会懂。”他的老朋友芒格先生更是一针见血地说过，我们人类有一种可怕的思想关闭机制，这就像一个卵子只接受一个精子一样。当然在我的理解之中，芒格先生所指的是那些“思想顽固者”，实际上据我的观察，有不少投资者经过自己的学习与训练，是能够慢慢接受这一具有普世价值的投资理念的。当然，前提是自己的思维方式要改变。

蒋炜先生的这本书恰恰是从这个话题开始切入的。比如，他从“认识投资”开始谈起，认为对于绝大多数普通人来说，要先养成储蓄的良好习惯，然后利用储蓄进行投资，如此才有机会借力资本市场实现财富的放大。这里面的门槛是需要改变看待股市的视角，只有先认可买股票就是买生意的逻辑，才有内在的驱动力去花时间和精力进行企业基本面的深度研究 。然后，他讲了建立“资本思维模型”，谈到了投资与投机的区别，对价值投资的四大基石做了精辟的分析。在具备了以上这些“思维基础”的前提下，书中又进一步切入企业竞争优势分析、财务报表分析、估值分析、资产配置、投资心理学等一些“深层次”的话题。可以说，整个书的架构是依次推进的，既有很强的逻辑性，又有很强的实战性；既有投资中的“道”，又有投资中的“术”，对于不同层次的读者来讲，均有很大的帮助与借鉴启发意义。

最让我欣赏的是蒋炜先生的财富观。他说，我们所拥有的财富越多，承担的社会责任也就越大。放下对金钱的执着，金钱只是手段，幸福的人生才是终极目的。投资可以是很煎熬的事情，也是很快乐的事情。是的，在今天中国的投资圈确实有这么一个奇妙的现象：大凡价值投资者们似乎最后都会如此“殊途同归”，当他们获取了一定的财富之后，与其“独乐乐”不如与“他人乐”。所以，他们中很多的人都成为无私的分享者，或通过文章，或通过书籍来分享自己的投资价值观和投资理念，更有大成就者还会做一些回报社会的实际工作。蒋炜先生毫无疑问是其中的一员。

最后我要说的是，本人作为一个在中国资本市场浸淫近二十年的投资者，如果说还有些感悟的话，那就是一个人在资本市场上投资的长期丰硕成果，实际上是他广泛智力活动与人生阅历的副产品，是自己认知的变现。如果你想在市场上获得成功，首先是在思维方式上要进行“修正”，从这个角度来讲，蒋炜先生的这本书，一定会给你带来“刷新”头脑的阅读体验！

与众不同的思维方式

姚斌（一只花蛤）

读到蒋炜先生寄来《价值投资应具备的思维方式》的文稿，我很高兴。蒋炜先生是财经网站大视野创始人，春谷投资执行董事。在《价值投资应具备的思维方式》这本新书中，他将价值投资视为一种思维，在此基础上进行拓展，具体地指出价值投资应具备的思维方式。

很显然，价值投资肯定并非仅仅是一种投资策略，而是一种思维。这样的一种思维可以展示出清晰的“与众不同”的特性，从而将自己与90%以上的人区别开来。在考察了超过80年的价值投资历程后，我们现在可以得出一个基本的判断，那就是，投资者如果要获得持续性的成功，那么价值投资就是一个很好的选择。但在这其中，投资者首先必须构建一个价值投资的系统性思维。

这个系统性思维集中表现在对价值投资“四大基石”的理解并实践之上。也就是将买股票视为做生意、无限追求安全边际、忽略市场的短期波动以及在能力圈内行事。构建这样一个系统性思维，它就能够使得一个投资者站在公司所有者的角度看问题，思考公司未来发展的前景和当前存在的问题，最终分享公司经营的成果。这样一个系统性思维，就是价值投资应具备的思维方式。

如果我们将买股票视为做生意，那么我们就不会与市场上大多数人一样，仅仅将股票当成彩票一样换来换去、频繁交易，赚取其中的差价。我们就会提前做很多研究，不会因为兴趣而做任何决定。我们就会去评估一家公司，在充分考量公司前景及其财务数据后，选择少数几种可以在长期拉锯战中产生高于平均收益的股票，特别关注其内在价值，将我们的大部分资本集中在这些股票上，不管股市短期跌升，坚持持股，稳中求胜。

如果我们无限追求安全边际，那么我们就会进行逆向思维，“在别人贪婪时恐惧，在别人恐惧时贪婪”，想方设法在内在价值的基础上预留一部分的安全边际空间。正如巴菲特所说的，他希望他的入市价格会比他对公司目前的估值低得多。这两个数字之间的差距就是他的“安全边际”，即在他的业务分析或假设中出现错误时可以限制损失的大小。安全边际意味着不要试图在一座限重10000kg的桥上驾驶一辆9800kg的卡车，而是再往前走，寻找一座限重15000kg的桥去驶过。

如果我们忽略了市场的短期波动，那么我们就会知道价值从来不会缺席，只会迟到。格雷厄姆首创将股价波动比喻成“市场先生”。这位市场先生每天都会报出一个他既会买入我们的股权，也会卖出他的股权的价格，而且从未失灵。如果今天市场先生的报价不能引起我们的兴趣，那么明天市场先生会再来一个新的，并且交易严格按照你的选择。所以，在这些情况下，市场先生的行为越狂躁抑郁，对投资者就越有利。也就是说，市场可能会在一段时间内忽视企业的成功，但最终会加以肯定。

如果我们能够在自己的能力圈内行事，那么我们将能够回避掉许多不必要的风险。一个人的能力圈或大或小并不重要，重要的是我们必须知道自己能力圈的边界所在。如何确定自己的能力圈?巴菲特是这样教导我们的：“围绕你能够真正了解的那些企业的名字周围，画一个圈，然后再衡量这些企业的价值高低、管理优劣、出现经营困难的风险大小，排除掉那些不合格的企业。”只有在自己的能力圈内，才能排列组合自己的知识，分析企业的护城河，进行企业的优势分析，否则就是铤而走险。

在构建价值投资系统性思维时，我们还必须积极关注投资者行为的问题。行为思考在投资思维中处于一个特殊地位。投资者行为总体上表现为一个正反馈过程，也就是追涨杀跌，对好消息反应迟钝，而对坏消息反应过度。他们在对价值的判断中注重短期表现，而对风险的态度随市场环境和财富积累的变化而变化。在这其中，诸如过分关注、近视效应、条件反射、过分自信、损失规避和沉没成本等心理谬误，都应该是投资者格外需要警惕的。

作者在解读价值投资的思维方式时，引入了大量的公司案例，从财务报表、竞争优势、资产配置等方面进行解说。这些公司案例十分精彩并且接地气，都是作者在多年的投资实践中思考的结果。对于投资者，如果能够做到举一反三，闻一知十，内化知晓并掌握价值投资应具备的思维方式。那么，这将正是本书作者所热切希望的。

认知的变现

元海

很高兴看到蒋炜先生即将出版的《价值投资应具备的思维方式》。投资是我们认知的变现，认知就是你如何深入、全面、系统地思考一件事情的代名词，它也是一个转化的过程，通过对这件事情反复地理解和多次地实践获得确定性认识并最终转化为胜解，胜解是能够对任何错误的见解有破除力，对实践有强大的指导力，不会因为一点点短期的波折和困难就改变你的见地，我们简称为真知灼见、洞察力。

价值投资从哲学层面看，本质上是反人性的。当市场上有确定性的价值展现出来的时候，往往面目全非，无从下手；大家都不感兴趣的时候却往往是需要采取果断行动的时刻，对于人性格的要求是高度的耐心和激光般的专注，能够耐得住寂寞，能够持有一个相对长期的仓位，能保持一定的现金比例并接受它们短期平淡无奇的收益；更要求高度的自律和谦虚的态度以及坦诚、开放、正直的品格……正因为这样的人格特征，很少人能够在思想的底层与价值投资的理念相应并且一以贯之地长期实践。如果一个投资者一开始就能接触到这些道理并认可了，走上价值投资的这条康庄大道，无疑在他的投资生涯以及整个人生都是十分幸运的。而本书正是要告诉读者的就是这么一件事情，作者通过他亲身的实践和平实的语言，表达了这些观点，对于那些刚刚起步的投资者，或者依然在迷途中的投资者，能够有本书的引导是一个非常好的起步，这也是蒋炜先生写作本书的一个初衷。

蒋炜先生通过自己广泛阅读以及勤奋的投资实践，在本书中提炼了一个价值投资者必须具备的核心要素，而他提炼这些要素的来源主要是基于价值投资奠基人本杰明·格雷厄姆的思想，以及他的学生巴菲特、芒格等伟大的投资家们长期的、可验证的公开的结果为基础，他没有去搞自己的创新，而是谦虚地学习并借鉴了这些思想，加以合理的整理，用平实的文字向我们做了表达，保证了思想的原味。本书抓住投资中的重点：区分投机和投资。必备的耐心、对企业的定性和定量的分析、商业护城河的思考，以及如何评估企业、资金的管理等。更难能可贵的是他已经开始思考财富未来的去向，即何谓最好的归宿。本书能够快速地让一个投资者走上正确的投资之路而不至于南辕北辙，荒废了时间，对每一位投资者，最重要的恰恰是时间的正确运用。无论是生活还是投资，你的每一分每一秒都可以有价值，也可以没有价值，也可以是在摧毁价值，但我们要传达的是：我们都要努力成为时间的朋友而不是敌人。

价值投资者的思想薪火相传，从1930年开始由本杰明·格雷厄姆教授在哥伦比亚大学的海布伦格雷厄姆多德投资中心（Heilbrunn Center for Graham &Dodd Investing）开始建立并传播，他毫无保留地分享了他对投资的真知灼见。我作为来自这个源头的学生和价值投资的长期实践者，也观察到近一个世纪，从这里出来的学生，从这个思想体系出来的朋友，有投资大师，有无数的资产管理者，有研究者、有追随者，他们都在孜孜不倦地探索这一主题：如何评估企业的价值，如何评估企业的成长性，如何看待价值陷阱以及如何认识群体行为的相互作用和影响，他们与时俱进，不断发掘应对市场失效之道，在日趋复杂多变的环境下为投资者提供明智决策的思考范式。本书也是这样一个框架下的探索。面对无常、面对日新月异变动的世界，无论你是年轻还是年长，通过持续学习提升认识能力都是生命的主旋律！但知识还远远不是力量，要转识成智，以智慧之方便，智慧之善巧，恰当运用才会成为真正的力量！

PREFACE

前　言

我是学计算机的，毕业以后进入了一家世界五百强公司，从事基础的软件工程师工作，与大部分朋友一样，先学习技能后工作挣钱。随着工资收入的不断提高，年底的时候下意识地盘点自己的资产，发现辛辛苦苦工作了一年后，竟然所剩无几。我很奇怪，自己的钱到哪里去了呢？于是，带着疑问去网络上搜索相关资料，很偶然的机会接触到了一些与投资理财相关的知识。开始有计划地将自己的工资收入先存着，然后再想办法进行投资。

刚开始的时候，我是将储蓄先转入余额宝，在好奇心的驱使下想要了解这个产品为什么能够产生比较稳定的收益，于是知道了背后货币基金的运作原理，再顺藤摸瓜接触到股票型基金，并拿出收入的一部分尝试买基金。股票型基金是关联着证券市场的，由专业的基金经理将客户的资金投入股市中。

虽然我在2008年的时候就已经开通了股票账户，一方面因为当时没有多少可投入的资本，所以没有太大的动力想要搞清楚股票为什么可以赚钱，另一方面通过技术指标的方法来预测股票未来价格的走势，在本能上就觉得不够靠谱，所以并没有花时间和精力去研究这些东西。

到底怎样才可以从股票市场中盈利？在网络投资论坛上看一些投资达人分享的投资理念和实际操作的文章，尤其是看到了一些推荐的书籍清单后，对于我的学习成长上有很大的帮助。通过不断学习和摸索，记得有一天看到巴菲特说买股票就是买生意，当时有一种豁然开朗的感觉。原来不断变化的股票价格只是表象，穿过表象能够看到背后的生意才是投资的本质所在。

既然买股票就是买生意，那么显然就要想办法找到好生意，然而想要评估生意的优劣，并不是一件容易的事情。我们需要学会企业财务报表分析的基本功，因为会计是商业的语言。在掌握了基本的财务报表分析能力后，还需要深入学习如何评估企业的竞争优势，也就是巴菲特所说的生意要有宽广的护城河保护，要能够确定所分析的企业因为具备哪些因素，建立了什么样的壁垒，能够阻止竞争对手的袭击。

目前市场上有超过3 500多家上市公司，如何从里面筛选出来值得深入研究的呢？按照我的理工科背景的习惯，先通过定量的方法，比如突出的净资产收益率，将持续数年能够超过15%以上的公司先罗列出来，然后再配合营业收入、净利润、经营活动产生的现金流量净额、毛利率、净利率等历年的财务数据，排除一些财务上有问题的，将可投资范围迅速地减少到30~50家备选的公司。再通过定性的方法，逐一排除一些自己看不懂的生意，优先考虑那些产品简单、业务变化不大，有良好发展前景的公司。那么，真正值得花时间深入研究的公司将迅速地减少到30个以内。

将股市中好的生意给筛选出来后，并不是什么时候都可以买，还必须要有好的价格，才是一笔好的投资。于是，要学习如何给生意进行估值，只有先确定了生意的内在价值，才可以知道目前市场的报价是不是值得买入。

在买入以后，面对市场价格的波动，如何能够做到内心的平静？我们基因中所遗传的本能，让我们拥有了贪婪和恐惧的情绪。因此，还需要学习一些投资行为学、人类误判心理学，避免在投资的过程中，因为人性的弱点而成为自己的敌人。

随着时间的积累，以及对投资领域地不断深入学习，仿佛是打开了一个完全不一样的世界，在幡然醒悟之后，常常庆幸自己很早就接触到了投资，相信投资大有可为，并且在实践中不断地反思和总结，渐渐地从为了挣钱谋生的框框里面跳了出来。

在成长的过程中，将自己的心得体会通过互联网分享出去，随着时间的积累被越来越多的朋友们熟知，于是来源于网络上的各种提问在促使着我不断地学习、总结和分享，别人的提问如果我不知道答案是什么，就先找资料学习，在自己搞明白以后，再通过文章来回答朋友们的提问。然而，正是因为这样分享习惯的养成，一方面教学相长，教是最好的学习方式，另一方面因为热心分享文章，通过以文会友的方式，结识了国内投资圈中一些志同道合的朋友，在投资的这条路上，互相勉励而前行，良好的人际关系能够让人更快乐地做投资。

回头看自己所走过的路，首先要正确地认识金钱。从普通的上班族为了谋生，不得不将自己所掌握的技能，参与到社会劳动中去。转变为如何让钱为自己而工作。大部分人需要转变的恰恰是对待金钱的思维方式，有不少朋友不重视理财投资，常听到的理由是现在没有钱可以理财，以后有钱了再说吧。可是，他们不知道，正是因为不会理财，所以往往总是不能从金钱的桎梏里面突围出来。让金钱为自己服务，打造资产或者构建资产，让资产为自己带来被动收入。同时，要正确地看待股市，买股票就是买生意，将股市看成一个可以收集股权的地方，不断地打造自己投资组合的“诺亚方舟”。做时间的朋友，慢慢积累财富。

在拥有了金钱以后，能够清醒地意识到，金钱只是手段，幸福才是目的。继续让金钱为自己服务，在拥有了财务上的独立，不再需要为钱而被迫谋生，同时拥有了时间支配的自由以后，不要再次迷失了自己，而是要在精神自由的领域里面继续前进。

这本书将会与大家一起探讨，如何转变对金钱的思维方式，成为金钱的主人，让金钱为自己服务，以及如何通过价值投资的方法，构建自己的资产项的投资组合，让我们可以分享好生意的成长回报。最后通过价值投资的方法，实现我们生活的幸福和人生的圆满。

人生是一场修行，我愿与有缘读到本书的你一路同行。但要知道，现实中投资的路上因风险的存在而人员稀少，而因投资机会一夜暴富又挤满了人，所以投资有风险，请慎之又慎。

编　者

2019 年 3 月

| 目 录 |
CONTENTS

第一部分　认识投资

第1章　初出茅庐　/　3

1.1　金钱的起源 / 4

1.2　为谋生而工作 / 5

1.3　人性的贪婪与恐惧 / 6

1.4　养成记账的好习惯 / 6

1.5　强制储蓄 / 7

1.6　拒绝不必要的负债 / 8

1.7　货币会逐步贬值 / 10

1.8　“稀缺”导致的贫穷和忙碌 / 12

1.9　复利思维 / 14

1.10　跳出局部性思维，拥抱系统性思维 / 17

第2章　建立资本思维　/　21

2.1　什么是资产 / 22

2.1.1　主动收入和被动收入 / 22

2.1.2　收入的象限和层次 / 22

2.1.3　资产和负债 / 24

2.1.4　什么是财务自由 / 24

2.1.5　工作和投资两条腿走路 / 26

2.2　如何买入资产 / 27

2.2.1 现金理财 / 27
2.2.2 基金 / 27
2.2.3 股票 / 29

第二部分 思维方式

第3章 投资与投机 / 35
3.1 投资与投机 / 36
3.2 股民与股东 / 36
3.3 投资要有大视野 / 37
3.4 不要借钱买股票 / 39
3.5 高风险未必有高收益 / 43
3.6 合理的预期收益率 / 47
3.7 投资不是拼智商和学历 / 49
3.8 有效市场的悖论 / 51

第4章 价值投资的四大基石 / 55
4.1 价值投资的思维方式 / 56
4.2 不要用市场的错误来惩罚自己 / 58
4.3 投资中避免踩到地雷，你需要安全边际的保护 / 63
4.4 没有边界的能力圈，就是在铤而走险 / 65

第5章 企业财务报表分析 / 67
5.1 基本面分析的核心指标 / 68
5.2 资产负债表 / 70
5.3 警惕商誉科目 / 72

5.4 利润表 / 74
5.5 高利润率 / 77
5.6 现金流量表 / 79
5.6.1 优质成长型 / 80
5.6.2 稳健价值型 / 81
5.6.3 盲目扩张型 / 82
5.6.4 夕阳衰退型 / 84
5.7 如何计算自由现金流 / 85
5.8 杜邦分析 / 87

第6章 企业竞争优势分析 / 93
6.1 寻找优秀的品质 / 94
6.2 拒绝投资没有护城河的企业 / 95
6.3 避开普通商品型的企业 / 97
6.4 积极拥抱消费垄断型企业 / 99
6.5 如何找到有竞争优势的企业 / 101
6.6 从生活中发现消费垄断型企业 / 104
6.7 发现护城河 / 108
6.7.1 消费者心甘情愿支付溢价的品牌 / 108
6.7.2 忠诚的客户 / 113
6.7.3 网络效应 / 118
6.7.4 成本优势 / 120

第7章 估值分析 / 123
7.1 如何确定企业的内在价值 / 124

7.2 常用的估值指标 / 126
7.2.1 总市值 / 126
7.2.2 市盈率（P/E） / 127
7.2.3 市净率（P/B） / 128
7.2.4 市现率（P/CF） / 128
7.2.5 市销率（P/S） / 129
7.2.6 股息率 / 130
7.3 未来现金流折现 / 131
7.4 折现率的选择 / 133
7.5 投资大师的估值方法 / 135
7.6 简易估值分析 / 137
7.6.1 腾讯控股 / 138
7.6.2 安踏体育 / 141

第 8 章 资产配置 / 147

8.1 万物皆有周期 / 148
8.2 巴菲特市场指标 / 151
8.3 概率和赔率 / 153
8.4 凯利公式 / 155
8.5 敢于重仓，敢于伟大 / 158

第 9 章 投资心理学 / 161

9.1 过分关注 / 162

9.2 近视效应 / 164
9.3 条件反射 / 166
9.4 过分自信 / 168
9.5 损失规避 / 170
9.6 沉没成本 / 172
9.7 逆向思维 / 174
9.8 从错误中学习 / 176
9.9 悠闲的投资者 / 178
9.10 聪明一次 / 180
9.11 内部记分卡 / 182
9.12 检查清单 / 183

第 10 章 拨开投资中的迷雾 / 187

10.1 决定股票长期收益率的三大要素 / 188
10.2 低市盈率投资策略 / 190
10.3 增长率的陷阱 / 194
10.4 投资赛道的选择 / 196
10.5 股东价值的源泉 / 198
10.6 留存利润的卓越管理 / 200
10.7 回购的秘密 / 203
10.8 内部人士正在买入 / 205
10.9 巴菲特的独特优势 / 207
10.10 在熊市中做什么 / 211

10.11 建立股票观察池 / 213
10.12 卖出的基本原则 / 215

第三部分 精神投资

第 11 章 功夫在诗外 / 221
11.1 意义 / 222
11.2 道德 / 224
11.3 空性 / 225
11.4 无常 / 226
11.5 耐心 / 229
11.6 布施 / 230

后记 / 233

第一部分

认识投资

第一堂课

第1章

初出茅庐

在结婚的时候，我就告诉苏珊，我会成为富人。

——沃伦·巴菲特

1.1 金钱的起源

金钱可以是我们口袋里面的几张人民币，也可以是银行账户或者微信、支付宝中余额的几个数字，有金钱我们就可以买到我们想要的东西，这是金钱的价值所在。在人类远古的时候，有的人擅长打鱼，有的人擅长做木工，还有的人擅长种植庄稼，那么擅长打鱼的人，想着不能天天吃鱼吧，于是尝试着将自己打到的鱼和别人生产的商品进行交换，渔夫可以拿鱼换别人做好的手工品、衣服等，然后随着交易不断地增加，人们发现如果一直都是“物物交换”的话，非常麻烦，于是智慧的远古时代的人，就想着，咱们是不是可以先把自己所生产出来的商品给转化为一个：中间的媒介。

最开始的时候，大家想到了贝壳，后来发现，贝壳不容易保管，还有的人投机取巧，直接去找贝壳，拿来交换他所需要的东西，随着贝壳的大量出现，贝壳就不值钱了，逐渐失去了中间交换媒介的价值。

随着国家的建立，发行货币的能力——即“铸币权”掌握在政府的手里，谁如果造假币，在历朝历代来看，都是犯法的事情，会受到国家机器的严惩。

那么交换的中间媒介，最早的有铜钱、白银和黄金，后来又出现了纸币，以及逐步过渡到目前社会上金钱只是我们银行账户或者微信、支付宝账户里面的一个数字，我们通过对外交易，如上班，到月就可以拿到固定的薪水，让自己的这个数字账户不断地增加，或者我们购买别人生产的商品，就拿我们账户中的数字去交易就行了。

那么，通过追溯金钱这个中间媒介在历史上形态的变化，我们可以理解到什么呢？那就是金钱是在对外交易的过程中大家都认可的中间媒介。

钱是如何产生的？我们通过对外输出自己的时间、技能和产品，把前者先转换为大家都认可的中间媒介，有了这些媒介就可以去购买自己所需要的，比如其他人的时间、技能、产品或者服务。

所以，金钱只是交换的媒介，金钱本身不是目的，而做正确的事情，让你能够对外输出“稀缺”的技能、产品和服务，才是根本，钱只不过是用大家所共同认可的一个数字来标榜你的技能或者服务的价格。要端正对金钱的态度，让自己成为更好的人，能够对外输出不容易被替代的技能，金钱只是反映你做正确事情的一个结果。

1.2 为谋生而工作

我们需要工作来挣钱养家，所以很多人是通过工作付出自己的时间和技能，为雇主劳动，然后到月领取薪水。有了薪水以后，我们可以支付房贷、房租、水电费、伙食费、日常用品以及旅行、朋友聚会、人际往来的费用。有的时候，手上的钱不够花了，于是从银行申请了信用卡，刷信用卡进行消费，等账单出来的时候，再一次性地还款，有的时候甚至发现，工资还不够还款的，那么就按照银行的引导，给账单进行了分期，通过分期还款的方法，可以减轻每月的还款压力。

那么，在这些待付费用、账单和分期付款的压力下，不得不去老老实实地工作，努力辛苦挣钱，然后再还债。对于背负着房贷的年轻夫妻，每个月工资到手，还了房贷，以及支付各种信用卡账单以后，发现根本存不下来什么钱，一年到头，工作非常的忙，但是不知道自己的钱都花到哪里去了，自己到底是在为什么而工作？

关于工作，你一定要找到自己喜欢并认为有意义的事业，只有你真正喜欢你的工作，你在工作的时候，才不会认为这只是一份挣钱的苦差事，通过混日子来挣钱，最后荒废的只是自己的青春年华。对于你真正喜欢的工作，你不会觉得很辛苦，不会有被工作奴役的感觉，你会发现工作就像是完成一个游戏一样有趣。

同时，从事你认为有意义的工作，可以让你有成就感，对于毫无意义的工作，会让人垂头丧气，觉得好没有意思。如果你真正从事着自己所喜欢的工作，那么继续加油在工作上取得进步，获取更高的工作收入。如果你还没有找到自己真正喜欢的工作，不要放弃，继续去寻找，终究有一天，你会找到的。

1.3 人性的贪婪与恐惧

贪婪：希望自己能够拥有更多的东西，占有更多的外在物质，在贪婪欲望的驱使之下，人不断地追逐更多的金钱和名利；恐惧：当我们拥有了一些东西的时候，就会害怕失去我们所拥有的一切，比如意识到我们手上的金钱没有以前那么多了，收入水平下降了，那么从内心深处就出现了恐惧的心理。

大部分人早上被闹钟叫起来，去上班、挣钱、消费，然后如果你问他真的喜欢自己的工作吗？他们很多人未必说自己真的喜欢，不过是把工作看成挣钱谋生的手段。那么在恐惧心理的驱使下，害怕自己失去了现在的物质生活条件，就不得不去工作，然后随着工资收入不断提高，消费的欲望又开始膨胀了，在更大的物质需求的驱使下，又有了更大的恐惧心理。于是，恐惧心理驱动着很多人不得不从事着自己并不喜欢的工作。

1.4 养成记账的好习惯

如果你辛辛苦苦地工作了一年，到年底的时候盘算自己的资产，惊讶地发现，并没有存下来多少钱，那么自己挣的钱都到哪里去了呢？如果你有这样的疑问，比较好的解决方法就是开始养成记账的习惯。随着互联网技术的发展，目前网络上出现了很多非常方便的记账软件，如随手记、挖财，可以在手机端上非常方便地记账，同时也可以在电脑端上进行历史大数据的可视化分析。你知道收入从哪里来，支出又到哪里去了，才可以有效地对症下药，努力提高收入，尽可能养成理性的消费习惯，减少不必要的消费支出。

你可以尝试着先记录一个月的支出情况，到月底的时候，把支出的情况汇总到一起看，结果可能会让你觉得惊讶。每一笔可能只有十几、二十几块钱的消费，在积少成多的情况下，叠加到一起的时候，也可以成为一笔比较大的支出项。

当你有规律地养成了记账习惯，账户中留存下3~6个月的消费支出的数据以后，你就可以对这些数据进行分析了，借助记账软件的账户合并功能，可以清楚地知道，在每个分账户中，平均下来消费支出的水平是多少。在此基础上，你可以尝试建立预算表。

最开始的时候，并不一定需要每天都记账，每周可以留一个固定的时间，把本周内的支出情况做一个记录。同时，如果你已经成家了，最好和你爱人一起商量你们的财务计划，然后一起记账。可以约定使用同一个账号，这样夫妻两人的家庭支出情况，就可以很方便地汇总到一个账户中，进行记录和后期分析了。

1.5 强制储蓄

对于工薪族来说，一方面要努力提高自己的工资收入，而工资收入的提高，取决于自身在工作上的努力程度，年轻人把时间和金钱拿来投资自己，在业务上，让自己有更好的赚钱能力，在职业生涯的早期是非常重要的。另一方面，要控制自己非理性的消费欲望，减少不必要的生活支出，尽可能多地储蓄，要知道在复利的巨大效应下，工作前几年的收入，可以决定你一生财富的高度。

对于年轻人来说：

（1）一定要找到自己有热情和认为有意义的工作，如果你目前还没有从事这样的工作，一定不要放弃去寻找，因为只有你真正热爱，并认为有意义的工作，才可以最大可能性地释放你的潜能，然后获取更高的收入。

（2）努力提高自己的专业能力，获取更高的工资收入。

（3）量入为出，减少不必要的生活开支，最好不要用信用卡，更不要借贷消费，甚至分期还款。

（4）储蓄，没有储蓄，就无法实现财富阶层的跨越。

（5）学习理财的知识，你不理财，财不理你，学会如何驾驭金钱。

（6）深刻认识复利的神奇效应，有利于改正自己非理性的消费行为。

（7）工作和投资要两条腿走路，早期依赖工资性收入，但是要拿储蓄去积极地买入资产。随着年龄的增长，投资的资产项可以产生的收入会越来越高，对工作的依赖度可以逐渐降低。

1.6 拒绝不必要的负债

我们的大脑本能地想要避免痛苦并享受快乐，然而债务往往就是产生于想要避免眼前的痛苦，满足当下即时的快乐。看到一款新颖的电子产品，非常想要买回去，如果避免自己消费，就会感受到不能拥有的痛苦。但是，如果手头的现金并不够，于是想到可以先刷信用卡，把东西买下来，把债务问题推迟到以后再解决，这样就避免了当下的痛苦，享受到了即时的快乐。

在古巴比伦，任何人都具有信用价值，可以拿自己做抵押进行贷款消费。如果赚到的钱，不能够赎回自己的话，那么将会沦为奴隶，并被债主拿出去拍卖，这就像当代如果一个人背负了房贷，但是工作丢了，没有钱还款了，银行可以把房子拿出去拍卖是一样的道理。

然而，当时被卖出的奴隶，很多都是被拉去建造巴比伦城墙，日后成为世界古代七大奇迹之一，但是创造这些奇迹的奴隶们，10个中有9个死在了修建城墙的过程中。奇怪的是建设这个城墙的人，并不都是战俘，其中有2/3是因为各种债务而主动放弃了自由之身的巴比伦人。为了避免眼前的痛苦，享受当下的快乐，即使日后沦为奴隶也在所不惜。

不要背负信用卡的消费负债，如果有消费负债，最好不要分期还款，最佳的选择是拒绝使用信用卡。为什么银行要大力推广信用卡，经常会看到各种信用卡的广告，以赠送各种福利为“诱饵”，让年轻人陷入消费负债的陷阱中。首先，如果你使用的是信用卡，花别人的钱来满足自己的消费欲望，刷卡的一瞬间，你看不到自己钱的流失。所以，信用卡助长了你的非理性消费行为。

行为经济学领域的专家做过一个有趣的实验，在一场球赛结束以后，为本场球赛所制作的纪念品，有两组不同的受试者，A组必须用现金支付，B组可以选择信用卡支付，平均下来选择用信用卡支付分组的受试者，愿意出双倍于现金支付的价格，换句话说，愿意用信用卡支付的消费者，变得更加“大方”了。所以，商家也是积极地介入了各种信用卡的活动，引导消费者可以用信用卡支付，因为消费者更加“大方”，商家可以赚得更多。

从国家刺激经济的角度看，信用卡的存在刺激了社会整体经济的繁荣。所以，无论是金融机构还是商家，都是要大力地推进信用卡消费。但是，微观到个体，信用卡的存在，一方面在刺激年轻人的非理性消费行为，另一方面也是在经济上透支年轻人的未来，高额的消费贷款债务，通过隐形的分期还款方式，其实在收取不菲的利息收入。

银行通过发行信用卡，既可以赚取商家资金流水的抽成，也可以赚取消费者信用卡账单分期的手续费收入。我们以某股份制银行为例，按照该行所披露的分期手续费的说明，目前该行提供2期、3期、6期、10期、12期、18期和24期七种分期期数，对应的每期手续费率分别为1.0%、0.9%、0.75%、0.7%、0.68%、0.68%、0.68%，每期手续费=分期本金总额×对应期数的每期手续费率。举例：分期金额10 000元，分24期，每期手续费0.68%，在名义上，每个月手续费68元，乘以12个月，一年也只是还了利息816元，除以借款10 000元，名义年利率是8.16%；但是，这个里面的“坑”是，每个月其实是归还了一部分本金，并且欠银行的本金规模是在逐渐递减的，但是依然还是按照最初的欠款本金10 000元来偿还分期手续费，所以折算出来的实际年利率高达15.67%。

按照72法则，可以推算出这样的实际贷款的资金利率，5年的本金就翻一番，所以信用卡对于银行来说是非常好的生意，通过各种广告宣传吸引消费者，可以分期偿还欠款，这样可以赚取非常高的真实利率的贷款利息。但是，对于普通的消费者来说，看似不高的分期手续费，其实背后有很大的玄机，如果选择了分期，就会背负上实际利率非常高的负债所带来的利息。

我在与朋友沟通的时候，建议他们尽量避免使用信用卡消费。然后，听到有朋友说，用信用卡不进行账单分期，不就可以免费地占用一段时间银行的资金，有一段时间的免息期，在免息期中拿本来要花出去的钱买短期的理财产品，还可以赚取利息。我们举例来看，假设你一年的信用卡透支总额为12万元，平均到每个月也就是1万元，平均下来看，你每个月可以免息占用银行1万元，而这1万元的资金，哪怕是存在余额宝里面，利息不过是3%~4%，也就是三四百元。

反过来看，因为你用的是信用卡，从行为金融学角度看，你在消费时变得更“大方”了，为此而多消费的金额，可能要远远地大于三四百元的利息。所以，用信用卡消费是得不偿失的。对于很多参加工作没多久的年轻人，在没有实现财务安全之前，要谨慎选择用信用卡消费。

人类大脑设计的本能是要避免痛苦，享受当下即时的快乐，为了能够享受到当下的消费快感，而背负了沉重的贷款负担，透支了一些年轻人的未来。信用卡的设计可以刺激消费，拉动国民经济的发展，但是微观到个体来看，可能会因为债务问题的负担而陷入经济困境。信用卡分期的真实利率是远远高于名义上的贷款利率。同时，即使透支消费不进行分期还款，占用银行的资金拿去理财的收益也远远覆盖不了因为使用信用卡而额外支付的冤枉钱。

1.7 货币会逐步贬值

通货膨胀的存在，让万元户不再风光。在改革开放初期，万元户是一个非常风光的称呼，当时国家经济还不是特别发达，一些敢于下海经商的人，通过经营积累到了1万块钱，在整个村庄上都是稀有的，当时的1万块钱可以买到很多东西，也足够支持一个家庭生活很久。但是，随着经济的持续高速发展，尤其是国内货币供应量的增加，目前在国内一、二线城市，月收入超过1万块的白领，已经是随处可见。曾经的1万块钱，拿到现在来用的话，实际的货币购买力已经大大地贬值了。

通货膨胀的根本原因是货币超发。在人类早期的时候，通过“物物交换”的方式，对外输出自己的产品或服务来换取别人的劳动成果，但是“物物交换”非常不方便，所以出现了中间媒介，从稀有的贝壳、稀有贵金属、纸币，一直过渡到现在的数字货币。货币具备交换价值、储存劳动成果的价值以及作为商品的价值尺度的功能。在金本位制度的时候，如果政府想要发行更多的货币，必须要开采到足够的贵金属来进行匹配。但是取消了金本位制度以后，政府想要钱的话，直接开动印钞机就行了，随着大量的货币涌入市场中流通，导致的必然结果就是物价上涨，那么同样的面值所储存的货币购买力就下降了。

因为有通货膨胀的存在，所以我们必须要学会投资。既然辛辛苦苦挣到的钱，如果一直拿在手上，必然会随着通货膨胀的发生，导致内在购买力不断地下降，那么学会投资理财的知识，就是要让我们的储蓄可以实现更大的投资收益率，确保货币购买力的保值和增值。

如果掌握了良好的投资知识，可以实现较高的投资收益率，那么就可以让我们的货币实现复利式的增值，不断提高货币的购买力，通货膨胀对于你来说，反而成为一件好事，你会投资，可以实现财富的增值，那些不会投资的人和懒于投资的人，消失的货币购买力转移到了会投资的人手上。因此，无论你是从事什么工作的人，并不一定要掌握高深的投资方法来从事金融行业，但是学会让自己辛苦工作挣到的钱实现保值是一件起码要重视的技能。

具备定价权的消费型垄断企业，可以受惠于通货膨胀。随着社会上的货币供应量的泛滥，对于输出产品或服务的企业来说，可以通过提高售价的方式来提高自己的收入，用于应付上涨的原材料、人力支出等成本。

但是，并不是所有的企业都可以自由地提高自己的产品价格，如果是普通商品型的企业，在市场竞争压力很大的情况下，根本不具备自由地提高价格的能力，只能够跟随市场的供需情况的变化来调整价格。对于极少数具备消费垄断型的企业，依附于产品上的经济商誉，使企业具备了持续提高产品价格的能力，甚至可以超过通货膨胀的速度来提高自己的产品售价。

那么，对于投资者来说，积极拥抱这些具备定价权的企业，把自己的储蓄换成它们的股份，那么随着时间的推移，通货膨胀的存在，让社会上拥有了更多的货币，这些优质企业可以赚取更多、更丰厚的利润回报，从长期来看，一定会帮助股东实现财富的有效增长，甚至是大幅度地超越于社会平均水平的投资回报率。对于极少数具备定价权的消费垄断型企业，可以不受经济周期的影响，自由地提高自己的产品售价，而不用担心销售量会下滑，那么通货膨胀的发生，反而是有利于这些稀有企业的，对于聪明的投资者来说，就是要积极地寻找它们，然后以合理的价格买入持有，让这些优质企业帮助咱们实现财富的有效增值。

1.8 “稀缺”导致的贫穷和忙碌

“二战”的时候，盟军的部队占领了德国一个地区，因为战争的缘故，这里出现了大量的难民，然而盟军手上其实是有大量物资的，可以进行人道主义援助。但是，面对这么多饥寒交迫的人，应该让他们一次性吃个饱呢？还是一点点地给他们粮食才是最好的？为了能够有效地对物资进行分配，在盟军后方，组织了一次饥饿实验。

让这些参与实验的被试者，限制他们的食物供给，然后看看在饥饿的影响下，他们的行为会发生哪些变化。有意思的是，这里面很久没有吃饱肚子的人，开始兴致勃勃地研究菜谱，有的人甚至想着从这里实验结束以后，出去开一家餐馆，有的人想要发展农贸产品的生意，然而这些人之前对于农贸生意一点儿都没有关注过。

在看电影的时候，这些饥饿的人，看到电影画面中，男女在一起谈情说爱的画面，情绪上没有发生变化，但是如果看到电影中的人在吃饭，他们马上就开始集中注意力了。也就是说，如果饥饿成了一件生命中最重要的事，他们大量的心智带宽，将会被吃饭这件唯一重要的事给占用着，甚至于男女之情都没有兴趣了。中国有句古话，饱暖思淫欲，只有在穿得暖、吃得饱以后，才会想着“造人”计划，如果连基本的物质生活都得不到满足，怎么可能会考虑下一代的问题呢？

我们每个人的大脑都有一定的“带宽”，因为带宽的稀缺，导致了很多人陷入了贫穷和无止境的繁忙。贫穷是因为大脑带宽被占用了，举例来说你有五个手指头，中指被扎破了，你可以把注意力转移到其他四根手指上，然后不被中指的疼痛给干扰吗？同样的道理，把五根手指头比喻成健康、关系、财务、爱好、幸福，如果在财务上出现问题，会导致你关注的重点一直都在金钱上而不能自拔，也忽视了生命中除了金钱以外还有其他的事情需要关注。

若在金钱上能相对富足，那么金钱就可以较少地占用你的大脑带宽，你可以更多地关注锻炼身体、保持健康，你要维护与家人朋友的关系，你要关注与孩子的互动，你可以培养自己的爱好，发展自己的兴趣，让自己的闲暇时间过得更加有意思，这些都可以提高你的幸福感。但是，如果没有钱的话，你就要一直为了挣钱而劳碌，金钱占用了你绝大多数的带宽，你根本没有精力去认真地思考一下自己人生的意义到底是什么。

有个教授去实验室看自己的一个学生，学生看教授来了，于是毕恭毕敬站了起来。教授问他，早上都在干吗啊，学生说在做项目，教授问中午都在干嘛啊，学生说在做项目，教授问下午在干吗啊，学生还是说自己在做项目。学生觉得自己很勤奋地为教授做项目，一定会得到教授的夸奖。没有想到，教授却说，你这样一天到晚都在忙着做项目，又哪里有时间思考呢？其实，这个故事中的大学教授，提了一个非常有哲理的问题。如果生命中的大量时间都在具体的事务中繁忙，又怎么可能有时间去认真思考如何高效率地去做事，才是最好的？

反观我们身边很多的朋友，有的是在知名的互联网公司工作，工资收入相对来说也比较高，但是因为工作非常繁忙，经常要加班，周末也很少有时间休息。导致的结果是一直在疲惫地工作，根本抽不出时间来想想，怎样才能更加高效率地提高家庭收入。

因为，他们一直在为自己的主动收入而忙，也没有时间去打理自己家庭的财务。对于那些工资收入虽然没有多高，但是早早地学会了工作和投资两条腿走路的人来说，随着时间的推移，投资方面的被动收入越来越高，工作上的精神压力也越来越小，对于财务的安全感也越来越高。7~10年以后会投资理财的人，与不会投资理财的人，因为收入来源结构的不同，人生将会产生巨大的差异。前者不过是因为高收入的繁忙工作一直占用了心智带宽，导致对投资理财知识的漠视，最后付出了“惨痛”的经济代价。

同样的道理，在股票投资的过程中，如果一个投资者大量的时间被短期股价地波动所持续性占用着，也就是俗称的“盯盘”，他哪里有时间去认真思考一下，公司长期的未来发展前景会如何呢？我们的心智带宽是有限的，如果被不重要的事情给频繁占用，将会导致我们忽视生命中真正重要的事情。磨刀不误砍柴工，正确的决策比行动更重要。我们要学会让自己的工作节奏慢下来，能够从全局的角度来看待我们所遇到的问题，找到更好的途径。

1.9 复利思维

复利，是指本金在一段时间内所产生的收益，继续和本金一起投入到下一个阶段的投资，从而实现利滚利，资产规模滚得越来越大。我们举个例子，小明参加工作，每年的工作收入可以存下来5万元，我们假设他不进行任何投资，那么可以预期存够100万元，需要20年。而懂得复利的小强，虽然每年工作收入也只能够存下来5万元，但是他掌握了投资的方法，可以做到年收益率15%，那么在复利的推动之下，小强需要多少年就可以积累到第一个100万呢？答案是10年！与只会傻傻存钱的小明对比起来，积累到第一个100万，时间上整整相差了10年。

	4%	8%	10%	12%	15%	20%
第1年	1.04	1.08	1.10	1.12	1.15	1.20
第2年	1.08	1.17	1.21	1.25	1.32	1.44
第3年	1.12	1.26	1.33	1.40	1.52	1.73
第4年	1.17	1.36	1.46	1.57	1.75	2.07
第5年	1.22	1.47	1.61	1.76	2.01	2.49
第10年	1.48	2.16	2.59	3.11	4.05	6.19
第15年	1.80	3.17	4.18	5.47	8.14	15.41
第20年	2.19	4.66	6.73	9.65	16.37	38.34
第25年	2.67	6.85	10.83	17.00	32.92	95.40
第30年	3.24	10.06	17.45	29.96	66.21	237.38
第35年	3.95	14.79	28.10	52.80	133.18	590.67
第40年	4.80	21.72	45.26	93.05	267.86	1469.77
第45年	5.84	31.92	72.89	163.99	538.77	3657.26
第50年	7.11	46.90	117.39	289.00	1 083.66	9100.44
第60年	10.52	101.26	304.48	897.60	4 384.00	56347.51
第70年	15.57	218.61	789.75	2 787.80	17 735.72	348888.96
第80年	23.05	471.95	2 048.40	8 658.48	71750.88	2160228.46
第90年	34.12	1 018.92	5 313.02	2 6891.93	290272.33	13375565.25
第100年	50.50	2 199.76	13 780.61	8 3522.27	1174313.45	82817974.52

资料来源：大视野

图1–1　1元本金复利终值表（单位：元）

现在的100块钱，按照年收益率15%，长达30年的复利推动之下，将会变成6 621元；同样的道理，现在的100万元，按照年收益率15%，长达30年的复利推动之下，将会变成6 621万元。即使投资者的初始投入本金只有10万元，按照年收益率15%，在50年的跨度下，也可以将现在的一小笔投入变成上亿元的资产。当我们认识到复利的威力以后，就要知道懂得珍惜现在的钱，因为现在的钱，在随着时间的推移下，通过复利的放大效应，将会成为一笔可观的资产。

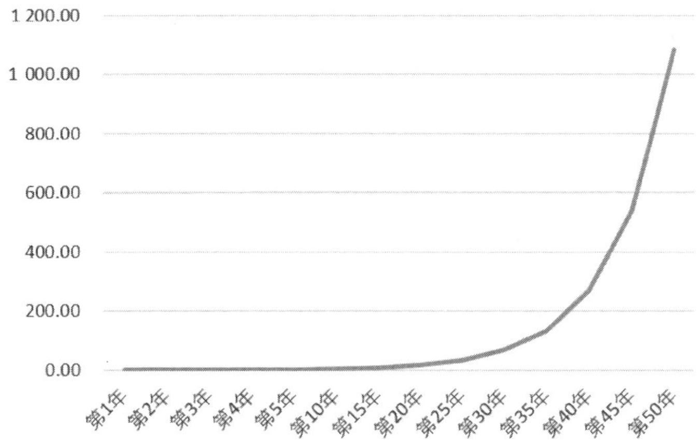

资料来源：大视野

图1–2　15%年收益率长期复利积累

爱因斯坦曾经说过，复利的威力比原子弹还要可怕，被称为世界的第八大奇迹。巴菲特从1964年到2017年之间，53年的复合回报率是20.9%，为股东实现了24 000倍的财富增值，也就是五十几年前，不起眼的1万元，变成了五十多年后的2.4个亿。

不仅在投资中可以看到财富有复利积累的效应，我们所选择从事的职业也一样有复利效应的差异。如果说决定一个生意的内在价值的评估方法就是未来能够产生现金流量的折现值，那么评估一个人能够产生的经济效益也可以类比成未来能够产生收入的折现值。

从经济学的角度看，如果一种职业在早期的时候可以产生高收入，但是如果干到40岁就要被淘汰，不得不面临着职业的转型，相当于要去一个新的领域中重新开始；与另外一种职业对比，虽然在早期的时候，收入并不高，甚至还不稳定，但是随着时间的积累，能够做一辈子，甚至是越老越吃香，经验越多，收入越高。显然，如果从内在价值的评估方法来看，后一种选择可以产生更大的经济效应，而且是有复利的持续积累。

你所从事的工作，到底是越老越吃香，还是越老越吃力呢？我们看生活中，很多从事着体力劳动的人，在年轻的时候，还可以靠体力的支出，来换取一份稳定的收入，但是随着年龄的增长，体力跟不上，就要被淘汰，更为要命的是，在从事体力劳动的过程中，并没有获取复利的持续积累。相对来说，从事脑力劳动的人，就要幸运得多了，可以在工作中不断地积累有效的经验，随着时间的推移，有可能成为所在领域的专家。

但是，有一些表面上看是脑力劳动的工作，其实背后还是在从事着体力劳动，尤其是在行业变化特别大的领域中，前面积累的工作经验，每过几年就要被颠覆一次，然后再学习新的东西。比方说，科技领域就是典型的例子，最近几十年人类进入了信息技术世界，产业中的技术在不断升级，可以不断地提高生产率。但是，对于身在其中的从业人员来说，往往是苦不堪言，因为不断地有新东西出来，要持续性地跟踪和学习。

计算机编程就是属于这一类型的，软件开发语言和平台在不断地发生着变化，10年前的开发环境与10年后的开发环境，已经发生了翻天覆地的变化，而且新的开发语言和平台还在不断地涌现出来，从业人员不得不随着行业的变化，而持续性地学习。打一个比方，你在中学和大学的时候，花了好几年的时间学习英语，但是大学毕业以后，发现世界通用语言竟然不再是英语了，而是换成了法语，于是你又要再次学习，可是过几年，又变成了德语，你可以想想看，从业人员有多么辛苦。

与另外一个行业对比，变化不是特别大，大家一直都是选择通用的语言，那么从业人员就可以用一生的时间来进行内部的复利积累了，随着时间的推移而变得越来越有价值，比方说我们能看到的有会计师、教师、律师、牙医、基金经理等。

从同样的角度考察创业项目也是一样的，我身边有一个朋友从事的是电商的领域，他心里面特别清楚，虽然最近几年公司的效益特别好，但是展望未来10年，公司会何去何从，他心里面完全没有底，因为行业竞争特别的激烈，技术变化也是非常快。坦白说，就是他这个生意不能够做成百年老店，不能够做到可持续性地复利积累。

那么，我们作为投资者，在选择生意进行投资的时候，就要尽可能地规避掉那些行业变化特别快，公司的生意不能够持续性积累的商业模式。优先选择那些行业变化不大，产品可能几十年都不会发生革命性的变化，那么生意就可以在内部进行持续地积累，随着时间的推移，变得越来越有价值。绝对要避免那些每过几年，就要重新开始的生意。

亚马逊创始人贝佐斯说："要把所有的资源押在不变的事物上。"越老越吃香的工作和生意，才可以有效地进行内部持续性地复利积累，从未来现金流量的折现角度看，也是价值更大的事情；要谨慎避开行业变化特别大的领域，把自己的人生战略聚焦在不变的事情上，通过持续性地积累来慢慢变富。

1.10 跳出局部性思维，拥抱系统性思维

我是计算机专业科班出身，身边不少同学目前都是在国内一线互联网或软件类的公司从事编程开发工作。刚毕业的时候，我也是去的大公司，找了一份软件工程师的工作，然后在业余时间不断地学习理财和投资方面的知识。在工作了几年以后，从大公司出来开始自己创业项目的运作，选择的是价值投资这个方向，自有资金还是在继续用价值投资的方法进行操作，相当于是创业和投资两条腿在走路。

在与我的同学和同事们交流的时候，发现大家普遍存在的一个非常大的问题就是被局部性思维给限制住了，很少有朋友可以跳出局部性思维，积极拥抱系统性思维。所谓的局部性思维就是只看到眼前的事务，领导把项目划分为若干个模块，然后进行分工，每个人被分配到一些任务，这些任务可以理解成把A通过某种算法转化为指定特征的B，然后把成果B交给某个负责人进行整合，最后完成一个系统的闭环操作。

价值投资应具备的思维方式

在一个大公司里面，如果工作了很久，某某同事比较擅长将A变成B，那么往往以后，如果有类似的任务，还会指定让他来完成，这样导致的结果是，工作几年下来以后，这个同事成了将A变成B方面的专家。我们看到卓别林的电影里面也有类似的场景，一个生产线的工人，一天到晚的工作任务就是将转到自己面前的零部件中的螺丝给拧紧，于是他的右手臂一直在做的就是拧紧螺丝，以至于下班以后，手臂还在习惯性地做类似的动作。所以有人自嘲说，自己只是大公司里面的一颗螺丝钉。

如果你从事的工作，只是负责完成一个系统的一部分，你只能够看到这个系统的局部，那么往往容易陷入局部性思维。你可以出色地解决局部所遇到的问题，但是面对系统的复杂情况，你往往无能为力。从底层的技术人员，往上晋升就是要做系统的架构师，能够从宏观的视野来设计系统，最后进行项目的分工、协作和整合。设计系统，让系统能够自动地运转，正是需要系统性思维。

我们看一个生意是怎么跑起来的？比方说，一个互联网项目的运转，需要有用户需求分析、产品设计、技术开发和运营，首先要了解客户需要什么，把产品的原型设计出来，然后技术负责把产品的想法落地，产品上线以后，还需要运营人员的参与，把产品给推广出去，让更多的用户来使用，再收集产品用户的反馈意见，不断地优化产品，进行系统的迭代。

一个生意如果可以自动跑起来，它其实就是一个系统。联想到一个小的池塘，里面有鱼虾、水生植物等，在阳光地照射下，水生植物利用二氧化碳可以进行光合作用，于是水里面产生了氧气，鱼虾可以吸收水里面的氧气再吐出二氧化碳。一个小的池塘就是一个多姿多彩的生态系统，并不需要任何人的干预，它可以自动地运转。

拥有局部性思维的人，总是想着把自己手上的工作做到极致，但是如果没有系统性思维，往往只能做一个大系统中的螺丝钉。从工作收入来源来看，也是过于依赖所在的系统，一旦系统出了问题，可能就要波及身在其中的人。对于从事具体工作的人来说，比较好的财务安排是把自己在系统中工作的收入，拿来买入持有更多系统的份额，只有拥有更多自动化运行系统更多的股份，才能实现财务上的真正安全。

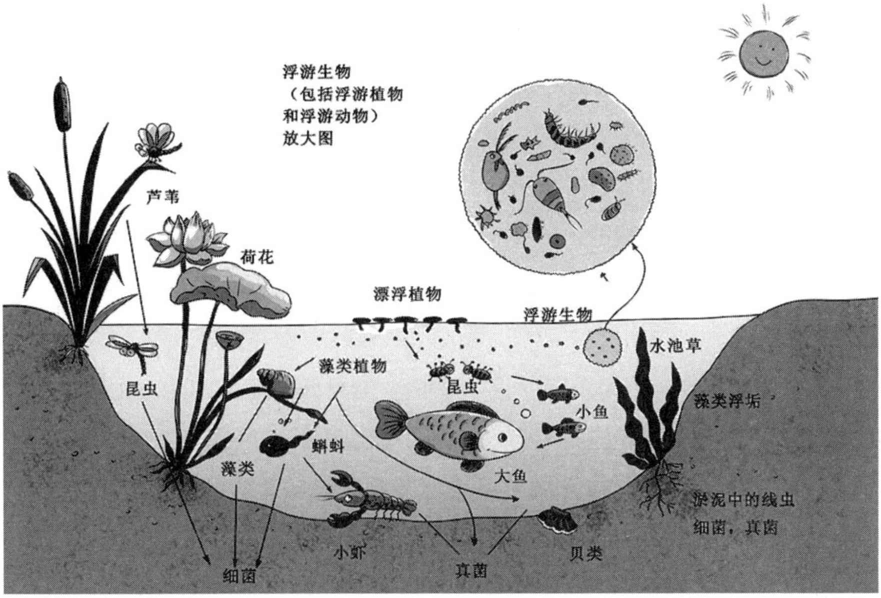

资料来源：《无为而治：设计自动运行的企业制度》

图1-3 生意是一个多姿多彩的生态系统

拿“提水”的收入来买入更多“管道”的股份。我身边认识的一个朋友，他多年前在国内一所名牌大学计算机专业毕业以后，去了一个上市公司工作，通过近十年的积累，目前手上所持有的股票、基金的分红就已经可以比肩自己的工资收入了，当然了，他依然还在从事着自己的工作，但是对于目前所在的系统，他的依赖度在逐渐地降低。他知道自己所持有的那些可以自动化运作的系统的份额，可以在未来帮他源源不断地输送现金流。

因此，重要的不仅是成为自己所在行业中局部领域的专家，而是要收藏尽可能多的系统。那么，系统到底是如何来的，一种方法是自己打造系统，另一种方法是直接买入已经打造好的系统。第一种方法，通常说的创业，通过整合资源和招募合适的人才，把他们放在合适的岗位上，然后让这个系统能够有效地转起来，如果系统发展得比较好，最后就是所谓的做大、做强、做到上市，但是创业有极大的不确定性，很多创业公司最后都会死掉；第二种方法，如果系统运作非常的成熟，在上市以后，投资者就可以非常方便地去买入这些生意，通过持有这些系统的份额来分享系统的回报。

但是，很遗憾的是，在投资者中只有极少部分人可以拥有系统性思维，买股票就是买生意，然而这个生意就是一个系统。大部分人其实是把股票看成了交易的筹码，被价格的起伏牵动着情绪的波动。

在价值投资的思维方式中，要站在企业家的高度，对未来5~10年大方向上生意会发生怎样的变迁进行推演，而不要陷入具体的细枝末节里面，其所能够产生的价值是有限的。在大方向上的模糊正确比在小问题上的完美，要重要得多。这需要能够站在高处俯瞰系统的能力。不能以战术上的勤奋，掩盖战略上的懒惰。

所以，如果在大公司里面一直从事某一份具体的工作，时间久了以后，可以成为所在领域解决问题的专家，但是如果缺乏系统性思维，往往会过于依赖这个系统；系统是可以自动化运行的，设计和打造比较成熟的系统，在没有人强制干预下，可以自动化地运转很久；成熟的生意就是一个生态系统，投资者通过持有系统的所有者权益的一部分来分享这个系统的经济成果。

第2章

建立资本思维

把有价证券当作一项生意去投资是最聪明的投资。

——本杰明·格雷厄姆

2.1 什么是资产

2.1.1 主动收入和被动收入

主动收入：顾名思义需要自己主动地参与劳动，才有工资或者销售提成的收入，如果哪一天自己生病，或者出现了其他的意外情况，这份收入来源就没了。

被动收入：网友戏称为“睡后收入”，就是当你睡着的时候，还能有现金流不断地进来。不需要你主动参与进去，通过被动的方式，也可以有源源不断的现金流给你输送过来。

2.1.2 收入的象限和层次

时间模式的人是绝大部分上班族的基本状态，通过在某个公司上班，输出自己的职业技能，然后将自己的时间和技能转化为工资性收入。但是时间模式的人有一个比较明显的问题，首先，必须要自己主动参与劳动才有收入，否则就没有收入了，这也是为什么很多高收入的白领，内心其实依然有很大的焦虑和恐惧感的原因所在。

同时，时间模式的人，一个人一周最多也只有那么多的工作时间，通过观察自己身边，那些比自己早几年进入公司的同事，他们的收入水平是什么样子的，大概可以预判出来，自己过几年收入会到什么水平，时间模式的人的收入，在可以预见的未来，有比较明显的“天花板”存在。

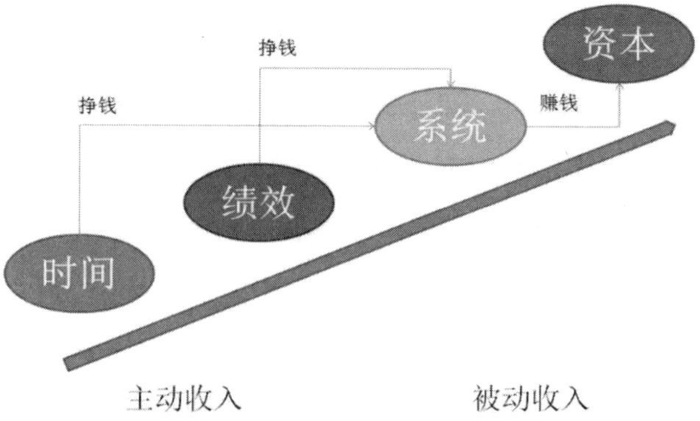

资料来源:大视野

图2-1　收入来源对比图

绩效模式的人收入来源取决于绩效,在单位时间内,为公司贡献的销售收入越多,按照订单的提成比例,能够拿到的收入也越多。与时间模式的人相比,突破了单位时间内的收入一定的“天花板”,随着销售技能的提高,在行业积累的人际关系资源的拓展,相对于时间模式的人来说,收入有好几倍的放大。但是,依然是主动收入模式。

系统模式的人一般是企业主,拥有一个系统(公司),然后招募员工加入来打造这个系统,系统里面有负责产品设计、研发、运营、销售、客服等角色的员工,一旦系统被成功地打造,即使企业主不在公司,依然可以为股东带来源源不断的收入。

资本模式的人,也就是一般意义上的通过资本来赚钱的人,例如创业公司的早期项目,资本模式的人,拿钱投给创业公司,然后由创业团队拿着钱去找人打造系统,一旦系统被成功地打造,可以成为一个赚钱“机器”,资本模式的人也就达到了钱生钱的目的。同时,企业做大了以后,可以上市,这样它的股份就可以在市场上进行流通了。而作为二级市场的投资者来说,可以很方便地在股市中买入这些上市公司的股票,然后成为系统的一部分,分享资本的收益。

2.1.3 资产和负债

资产，凡是能够把现金流带给你的，就是资产；负债，把现金流从你口袋里不断掏走的就是负债。比方说，你买了一辆新车以后，首先购车款是一笔将收入从你口袋掏走的支出，同时汽车保险、加油费、过路费、停车费、维修保养费，都是要持续性地把现金从你的口袋中掏走。因此，汽车是负债，而不是资产。

唯一的自有住房是资产还是负债呢？从现金流的角度看，房子抵押给银行，拿到房贷买了房子以后，需要逐月偿还银行贷款的本金和利息，因为有房贷，所以现金流是远离你的。那么，房贷都还完了以后，房子到底是资产还是负债呢？即使房贷都还掉了，房子的维护费用、保养费用、水电费、置办家电费等，都需要继续从你的口袋中掏钱，所以现金流还是远离你的。

我并不反对年轻人买房子，房子对于很多人来说是一个可以为自己创造安全感的地方，在一个城市打拼，想到了自己还有房子可以居住，即使工作再累，内心也比较踏实。

对于刚参加工作的年轻人来说，举全家之力来支付房子的首付，然后再背负长达几十年的债务，在自己人生的方向还没有真正的成型、精力最旺盛的阶段，押上了自己的青春，换了一套大房子，这样的代价使很多人放弃了人生梦想可能性。

把购买唯一的自住房看成消费品，而不是投资品，有利于从真实客观的角度衡量自己的财务实力，因为房价即使上涨了很多，但它是你的唯一自住房，你自己居住在里面，它并不能为你产生被动的现金流收入。所以，依然还是要为银行打工，支付房贷的利息。即使是买房子这样的大额支出消费行为，也要结合自身的家庭经济实力，以及自身工作收入的实际情况来做决定，要量入为出。在意识到唯一的自有住房并不是资产，而是负债以后，才会积极地去寻找真正的资产，买入真正可以产生现金流的资产，然后你的财务实力才会变得更加的积极和健康。

2.1.4 什么是财务自由

对于很多上班族来说，朝九晚五地工作，每个月领取固定的薪水，支付房贷、车贷，以及家庭的各种消费开支以后，所剩无几。随着家庭工作收入的不断提高，消费的欲望也是在不断地膨胀，挣得越多，花得越多，到年底的时候，盘点家庭资产，辛辛苦苦工作一年，依然没有存下多少钱。财务自由，似乎成了一个遥不可及的梦想。

那么，什么是财务自由呢？即使你人不在那个地方，资产项所产生的现金流，足够覆盖家庭的生活开支。你可以选择去工作，也可以选择不工作，因为没有财务上的压力，所以你不需要为了挣钱养家而被迫工作，你有选择的自由。

我相信，对于很多依然奋斗在工作岗位上的年轻朋友来说，实现财务自由，一定是心中一个非常大的梦想。那么，到底如何实现财务自由？下面我们来讲两个基础的概念：

认识资产。资产就是能够把钱放到你口袋里面的东西。假如你购买了一座房子，用来出租，每个月的租金是5 000元，偿还银行贷款每个月3 000元，那么盈余的2 000元，就是这个资产每个月能够带来的正向现金流。同样的道理，你入股了一个朋友的公司，占公司10%的股份，公司经过几年的创业后逐渐进入稳定期，每年可以给股东分红100万元，那么你就可以拿到10万元的分红。不论是出租的房子，还是朋友公司股份的分红，你人不在那个地方，但是依然可以获取被动收入。

生活支出。对于普通的家庭来说，主要的生活支出有房屋抵押贷款，家庭日常的生活费，如果有小孩的话，还要考虑抚养费、教育费等。互联网时代，可以方便地通过记账软件来记录家庭的生活支出，然后软件可以自动用图表呈现家庭开支的去向，以及每个月、每个季度、每年合计花了多少钱，都花到哪里去了。通过一段时间的记账，有了数据以后，就可以知道平均每个月至少要花多少钱。

一方面，你要梳理清楚，哪些开支是不必要的，要控制自己非理性的消费欲望；另一个方面，搞清楚维持在什么样的生活支出水平，无论是生活质量，还是心里面的舒适度是最满意的。那么，这样的生活支出水平，就是你要努力的目标。下一步，就是开始积累资产，让资产项所产生的现金流可以覆盖家庭生活支出这个目标。

因此，资产项就是可以产生被动收入的东西，这里面最重要的是你人不在那个地方，依然可以为你带来收入。当资产项所产生的现金流大于生活支出以后，你就可以财务自由了。富人之所以富有，正是因为他们要么在打造资产，要么是花钱买入资产，不断地积累自己的资产项，就有了更多的被动收入的现金流，从而变得越来越富。这也是富人的秘密。

2.1.5 工作和投资两条腿走路

有新闻报道，深圳某知名IT公司的中层员工，被公司辞退以后，行为过激地选择了跳楼。这个新闻事件在网络上引起了广泛的讨论，甚至有人提出了“中年危机”的看法。我们看这个新闻中提到的这个男人，40岁出头，上有老下有小，老婆没有工作，还有一线城市几套房贷的压力，整个家庭的经济来源的负担被这个男人扛着。他的收入来源比较单一，过于依赖某一个公司和组织，一旦这个工作有了什么闪失的话，对于未来的家庭经济压力，让他有了巨大的恐惧心理。

比较合理的规划是，在早期参加工作、有了工资性收入以后，强制性地拿出来一部分去买入各种“资产”，让家庭的资产项投资组合不断地丰富起来，这样随着时间的推移，资产项所产生的现金流不断地提高，家庭的经济来源就可以逐渐脱离对工资性的主动收入的依赖。我们这里所提到的“工作”，你可以理解为普通上班族的工资和奖金，做小买卖生意赚的生意钱，也可以是有一定规模的小公司，定期或不定期给股东的分红。而投资，主要是指投资上市公司的股份。

对于普通上班族来说，只要自己勤勤恳恳地参加工作，每个月就能够拿到一笔薪水，在支付了家庭的生活支出以后，能够有一部分的资金可以拿来做投资。对于自己有小买卖的人来说，虽然收入不是特别的稳定，但是生意的收入起起伏伏，每年下来，也是可以有一定的盈余资金拿来做投资的。

无论是上班族、小买卖生意人还是小企业主，他们收入的来源，必须要自己主动参与劳动，才有收入，我们称这样的收入来源为：主动收入。有别于主动收入，你有被动收入吗？你的收入来源，在多大的程度上取决于你的主动收入还是被动收入，决定了你财务自由的层次已经到了哪个阶段。如果一直是主动收入，没有积攒自己的被动收入的话，收入来源过于依赖自己的主动劳动，如果哪一天自己的精力跟不上了，怎么办呢？所以，在你有主动收入的时候，要想办法去积攒更多的被动收入，当你的家庭收入来源，越来越不依赖于主动收入的时候，有越来越多的被动收入现金流，你的家庭财务结构就越来越合理了。

有哪些资产，你人不在那个地方，还依然可以为你带来现金流的呢？比方说，上市公司的股权，对于好公司来说，随着时间的推移，公司的盈利能力越来越强，对应公司的价值也是在不断地提高，如果你能够以低估或者合理的价格买入好公司的股票，那么随着时间的推移，你持有的股权的价值在不断地提高，每年公司经营以后，还可以给股东一定的分红。你不在那个地方，手上的股权却在增值，还可以收到分红，这个股权就是你的资产。

对于上班族来说，每月工资到账，固定拿出来一定的比例，去收集好公司的股权，手上收集到的优质公司的股权就越来越多了，资产项越来越丰富，所带来的现金流回报越来越高，财务上的安全感就会越来越好。

2.2　如何买入资产

2.2.1　现金理财

随着余额宝的普及，很多上班族可以很方便地把工资余额转入余额宝中，享受一定的利息。有别于银行定期存款，现在一些宝宝类的现金理财工具，既可以实现定期存款的利率，又具备活期存款的灵活度。所以，日常生活准备金，可以尽可能的转入到这些货币基金中。

2.2.2　基金

我们前面提到的余额宝，其实是一种货币基金，当我们拿钱买了货币基金以后，目前来看，每年可以有3%~4%的年收益率，相对于银行的活期存款来说，利息更高；相对于定期存款来说，资金的存取更加方便。但是，余额宝的低收益率，按照72法则，本金翻一番需要18~24年。如果30岁时存一笔钱，要到50岁的时候，才可以翻一番，如此低的投资收益率，从长期看当然是无法解决问题的。对于短期要用的钱，如3~6个月的生活准备金，完全可以转入货币基金中。但是，对于超过3~5年以上，暂时用不到的闲钱，如果也是存在余额宝中，那么资金的使用效率就太低了。

除了货币基金以外，还有债券型和股票型基金，从名称上看，顾名思义，债券型基金主要就是投资债券，而股票型基金主要就是投资股票，常见的还有指数型基金、混合型基金、QDII，指数型基金是一种被动投资的基金，有的是投资大盘指数，有的是投资特定行业的指数，而混合型基金是股票型基金的一种分化，对于股票型基金来说，即使基金经理认为目前市场的价格已经非常高了，但是有基金合同的约束，必须还是要保持非常高仓位的股票，所以不少基金经理抱怨说，这样的操作方式，明明知道市场有风险，但是不能灵活地控制股票仓位的占比，而混合型基金，相对来说就没有股票型基金对股票仓位多少的严格要求，基金经理可以根据自身对市场的判断，比较灵活地操作股票仓位的占比，这样在熊市的时候，可以保持股票的高仓位，在牛市的时候通过逐步减仓，降低股票仓位的占比，随着市场风险程度的大小变化进行逆向的操作股票仓位的占比。

QDII（Qualified Domestic Institutional Investor，合格境内机构投资者）是在境内募集资金，然后投资海外市场，比方说你可以通过QDII基金，以人民币购买的方式，非常方便地投资美国、德国等成熟的股票市场，分享这些海外市场的收益，那么在境内募集资金，投资海外的基金，我们就说是QDII基金。

对于绝大多数普通投资者来说，长期定投低成本的指数基金，的确是非常好的参与股市的方法。一方面，普通投资者信息不对称，根本不知道市场上到底有哪些优秀的主动管理型基金，从几千个基金里面，筛选出来优秀的基金，本身就是一件门槛非常高的事情；另一方面，对于主动管理型基金来说，比较依赖于基金经理以及背后的投研团队的支持，其中基金经理的投资风格对于基金的业绩表现具有非常大的影响，所以如果基金变更了基金经理，从原来一位经验丰富的投资老将变为一个经验不是很丰富的新任经理，通常情况业绩会出现较大的变化。

然而，针对指数型基金来说，它是一种被动的投资策略，被动地调整投资组合，不需要基金经理加入主动的投资管理策略，所以对于基金经理和投研团队的依赖度是非常低的。

你无法预测市场明天的涨跌，但是通过定投沪深300指数的方式，每个月拿出收入的一部分（如十分之一），间接持有A股最具代表性的300家公司的股份，不论市场的涨跌是如何的波涛汹涌，你总是以买生意的视角来看待自己的行为，通过逐月定投的方式，每个月都拿出来一部分的收入，把它们进行资产的指数化，通过时间的积累，拥有的指数基金的份额越多，那么间接所持有生意的股权也就越多，并且是分散在数百家公司。

只要经济是持续发展的，那么长期可以反映经济发展成果的股市，指数的估值中枢每过几年以后，一定是缓慢提升的。那么，在漫长的熊市中所埋下的金钱种子，每过几年，就可以生根发芽、开花结果，为你带来更多的财富。

2.2.3 股票

股票是上市公司所有者权益的一种凭证，持有一家公司的股票，就代表你是一家公司的股东之一，上市公司的一部分就归你所有。如果公司盈利了，按照你的持股比例计算，其中有多大的比例就是归属于你的，如果公司要给股东分红，那么按照每个人持有的股权比例的大小，可以计算出来每个人应该拿多少钱的分红。

所以，股票首先是一家公司股东的证明，同时因为是上市公司，所以它的股份可以很方便地在市场上进行流通，可以对外转让变成钱，你也可以拿钱去买一家上市公司的股票。股票具有流通价值。

那么，我们再追溯一下历史，股票的起源是什么？首先，一家公司成立，需要有股东，股东拿出来一部分钱投入公司里面，就是股东入资，然后公司可以去银行借一笔钱，再拿着公司的钱，去购买原材料，招募员工来生产商品和服务，对外销售。这个时候，如果公司想要扩大再生产，建立更为有利的领先地位，公司的管理层希望对外增发一部分股份，来进行股权融资，由于新增了股东，公司的资本变得更为雄厚。

但是，这种没有上市的公司，一般融资渠道比较有限，这个时候，交易所就诞生了。这些需要募集资金进行发展的公司，可以对外发布自己的招股说明书，阐明自己的公司有哪些产品，管理层是什么背景，这个行业未来的发展方向是什么样子的，以及公司有哪些竞争对手？然后，公司希望募集多少钱，拿这些募集的钱准备投到哪里去？未来这些钱投出去以后，预计可以为股东带来多少盈利？

对这些公司比较感兴趣的投资者，就可以参与申报请求购买原始股，然后公司增发了新股，投资者拿到股票，公司拿到钱，去经营。而投资者拿到股票以后，如果他看好一家公司未来的前景，可以继续持有这家公司的股票；如果他认为这家公司的前景堪忧，或者目前的股票价格实在太高了，或者他只是看到股票的价格在下跌，担心后面还要进一步的亏钱，所以就可以先卖掉。

我们总结一下，首先股票它是一家公司股东的一种凭证，你持有多少股票，就代表你在这家公司有多少的股东权利。而发行股票是原来未上市的公司，通过上市的行为，让自己的股份能够进行流通，从而实现了股权可以对外转让和交易的过程。

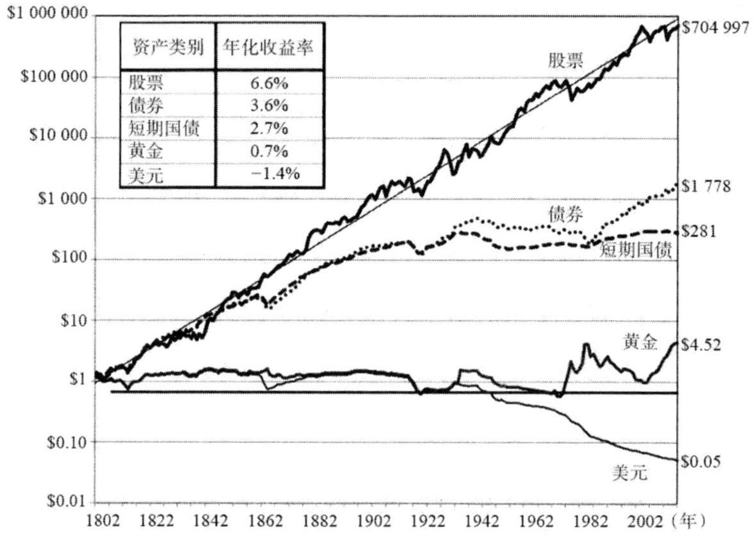

资料来源：《股市长线法宝》

图2-2　美国1802年以来金融市场实际总体回报率指数

宾夕法尼亚大学沃顿商学院金融学的西格尔教授通过几十年的研究，总结出来了这张图。在剔除了通货膨胀的因素以后，我们看到美国过去大约200年间的各类主要资产的真实回报情况是怎样的？股票在剔除了通货膨胀因素以后，从1802年的1美元，变成了2012年的704 997美元，一个充分分散的股票投资组合的真实收益率为6.6%。

这意味着，平均而言，过去两个世纪里，一个充分分散的股票投资组合（例如，跟踪大盘的指数基金），货币购买力每10年就翻一番（72法则）。而像债券类，这些固定收益类的资产与股票相比，收益率是大为逊色。黄金从1美元的购买力，过去两百多年的购买力也只是提高到了4.52美元。而如果持有的是现金的话，在通货膨胀因素的作用下，最后的购买力只剩下5美分，购买力贬值了95%。

第二部分

思维方式

第3章

投资与投机

股市的行为越愚蠢，有条不紊的投资者面对的投资机会就越大。

——沃伦·巴菲特

3.1 投资与投机

格雷厄姆说："投资业务是以深入分析为基础，确保本金的安全，并获得适当的回报；不满足这些要求的业务就是投机。"

巴菲特说："我们认为'价值投资'这一特别的提法也是多余的。如果所投入的资金不是为了追求相对应的价值的话，那还是投资吗？明明知道所支付的价格已高出所对应的价值，只是寄希望在短期之内可以用更高的价格卖出，这是投机行为。尽管投机行为既不违反法律，也不违背道德，但就我们的观点来看，它也不会让你的财富有所增加。"

3.2 股民与股东

格力电器2018年半年度报告披露，营业收入909.76亿元，同比增长31.50%，归属于上市公司股东的净利润128.06亿元，同比增长35.48%，在如此高基数的基础上，还获得了超过30%以上的增长率，从基本面上看，格力电器的表现非常优秀。然而董明珠在半年度业绩报告期间接受媒体采访时说，这是格力电器员工通过劳动创造的财富，不是股民的钱在创造财富，格力是一家兢兢业业做实业的企业。言下之意，格力是做实业赚钱，不是炒股票赚钱的。

因为这样的言论，导致社会舆论一片哗然，很多投资者感觉刺痛了自己的心，格力电器业绩披露的第2天，股价收盘重挫-4.06%，与优秀的基本面表现相比，竟然发生了背道而驰的下跌。

有人甚至喊出来，天啊，在股市中，你如果不能获取超额收益的话，真的是说不过去。在一家公司估值已经比较低的时候，基本面的表现也比较突出，但是市场却可以给出报价更便宜使你有机会继续买入。

董明珠说的是股民的钱没有创造财富，但是她并没有说股东没有创造财富。她作为公司负责人持有格力电器4 448.84万股，占公司总股本0.74%，本次半年报向全体股东每10股派发现金红利6元，她的持股可以收到现金红利2 669.30万元。

从格力电器上市以来，她一直是净买入，有钱就买，从来没有卖出过自己公司的股份，通过几十年的积累，买入了非常多的股票，所以在格力分红的时候，她也可以收到数千万元的分红款，这个钱是她应得的，没有人有异议。她没有在股市上通过买卖自己公司的股票，利用股票波动价差的方式赚钱，如果是那样的话，她就是在从股市中拿钱了，然而她并没有，她从格力电器上赚的钱，要么是自己的工资，要么是格力股票的分红。显然，我们可以看出来董明珠是格力的股东之一。

股民是弱势文化属性，造就的是弱者，他们缺乏独立思考的能力，频繁地买卖股票，听说格力要分红了，就赶紧买入，听说格力的负责人看不起股民，觉得很受伤，就赶紧不顾价格卖出。股东是强势文化属性，造就的是强者，普遍具备冷静、客观分析事实的能力，买股票就是买的一家企业的股权，拥有“企业投资”的思维方式，关心的并不是股票价格在短时间内的涨跌，他们关心的是自己持有的生意是不是变得越来越好了？未来5~10年，公司是不是依然有不错的成长空间？公司是不是有值得信赖的管理层在掌舵？至于短期股价的波动，市场上的人云亦云，他们往往一笑而过，并且在市场报价愚蠢的时候，继续买入。

同时，他们大多数都是长期持有一家公司的股权。例如，这一次，格力电器在半年报出来后，股价不仅没上涨，反而下跌了，对于长线投资者来说，反而是满怀期待格力的分红款可以快点儿到账，这样可以拿分红继续追加买入更多的格力股份。

3.3 投资要有大视野

作为一个投资者来到资本市场中，首要目的当然是赚钱，通过滚雪球的方式，一点点地进行着复利的积累，无论是在过程中实现了财务自由，还是给自己和家人在退休的时候有更好的经济上的保障，投资者来到股市中，一定是希望自己的金钱可以实现长期的保值和增值的。投资者在帮助自己的同时，其实也是在帮助企业和国家。

大多数投资者想到的是怎样在波动的股市中，能够为自己赚到钱。如果忽视了自己的投资行为也是在帮助企业和国家，那么往往就不能够做到真正的股权思维。人生的格局决定了高度，然而高度决定了视野，投资要有大视野。

从帮助企业的层面来看，买股票就是买生意，生意好，我们跟着一起好。我们一定要找到那些踏踏实实、兢兢业业在做实业的企业，而不是那些在讲故事、炒概念的企业，你的每一笔投资行为，其实就是一种投票行为，你把钱投到哪个企业，就表明了你的价值观和态度。你把钱投给那些做实业的企业，那么就是在支持实业的发展，你是这个实业的合伙人之一，实业兴旺了，你也跟着一起兴旺。

但是，如果你把钱投给了那些纯粹是在讲故事的企业，那其实就是你自己态度的一种表达，你就是在支持上市公司讲故事，那么美丽的故事在最后被拆穿，发现就是梦幻泡影，在泡沫破灭的时候，也会伤害到那些参与泡沫炒作的人。

从帮助国家的层面来看，投资其实就是投的国家发展形势。我们一定要思考从国家的整个经济体的走向，在大力支持哪些产业的发展，在未来5~10年的发展周期上，能够比较清晰地看到哪些行业在进入发展的黄金期，哪些行业是在淘汰过剩产能。我们不要逆着国家发展形势而做投资，而是要识别出来国家发展形势在哪里，然后顺势而为跟着国家发展形势的发展一起走。如果有这样的思维方式，你也就不会参与那些纯粹是炒作概念对国民经济的发展没有多大帮助的企业。

从帮助企业和帮助国家的角度出发，最后落实到帮助自己。在拥有真正的股权思维以后，你知道自己买的其实是生意，只要国家昌盛，企业的经营效益越来越好，那么自己在投资的过程中，一定会享受到不错的投资收益的。正是有这样的信念存在，你就可以立足更长远来看待自己的投资，就不会陷入短期的股价波动中。很多投资者，看一些新闻资讯，试图可以挖掘到一些概念股，然后参与到概念的炒作中，盯着K线图的波动，最后迷失了自己。

做真正的投资者，而不是一个股民。从投资者的思维出发，买股票就是买生意，你拥有一家公司的股票，就是这个生意的股东之一。这个与资金量的大小并没有关系，有的朋友会觉得自己只买了几百股，应该只是一个小散户吧！

重要的是你自己的思维方式，哪怕只买了几百股，你是站在生意合伙人的角度看待自己所持有的股票，那么就可以非常坦然地与上市公司的管理层在一起面对面地交流，对公司经营发展的效益、未来的良好前景等进行沟通。

但是，如果你关心的并不是生意会怎样发展，而是市场的股价为什么又下跌了，老是纠结着股价的问题不放，那么就不能怪罪公司的管理层，把你看成一个股民了。因此，重要的并不是有多少钱，而是你自己是否拥有一个投资者的思维和行为。

在日常生活中，随时随地准备去纠正别人的错误说法，立场鲜明的反对使用“炒股”“赌博”这些词汇。如果你自己真正是一个投资者，那么也会得到家人的理解和支持，他们知道你自己真的是在做投资而不是炒股式的赌博。

我们从投资者的角色来到资本市场中，首先是希望可以实现资本的有效增值，但是其实在做投资的时候，也是间接地在帮助企业和国家的发展；既然是帮助企业和国家，那么我们一定要优先考虑那些真正有利于国民经济发展的企业，通过投资的方式来参与实业，投票支持好的实业发展，伴随国家发展形势一起兴旺；做真正的投资者，而不是所谓的股民。重要的并不是资金量的大小，而是是否拥有投资者的思维方式。

3.4 不要借钱买股票

股票是上市公司所有者权益的凭证，有别于绝大多数公司的股权，上市公司的股权是可以流通的，大部分的时候，我们可以查到最新股权的市场交易价格。然而，市场报价的波动情况，可能会出乎很多人的意料。我们按照价值投资的方法进行了非常严谨的研究分析，然后在有安全边际的情况下买入了股票，但是市场的交易价格在短期内的波动情况，却是我们无法把握的事情。

如果是融资买股票，在股票价格持续下跌的情况下，可能会接到券商的追加保证金的通知，如果在限定的时间内，没有追加必需的保证金额度，将会面临被强制平仓的风险。股票的波动本身并不是风险，但是因为加了杠杆，可能会导致本金的永久性损失，这个时候波动对于融资买股票的人来说，就构成了风险。有朋友会说，我看目前市场上的股票价格非常的便宜，融资买入股票的话，在市场转暖以后，就可以赚取杠杆放大的获利。

你说反对买股票的时候融资，那么买房子的时候，很多人都是有房贷的啊？股票和房地产的区别在于，股票的价格在短短几个月的时间内，可能会出现幅度巨大的波动，如果向下波动，因为强制平仓，也就提前出局了，这个时候即使市场后期很快就修正了“错误的”价格，但是在底部割肉的人，也就错失了后面反弹的机会。

相对来说，房地产的价格波动幅度并没有那么大，同时一般房屋抵押贷款是长期的负债，银行在审批贷款的时候，也是要严格审核贷款人的偿债能力。如果是唯一的自有住房，还有情感的属性在里面，万一真的碰到百年一遇的金融危机，导致房产价格缩水，因为社会影响太大，政府层面会出台政策稳定房地产价格，同时家族的力量，也会帮助你来度过房产价格缩水的困难。

但是，如果股票价格大幅度缩水，对于加杠杆的人来说是灾难。但对于没有杠杆，甚至要追加投资的人来说，并不是坏事。万一遇到股票被强制平仓，需要追加保证金，你听说过找家人和朋友可以借到钱，帮你渡过难关的吗？他们听说你炒股票赔钱了，还要再借钱继续买股票，可能都不想搭理你。

有人说巴菲特持有保险公司，通过保险公司浮存金进行投资，巴菲特也是借钱买股票，所以自己也是可以借钱买股票。这个差别就更大了，保险浮存金一般会计算理赔的概率，以及多大额度内的浮存金可以长期使用，没有短期偿还的压力，所以巴菲特可以进行优质股票的长期配置，同时浮存金的资金使用成本非常低，甚至是负利率，相当于是有很多人，给了你一大笔钱，不仅不需要向你要利息，甚至还可以让你扣管理费，并且承诺让你超长期的使用。请问，普通人有几个可以融到这样的资金呢？

普通投资者通过融资的方式买股票是一件风险非常大的事情，让自己的本金暴露在风险敞口之下。同时，如果因为融资买股票赚到了钱，扭曲了真实的投资收益率，这样的习惯所造成的路径依赖，对于日后的投资成长，也会埋下隐患。因此，建议普通投资者，远离融资买股票。应该用尽量多的闲置的自有资金，买入自己看得懂的少数优秀上市公司的股权，伴随它们尽量长的经营周期，分享企业成长的价值回报，这个才是投资的正道。

在学院派的金融学投资理论中把证券价格的波动视为风险因素，如果一个证券的波动幅度特别大，那么学院派的人士会认为这个证券的风险比较大。但是，巴菲特式的价值投资者认为这样评估风险的方法，完全就是一派胡言。按照学院派的观点，如果一个生意报价1 000万进行整体出售，在价格下降到500万的时候，这个生意的风险变得更大了。但是，对于巴菲特式的价值投资者来说，如果一个生意的内在价值是2 000万，市场报价1 000万的时候，表明生意的市场价值是被低估了，那么在价格进一步下降到500万的时候，不仅仅是风险没有变大，反而是更加便宜了。

波动并不是风险，这个是投资过程中必然会经历的事情。股票的价格在短期内，可能会朝着任意的方向进行波动，但是这样的价格波动并不能够传达出来什么有效的信息，绝大部分时候都是噪声。但是，如果以5年的跨度来衡量一家上市公司股价的表现，对于那些真正在为股东创造长期价值的企业来说，如果能够合理地利用留存收益，市场最终一定会在股价上给予积极的反馈。

杠杆并不能够提高投资获胜的概率。决定投资成败的重要因素是衡量一笔投资的确定性，我们可以通过大量的基本面研究来确定对一个生意未来会实现较大增值的可能性。

我们能够做到的是预见这个事件未来会发生，但是无法做到的是判断未来会在什么时候发生，以及在发生最终确定性结果的时候，中间的过程会经历哪些未知起伏的波折，这个是我们无能为力的事。对于加了杠杆的投资者来说，不仅仅要判断会发生什么，还要判断事情会在什么时候要发生，以及在中间不会出现意外事件，如果一笔投资要有这样环环相扣的前提，那么就会把投资者的本金暴露在风险之下。

证券市场在短期内可能会出现出乎意料的波动，对于加了杠杆的投资者，如果是向上波动，可以放大投资收益，但如果是向下波动，也会放大投资亏损。然而，对于没有加杠杆的投资者来说，在心态上会好很多，因为他知道自己买入的是生意，持有的是这个生意的一部分权益，只要这个生意在良好的发展，企业的内在价值在随着时间的推移不断地提高，那么短期内的市场非理性波动并不能够伤害到自己，最终市场会在长期中修正错误的定价。从长期看，决定价格的终究会是价值，价值在最后一定会发挥作用的。

投资做得好的人，没有杠杆也可以做得好，投资做得不好的人，加了杠杆反而会进一步地放大投资中的一些负面因素。好的生意在没有财务杠杆的情况下，也可以为股东持续性地创造高于社会平均水平的净资产收益率，重要的是这个生意形成了具有内部结构性的竞争优势，把财务杠杆因素排除在外，这依然是一个可以创造高收益率的好生意。如果一个生意建立在高杠杆的基础上，那么突如其来的社会经济发展的波动，可能就会给这个生意造成毁灭性的打击。同样的道理，带着高杠杆前行的投资者，就像那些经常在河边走的人，又如何确保自己可以做到始终都不湿鞋呢？

我们纵观国内外大师级投资家的历史投资回报率，能够长期取得15%的年复合收益率，就已经是非常难得的投资收益水平，获取长期复利的有效正向积累是一件非常难的事情。

如果投资者在一个不断向上的市场区间中，因为加了杠杆，会造成投资收益率的扭曲，形成了盲目自大，有的人甚至在公开场合说看不起15%的年复合收益率，表明自己的投资水平可以比巴菲特要强1 000倍。

过分自信会导致忽视投资中的一些重要的常识，在未来的投资生涯中埋下必然会引爆的“地雷”。从长期看，决定投资者收益率的就是企业的长期净资产收益率，而国内外的企业中，能够长期保持在15%以上净资产收益率的企业也是极少的。对于加了杠杆的投资者，企图在长期中获取超过企业净资产收益率的回报，因为贪婪而在最终吃到了恶果。

3.5 高风险未必有高收益

如果余额宝和互联网理财平台的产品都可以获取8%的预期年复合收益率，那么大部分人都会从互联网理财平台把资金给撤出来，买入余额宝。根本原因是余额宝是对接货币市场的基金，它的预期风险非常低，然而互联网理财平台可能有倒闭和跑路的潜在风险。

随着越来越多的人涌入余额宝中，管理资金规模的不断膨胀，必然导致的结果是余额宝的资金管理人找不到合适的资产可以买入，于是余额宝的投资收益率逐渐衰减到一个均衡的收益率水平。然而，资金逐步被撤出互联网理财平台，为了能够吸引到投资者，必须要对外宣传其可以获取到远远高于余额宝的收益率，一些风险承受能力比较强的投资者，才会考虑进行配置。

高风险未必有高收益。在民间经常流传的一句话说："高风险才有高收益，如果想要赚大钱，必须要敢于冒险。"这句话不知道是害了多少无知的人。如果一个投资项目是风险特别大的，那么相对于风险比较低的投资项目来说，它必须要能够匹配到非常高的投资收益，才可能找到合适的投资者。如果一个投资项目看起来风险是极大的，但是没有预期的高收益率进行匹配的可能性，绝大部分正常的人，都不会把自己的辛苦钱掏出来。毕竟可以直接找到那些预期收益率一般，但是风险明显较低的资产进行配置。

但是，高风险的投资项目只是表明在未来它的收益波动区间是极大的，在概率上说有可能取得高收益，但是当意外的风险因素暴露以后，它可能会导致本金的永久性损失。所以，投资项目的风险和回报之间，在经过市场的广泛交易以后，在大部分的时候，它们之间的关系是匹配的，也就是说收益率会最终落入均衡的状态。

风险就是在确定会发生的事情之外遇到不确定性的事情发生的可能性。例如，余额宝目前的年收益率在2%~4%之间，投资者把钱转入余额宝，预期在未来一年依然可以获取到个位数的年收益率的可能性是非常大的，导致本金亏损发生的可能性是极低的。

但是，如果投资者看到了一些互联网理财平台上宣传的超过10%以上的年收益率，那么在他买入以后，未来有可能获取到超过10%的年收益率，但是也可能会遭遇本金和利息永久性损失的风险。也就是所谓的你惦记着别人的高利息，别人其实是在惦记着你的本金。

举个例子，农村人家里会养老母鸡，在平常的日子里面，老母鸡可以获取到一些喂养的食物，在老母鸡的视角来看，每天想吃饭的时候就有东西可以吃，想出去玩的时候就可以出去溜达，日子过得逍遥自在，老母鸡觉得自己就是上帝，信心也是随着每天不断的外部积极反馈而不断地膨胀。直到有一天，过年了，老母鸡成了饭桌上的一道菜。

不要只看到眼前的高收益率，却没有重视“未然历史”的发生。未来是有不确定性的，会有各种结果的概率上的分布，但是当我们回顾历史的时候，它却是一条确定性的结果走到今天。这样的后果是很多人只看收益率结果的高低，而忽视了在过去的演进过程中，那些并没有发生的历史路径。如果一味地去追逐那些高收益率的产品，却没有考察获取这样的收益到底承担了哪些风险，那么在未来一旦风险释放以后，投资者必然会遭受巨大的损失。所以，要学会衡量在“风险调整后的收益”到底是多少。

创业是高风险的，但也未必会一定成功。同样的道理，我们看一个人做职业生涯的选择，他可以选择在一个大公司里面从事一份旱涝保收的工作，每个月都可以拿到固定的薪水，这个大公司在未来十年倒闭的可能性极低，于是他在职业上的安全感也是非常高的，也就是工资收入来源的确定性是非常高的。但是，如果他从大公司辞职出来开始创业，创业成功的概率是非常低的，未来有极大的不确定性，也就是风险是非常大的，但是我们都明白他即使承担了非常大的高风险，也只是说他未来的收益波动区间是比较大的，有可能生意会做大、做强、做上市，也有可能过了几年就倒闭了，他投入创业公司的资金和时间都打了水漂。所以，在考察了风险和回报以后，只有极少数人会选择辞职创业。

价值投资就是学会聪明地承担风险。如果说高风险就有高收益，那么很多人的惯常思维方式就是低风险只能获取到低收益。但是，价值投资并不是这样的。我们举一个简单的例子，大家都知道茅台是一家很好的公司，它的白酒非常畅销，茅台是一个上市公司，我们可以买到茅台的股票，对于绝大多数人来说，股票是一个风险特别大的东西，以为它的价格波动特别大。

但是，如果我告诉你，用1块钱就可以把茅台这个公司给买下来，你还觉得这个投资项目存在什么风险吗？在我看来这就是没有风险，稳赚的一笔买卖。那么，价值投资者是怎么思考问题的呢？他们首先会评估一个生意的内在价值，然后看市场的报价相对于这个内在价值有没有很大的低估空间，他们在生意的报价极低的时候买入持有这个生意，在承担了低风险的情况下，却依然可以取得不错的高收益。所以，高风险未必有高收益，但是低风险也未必不能有高收益。

因此，高风险未必就一定会有高收益，千万不要以为自己承担了高风险就一定可以获取到高收益率，高风险是指未来收益的波动区间是巨大的，本金有可能会永久性的损失；在看到高收益率的结果以后，还需要考察这个项目到底承担了多大的风险，需要考察风险调整后的收益；低风险未必不能够有高收益率，聪明的投资者是学会了聪明地承担风险，只有在那些概率和赔率都对我们极其有利的时候，才会果断出手。

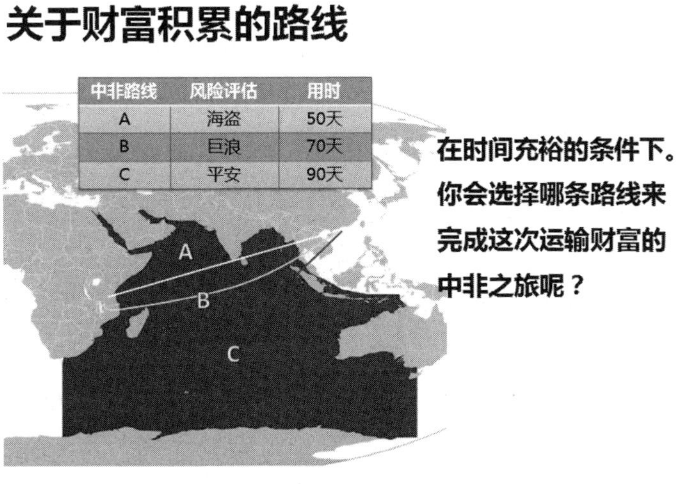

资料来源：中国平安培训资料

图3-1　财富积累的路线选择

价值投资应具备的思维方式

假如你是一个经营外贸生意的企业主，现在你有一货轮货物需要从中国出发运送到非洲，摆在你面前的有三条路线，其中：A路线，途中可能会遇到海盗，但是只需要50天就能达到；B路线，途中可能会遇到惊涛骇浪，需要70天能到达；C路线，既没有海盗，也没有巨浪，你的货物会平安抵达终点，但是需要90天。你会如何进行选择呢？

有意思的是，相关的研究人员把这样的问题通过问卷调查的方式收集人群的答案，其中有不少成人会选择A、B两条有风险但是耗时较短的路线，但是小朋友会选择C路线，平安抵达，没有风险，虽然时间上会长一点。

因为年龄的不一样，对于风险的意识会有明显的差异，这样的结果对于研究人员来说，的确是比较新奇。换句话说，在小朋友眼里看来，安全是第一位的，随着人们年龄的不断增长，为了能够尽快实现自己的目标，“大人们”开始敢于尝试冒险的行为。比方说，有驾驶技能的朋友，有的人可以在十年的时间内，没有出现过任何交通事故；但是有的朋友认为驾驶就是要刺激，在能快的情况下，就一定要快，非常鄙视那些路上开得比较慢的司机。

人们之所以愿意冒险，是因为觉得自己有能力规避风险。尤其是在过往的人生经历中，如果一次次的冒险，都平安无事的话，那么就在增加人们的自信程度。比方说，选择A路线是有海盗风险的，如果曾经通过这条路线运输过很多次的货物，都快速地抵达了终点，并且根本就没有见过海盗，于是这样的人，可能就会在朋友圈中大谈特谈成功经验，告诉其他人A路线是最好的。

然而塔勒布的《随机漫步的傻瓜》中所提出的“未然历史”，那些因为运气而暂时没有受到风险考验的，以前没有发生风险，但是不代表没有发生的概率。比方说，转轮手枪有6颗子弹，如果在里面塞入了1颗子弹以后，快速地拨动一下弹巢后合上，让一个人拿着手枪对着自己的脑袋，然后押注一大笔钱，如果扳动手枪以后没有击中，那么就可以赢取大笔奖金，否则就击毙了自己。从数学上看，5/6的可能性是安全的，但是有1/6的概率是全盘皆输。如果开了一枪以后，没有被击毙，参与者拿走了大笔奖金，但是在“未然历史”中风险是发生了。

投资中人们为了能够赚快钱，会忽视股票的潜在风险。如果哪个板块目前正是市场的热度所在，赚钱效应非常的明显，那么忽视股票风险的投资者，可能会以严重高估的价格买入一些市场炒作的概念股，然而在买入以后，市场可能真的会继续疯狂上涨，让这样的投资者赚了钱，然而他并没有意识到自己的出价是有极高风险的。

价值投资的方法是本金安全第一。如果说投资有什么秘诀的话，那就是永远要保护好自己的本金安全。价值投资的思维方式中有：好人、好事、好价，三个环节一个都不能缺失。寻找优秀的管理层所经营的伟大的企业，但是并不是什么时候都可以买入，而是要耐心地等待一个好价格，只有在市场的报价有利的时候，才会果断地出击。为了能够选择一个合适的买入机会，价值投资者甚至可能会等待数年的时间。

3.6 合理的预期收益率

选择价值投资这条路，要给自己设定比较合理的预期收益率，那么什么样的收益率才是比较合理的呢？我们首先要看看一些投资大师，他们在漫长的投资生涯中，取得了怎样的收益率？如果说他们是投资这个领域处于金字塔顶端的，投资水平是出类拔萃的，他们的平均收益率，就是可以达到的比较高的极限了。

首先看看巴菲特，在1965—2017年的年复合收益率是19.1%，同期标普500的年复合收益率是9.9%，巴菲特的总回报率是10 880倍，标普500的总回报率是155倍。然而，巴菲特可以取得如此高的投资收益率，有一个非常重要的原因是伯克希尔哈撒韦旗下有若干个保险公司，这些保险公司的经营管理非常的出色，保险浮存金的资金成本非常低，甚至是负数。

换句话说，巴菲特通过持有保险公司的股份，对保险公司有控制权，这些保险公司的客户通过购买保险的方式，为巴菲特送来源源不断的“现金弹药”，从长期看不仅不需要巴菲特支付利息，甚至巴菲特还可以从这些钱里面提取“管理费”，然后再拿着这些可以长期投资的资金去买入自己青睐的公司，获取投资收益。

换个角度看，巴菲特相当于是加了几乎没有爆仓风险的“杠杆”在买股权。在这样的背景下，巴菲特的长期投资业绩是19.1%，如果扣除了保险浮存金的杠杆因素，投资收益率是不可能做到这么高的。巴菲特长期持有的一些公司的复合增长率是小于伯克希尔哈撒韦的资本增值率的，有人猜测巴菲特是在做大波段，低买高卖，其实并不是，这里面非常重要的原因是负成本的保险浮存金。

约翰·聂夫在1964年成为温莎基金经理，并一直担任至1995年退休。在此期间，他将摇摇欲坠、濒临解散的温莎基金经营成为当时最大的公募基金。在31年期间，温莎基金总回报率达55.46倍，年复合收益率达13.7%的纪录，在基金史上尚无人能与其匹敌。

彼得·林奇于1977—1990年，一直担任富达公司旗下麦哲伦基金经理，在13年的任职期间，他使麦哲伦基金的管理资产从2000万美元增至140亿美元，年复合收益率高达29%，几乎无人能出其右，麦哲伦基金也由此成为世界上最成功的基金，投资绩效名列第一。

在国内公募基金中，富国基金的朱少醒从2005年11月至2018年12月，独自担任富国天惠精选成长的基金经理，13年取得累计回报率737%，年复合回报率17.75%，截至目前保持着国内公募基金中任职时间最长，投资回报率最好的纪录。

其次，国内“价值一哥”曹名长，凭借一贯的价值投资理念和稳健的长期投资回报，荣获“十五周年金牛杰出基金经理”称号。其在2006年7月首次担任新华基金旗下新华优选分红基金经理，在将近9年的时间内，任职期间总回报508.10%，年复合收益率22.44%，之后在2015年6月离职去了中欧基金，于2015年11月重新担任基金经理，目前是中欧价值发现的基金经理，近3年的年复合收益率在6.74%。按照Wind披露的投资经理指数表现，曹名长从业以来的年复合回报率是21.09%，同期沪深300的年复合回报率是7.30%。

智慧的投资大师，巴菲特终身的合伙人查理·芒格曾经说过，投资者选择长期持有一家公司，最终的投资回报率与公司在投资者持有期间所获取的ROE是匹配的，这里面着重强调的是长期持有和ROE。

如果从短期来看，投资者在公司股票被低估的时候买入，还可以赚到一部分的估值回归的钱，但是如果超长期持有的话，决定长期投资收益率的就是ROE，因此巴菲特在挑选企业进行投资的时候，非常重视的一个财务指标就是ROE，那些能够长年保持高ROE回报的公司，往往是有较大概率具备较强的竞争优势。

然而，不论是美国股市，还是中国的A股，能够长期取得每年ROE保持在15%以上的公司，也是股市中的极少部分，截至笔者写这本书的时候，国内A股中从2009年到2017年，每年ROE都大于15%的上市公司占比只有48/3 543，比例约为1.35%。

从以上两点分析来看，首先经得起历史长期考验的优秀投资者，能够取得20%年复合收益率（10年以上）就已经非常卓越，同时作为价值投资者来说长期持有优秀的上市公司股权，最终的投资收益就是与公司的ROE匹配，从数据来看，能够长期保持高ROE的公司是非常稀有的，假设投资者有能力筛选出这些优秀的公司并长期持有，最终的回报率均值回归下，能够有15%年复合收益率，就已经非常不错了。在实际的投资环节中，首先投资者不一定具备能够筛选出来高ROE回报的生意，其次是否能够在股价大幅度波动的时候，具备足够的耐心，长期持有，都是考验着投资者的一道道门槛。

因为价值投资就是一种长期投资，所以从长期回报率来看，15%年复合收益率就已经是非常优秀的结果了，对于那些想要超越股票背后生意回报率的投资者来说，可能根本看不上这样的回报率水平，5年的时间才可以实现本金的翻一番。他们的观点是，价值投资很好，但是钱来得实在太慢了，等以后资金规模大了，再考虑价值投资吧。然而，拒绝了价值投资的长期持有的方法，可能在短期内获取了比较高的投资收益，然而这样的结果，所造成的路径依赖，在当下都不愿意接受价值投资，恐怕以后也更难了。

3.7　投资不是拼智商和学历

投资的成败，并不是比拼智商和学历，而是价值观的取向与理智的性格。面对同样的市场，同样的股票，有的人把它看成是赌博的筹码，有的人把它看成是生意的一部分。你把股票看成是什么，就是你的价值观的体现。很遗憾的是，有些人根本就无法接受买股票就是买生意这样的观点。

智商在投资中的作用。巴菲特曾经说：“如果你有160的IQ（智商），卖掉

30吧，因为你不需要这么多。”取得伟大的成功，你只要有足够的智力即可，不必是天才。多余的智力并不会增加你成功的概率。事实上，有很多聪明的人没有找到现实中成功（或幸福）的道路。高IQ不足以让人成为伟大的投资家，否则大学里的教授们一定是全世界最富有的人了。具备商业思维导向以及遵循常识，遵循朴素的人类智慧才是最重要的。投资并不需要你有多精明，反而有些时候能够做到守拙，大智若愚的无为而治，反而是最好的。

我身边也有智商特别高的同学，能够把复杂的计算机算法编程研究得非常的透彻，毕业以后在国内TOP 3 的互联网公司工作，薪水待遇也非常好。有时候朋友聚会，在一起交流股票的时候，在他的思维方式里面，总是认为中国的股票有非常大的政策市的倾向，所以在工作之余，他花了大量的时间，试图利用计算机的方法来对国内各个行业最新的政策导向进行数学建模，然后依赖计算机的结果来帮助他挑选股票，但是遗憾的是，很多年过去了，股票对于他来说就像是一个很大的谜团一样，无法解开。

还有认识的朋友，因为家庭经济的原因没有受到很好的高等教育，从事的是非常普通的建筑工人的工作。但是他能够看清问题的本质，他在学习投资的时候，老师给他举了一个小超市的例子，如果在你家附近有一个生意不错的小超市，老板急着转手，你想要把这个生意接手下来，需要考虑哪些方面的因素呢？对方为什么要卖？这个小超市过去几年，每年可以赚到多少钱，未来能够持续保持这样的盈利能力的可能性有多大，未来面临哪些竞争方面的风险，老板愿意以什么价格转手，如果我买入的话，需要多长时间可以回收成本，在这个交易的过程中，我可能会遇到哪些潜在的风险？然后，老实说，其实买股票是一样的，如果你是站在买生意的角度看它，其实到底是买上市公司，还是买个小超市，这里面有很多道理都是相通的。他豁然开朗，从此以后坚定了买股票就是买生意的思维方式，大智若愚地持有了一家好公司的股票很多年，最后在经济上彻底改变了整个家庭的命运。

投资者的智商，与投资的成败，并没有显著的相关性。对于一些高智商的人，把股票看得非常的神秘，总是想要利用自己的智商水平来做点什么，结果成绩并不理想；反而是一些具备朴素生活智慧的人，能够看透问题的本质，买股票其实就是买生意，买入以后耐心持有，最后收获了投资成功和人生幸福。

3.8 有效市场的悖论

关于有效市场理论的一个段子是这样说的:

“老师，地上是100块钱吗?”学生指着远处的一张泛着红色的纸。

“不可能是100块钱，如果真的是一百块钱的话，早就被别人捡走了。”金融学教授如是说。

教授走了后，学生走过去捡起了地上的100块钱，去星巴克点了一杯热咖啡。

起源于芝加哥大学的有效市场理论假说认为，在证券市场中，有很多聪明的投资者，他们分享一样的资讯，有相似的价值评估方法，所以目前市场上交易的证券价格中，已经充分地反映了投资者的群体共识，企图通过基本面分析和积极管理的方法来战胜市场是一件极度困难的事情。

伴随着有效市场理论的发展，跟踪市场的指数基金可以通过被动投资的方式，以相对于积极管理型基金更低的管理费用、交易费用而取得市场的平均收益率。既然市场是有效的，企图战胜市场的想法是难以实现的，那么通过被动投资指数基金的方式，可以低成本地享受到市场的平均收益。

然而，通过对共同基金发展历史的研究，其中绝大多数的积极管理型基金在长期来看真的是无法战胜指数的，虽然其中有一部分短时间内会跑赢市场，最后累计收益率还是会均值回归。所以，既然积极管理型基金无法战胜市场，同时市场变得越来越有效，那么投资者付出资金，以高额的管理费、交易费和业绩提成的方式，想要获取超越于市场平均收益的可能性就没有那么大了。

大多数投资者都热衷于积极管理的投资游戏。首先，他们所选择的积极管理型的基金，似乎从来没有兑现战胜市场的承诺。多数的机构投资者热衷于猜测上市公司下一个季度的利润增长会是怎样的，如果业绩不达预期，他们将疯狂地抛售该公司的股票。基金业的排名制度，逼迫基金经理必须要参与到市场的短期竞猜游戏中。在这种游戏中，伴随着市场的冲击而付出了大量的交易成本，同时积极管理型的基金，旱涝保收的管理费制度，与他们实际上为投资者所创造的价值来说，他们拿走的真是太多了。其次，基金投资者的不理性行为，不断地追逐当下热门的基金，抛售掉那些昔日靓丽，如今黯淡的基金，频繁地在不同基金之间跳来跳去，不断提高的交易摩擦成本，也拿走了投资者本金中相当的一部分。领航集团的创始人约翰·博格的建议极其简单：购买那些低成本、低换手率、严格遵守投资组合策略的指数基金。遗憾的是，很少有人真正听从他的建议。

巴菲特曾经在多个公开场合也是建议普通投资者通过选择指数基金的方式来参与市场。对于没有个股选择能力的普通人来说，通过定投指数基金的方式来分享市场的平均收益，从长期看可以战胜大多数积极管理型的基金经理。

为了宣传这个理念，巴菲特发起了一个“十年赌约”，以50万美元作为赌注，打赌从2008年1月1日到2017年12月31日的10年间，标普500指数基金的表现将会超过积极管理型的基金组合的表现。在巴菲特的赌约发出之后，门徒合伙企业站出来应战，他们精心挑选了5只“基金中的基金”，10年赌约到期以后，最终的结果在巴菲特2017年致股东信的年报中做出了披露，数据表现如下：

Here's the final scorecard for the bet:

Year	Fund-of-Funds A	Fund-of-Funds B	Fund-of-Funds C	Fund-of-Funds D	Fund-of-Funds E	S&P Index Fund
2008	-16.5%	-22.3%	-21.3%	-29.3%	-30.1%	-37.0%
2009	11.3%	14.5%	21.4%	16.5%	16.8%	26.6%
2010	5.9%	6.8%	13.3%	4.9%	11.9%	15.1%
2011	-6.3%	-1.3%	5.9%	-6.3%	-2.8%	2.1%
2012	3.4%	9.6%	5.7%	6.2%	9.1%	16.0%
2013	10.5%	15.2%	8.8%	14.2%	14.4%	32.3%
2014	4.7%	4.0%	18.9%	0.7%	-2.1%	13.6%
2015	1.6%	2.5%	5.4%	1.4%	-5.0%	1.4%
2016	-3.2%	1.9%	-1.7%	2.5%	4.4%	11.9%
2017	12.2%	10.6%	15.6%	N/A	18.0%	21.8%
Final Gain	21.7%	42.3%	87.7%	2.8%	27.0%	125.8%
Average Annual Gain	2.0%	3.6%	6.5%	0.3%	2.4%	8.5%

Footnote: Under my agreement with Protégé Partners, the names of these funds-of-funds have never been publicly disclosed. I, however, have received their annual audits from Protégé. The 2016 figures for funds A, B and C were revised slightly from those originally reported last year. Fund D was liquidated in 2017; its average annual gain is calculated for the nine years of its operation.

资料来源：伯克希尔哈撒韦2017年报

图3-2　基金中的基金与标普指数的业绩对比

同期标普500指数的累计收益率是125.8%，年复合收益率为8.5%，然而门徒合伙企业所挑选应战的5只“基金中的基金”的业绩表现均没有战胜同期的指数基金，年化收益率方面最差的只有0.3%，最好的也只有6.5%。

国内资本市场的投资者结构决定了证券定价还难以说是有效的。对于国内A股资本市场的现状，占交易量主要部分的还是个人投资者，而不是像美国那样的有悠久发展历史的资本市场中，早已经从个人投资者占主流，过渡到以机构投资者占主导位置的情况。

然而，对于绝大多数的个人投资者，一方面是信息获取上的不对称性，另一方面是没有成熟的投资体系做支撑，很多人的股票买卖决策是听消息、看趋势的，所以在这样的资本市场中，目前还不能够说是一个完全有效的市场。因为市场缺乏有效性，所以对证券价格的定价方面出现了更大的波动性，在较长的时间内偏离证券内在价值的可能性更大。身处这样的市场中，如果交易的对手方忽视证券的内在价值，那么对于有条不紊的投资者来说，就取得了相对优势。

股市的行为越愚蠢，理性的投资者面对的机会就越大，可以从别人的愚蠢行为中获利，而不是成为愚蠢行为的一员。但是，也要客观承认，随着国内资本市场的成熟发展，对标国际资本市场的现状，以后机构投资者在交易中成为主流是必然的历史发展趋势，市场的有效性会得到逐步强化。

如果市场是有效的，作为积极管理型的投资者来说，又如何战胜市场呢？如果现在要参与美股等成熟市场进行投资的话，首先要客观承认这样的市场中的定价已经比较有效，如果自己只是分享群体性共识的话，那么必然也只能够获取到市场的平均收益；其次，如果期望能够战胜市场，那么必须要有独特的、非共识性的观点，也就是说你要有与大家想的不一样的地方。

你目前所获取到的信息，有谁不知道吗？

当你在买入的时候，别人为什么要卖出？

别人为什么要把具备超额投资收益率的资产以低廉的价格卖给你？他是不得已吗？

如果这真的是一个很好的投资机会，为什么其他人不蜂拥进来抢购呢？

巴菲特说，要在别人贪婪时恐惧，在别人恐惧时贪婪。如果说市场上存在着很多聪明的投资者，知道如何获取公司的基本面信息以及有相似的估值分析方法，在最新的信息出来以后，能够迅速地调整证券的市场价格，反映出来最新的群体性共识。

但是，这里面忽略了人类不是冷冰冰的计算机，他们还有情感的因素在里面，会恐惧和贪婪，因为情绪化而影响到证券的定价。在市场出现大面积调整，或者公司遇到了黑天鹅事件影响，很多人要把资金从股市中撤出来进行避险，然而这个时候，往往可能会出现证券的错误定价，对于拥有扎实的基本面分析和良好的心理素质的成熟投资者来说，敢于在市场持续性下跌的过程中，接手被错误定价的优质资产。

同时，如果市场持续调整，对于一些加了杠杆的投资者，被迫要平仓，他们在卖出股票的时候，不是基于证券的公允价值，只是因为他们缺钱，所以必须要在不计价格的情况下去卖出自己手上的股票，然而这个时候，对于拥有长期闲置资金的人来说，也就具备了接手错误定价资产的机会。想要战胜市场，需要拥有非凡的逆向投资思维。

因此，在成熟市场中，以机构投资者为主导，主流证券市场的定价已经比较有效，长期来看能够战胜低成本指数基金的积极管理型投资人越来越不容易，对于普通人来说，长期定投指数基金是最优的策略；国内市场的投资者结构中，散户占到大多数，证券市场的定价还难以说是有效的，上市公司的股票价格偏离内在价值的幅度会更大，对于有条不紊的投资者来说，在这样的市场中，可以利用别人的愚蠢而为自己获利，重要的是不要参与到愚蠢的行为中；未来国内资本市场会越来越有效的时候，想要战胜市场必须要具备非凡的逆向投资的思维，在群体性恐惧的时候，敢于进场买入错误定价的优质资产，然而想要拥有这样的投资管理能力其实并不容易。

第4章

价值投资的四大基石

格雷厄姆的思想，从现在起直到100年后，将会永远成为理性投资的基石。

——沃伦 · 巴菲特

4.1 价值投资的思维方式

目前市场上存在着各种流派的投资者，有的是做技术分析、量化交易，有少部分的投资者是“看价值”在进行投资决策，通常称为价值投资者。然而，不少人对价值投资者其实也有一定的偏见，并不是所有的价值投资者都是看低PE、低PB和高股息率这种方法在进行投资。尤其是巴菲特式的价值投资体系，既融合了价值投资鼻祖格雷厄姆的思想，也融合了费雪、查理·芒格的投资思想，那么巴菲特式的价值投资的思维方式是怎样的？我们总结为四大基石。

股权思维，买股票就是买生意。这个是价值投资与市场上其他风格流派的投资者看待股票差异最大的地方，目前市场已经存在的观点中，有的是只看价格波动的K线图，然后根据K线图的变化来做买卖决策。有的是遵循有效市场理论，既然交易的价格已经充分反映了公司的价值，花时间研究公司的基本面是没有太大意义的事情，所以不如通过指数基金的方式来参与市场。而有别于这些大众的观点，真正的投资者认为股票代表的是上市公司的所有者权益的凭证，持有股票，就是一家上市公司的股东，可以分享公司的盈利。既然是生意，那么就可以评估一个内在价值。

安全边际，买入价格相对于内在价值要保留一定的空间。我们评估了一家公司的内在价值，但是毕竟还是针对这家公司未来预期前景的基础上做估值的，因为是预测，所以为了给自己的出价预留一定的空间，就必须在市场的报价相对于你心中所评估的内在价值保留出一定的余地。

我们举例来看，比方说明天早上10点，你要乘坐高铁去北京，平时经验来看从你住的地方出发，大概1个小时可以到达高铁站，但是生活经验告诉你，万一路上出现了我们平时预料之外事情的话，可能1个小时不够，所以你可能8点或8点半就提前从家里出发了，而你所多预留的时间，在投资中我们称为安全边际。

“市场先生”是情绪化的，要擅于利用他的愚蠢。想象着你与一个人合伙开了一家公司，你这个合作伙伴的情绪很不稳定，经常没来由的想要把他的股份卖给你，在公司的发展前景看似一片光明的时候，他的报价很高，而在公司经营发展遇到暂时性困难的时候，他的报价又特别的低。这个人，每天给你一个报价，你可以选择接受，也可以选择拒绝，取决于你自己的态度。那么，上市公司也是一样，它有很多的股份，几乎每个交易日，都有人在买入，有人在卖出，那么市场上就会出现一个报价，然而这个报价是来服务你的，如果你不认可这个报价，那么你就可以选择拒绝成交，否则如果你认为这个报价相对于公司的内在价值是被严重低估了，那么可以考虑买入，反之，如果你认为这个报价大大高估了公司未来的前景，那么你可以选择卖出。所以，在价值投资者的眼里来看，市场是服务于咱们的。

能力圈，投资并不需要无所不能，而是要做到有所不为。前3个理论是巴菲特的老师格雷厄姆先生提出来的，然后巴菲特在几十年的实战投资生涯中，提出来了第4个概念，叫作能力圈。

我们每个人的时间、精力和兴趣都有很大的差异，然而每个人其实都有自己特定的一个能力圈，那么在你自己能力圈内的事情，你其实能够做到心中非常有把握，但是在你能力圈外的事情，你可能就没有那么大的力量了。重要的不是认识到你的能力圈有多大，而是知道能力圈的边界在哪里，然后，在能力圈内做事，重复做，做到极致。在你的舒适圈外学习，但是只在你的能力圈内下手。

以生意的视角来看待股票，其实就是穿越了股票这个红红绿绿的表象，看到了生意的本质。既然是生意，那么就可以给这个生意评估一个内在价值；在有了内在价值以后，我们在买入的时候，为了确保自己的评估不是过分自信而导致意外的后果，所以要在内在价值的基础上预留一部分的安全边际空间；在买入股票以后，面对外部环境报价的起伏，我们如何不被其影响？把他拟人化地看成是一个情绪化的合伙人，我们要擅于利用他的愚蠢，而不是被他的愚蠢牵着鼻子走；我们的时间和精力有限，无法做到无所不能，所以要划定一个能力圈，在自己真正熟知的领域中进行耕耘，把简单的事情重复做，做到极致。

4.2 不要用市场的错误来惩罚自己

人类是群居性的，在社群生活中，我们希望得到其他成员的认可、赞美。在我们小的时候，如果考试成绩不错，老师会夸奖我们，有时候因为一门课的老师夸奖，而喜欢这个老师，然后又为了得到老师的进一步夸奖，所以花了很多时间来学习这门功课，于是我们做得更好。反之，如果我们因为没有考好一门功课，老师对我们进行批评，我们会对这个老师失望，然后这门功课，又进一步地没有学好。我们因为别人对自己结果的评价，而影响了自己的行为。因为这样的社会心理的存在，导致很多人在股票投资上栽了很大的跟头。

对于很多股票投资者来说，判断自己投资行为的成功与失败的标准就是自己买入以后到底是上涨赚钱了，还是下跌亏钱了。如果上涨赚钱了，那就是做对了，相当于受到了市场的赞赏，我们可能会因此而认为自己的投资能力非常棒。如果买入以后，不仅仅没有赚钱到，反而是一路下跌，导致自己出现了很大的账面亏损，有的人受不了这样的折磨，于是割肉卖出了股票，甚至会认为股票就是不靠谱的，股票是根本不能碰的东西。

造成以上问题出现的原因是，投资者把自己投资成功和失败的标尺定为自己买入以后到底是上涨还是下跌，而买入以后，到底是上涨还是下跌根本不是投资者自己可以把握的事情，所以他相当于是把自己情绪变化的按钮交给了市场。下面我讲一个出租车司机的故事。

有一次我和爱人从外地坐高铁回南京，在南京南站下了高铁以后，因为随身带了不少行李，所以不方便乘坐地铁，两人商量后，选择去坐出租车。在乘客区排了一会儿队以后才上车，司机问我们到哪里，听说我们竟然是到某某小区的，距离南京南站就起步价的事情，他的脸色就明显看出很不高兴了，搞得我们也非常尴尬。

我想，如果上车的人是要打车去河西或者江宁，距离南京南站比较远的地方，司机会比较高兴。因为南京南站的出租车是管制的，在站外不可以停车接客，必须到站内出租车候车区，所以有时候司机需要排队半个钟头才可以接到乘客，从他的利益角度出发，希望上车的人是可以跑长途的，而不是起步价的短途。他的情绪变化，被乘客控制着，如果距离短，他就不高兴，如果距离长，他就觉得不错。

股市中一个上市公司的股价，在短期内是可以随机发生变化的，如果你买入股票以后，不断地查看自己的股票账户，会被这种随机性的事件愚弄。心理学家研究发现，如果亏损100元，所造成的情绪赤字，必须要赚200元，才可以弥补。然而股价在短时间内变化的概率是一半对一半的，完全是随机变化，这样的概率分布的结果必然是看到赚钱的次数根本无法弥补亏钱的次数，于是给投资者造成了巨大的心理负担。有的人喜欢盯盘，长期下来的结果是在不断地用市场的错误来惩罚自己。

对于股票的估值，自己心里要有数。学习价值投资的思维方式，始终从生意的角度看待股票，对于生意在买入之前，心里面有一个估值的标尺放在那里，通常情况下这个标尺的变化是不大的。然后拿市场的报价与自己的标尺进行对比，如果市场的报价非常愚蠢，也就是非常便宜，我们买入并持有。如果价格进一步下跌，相当于对比我们的估值标尺，它变得更加便宜了。这个时候，未必是你做错了，而是市场又更加愚蠢了。你不能用市场的脑袋帮你做决策，而是始终做到自己心里要有数。你心里有数，就不会用别人的错误来惩罚自己。

不要频繁地查看自己的股票账户。如果你对公司的估值和未来的前景的判断比较有信心，不要频繁地去查看市场报价的结果。因为一般市场发现错误定价，也是需要时间的，股价在短期内依然会发生随机性的变化，但是长期看，如果你真的在做正确的事情，市场一定会给予积极的反馈。这个就需要你有耐心。就像我们泡了一杯茶，有的人急不可耐地去喝，然后被开水给烫了，有的人可以静静地坐在那里先看一会儿风景，等待散发出阵阵的茶香，然后在温度适宜的时候才去喝。投资也是一样的道理，需要静静地等待时间的玫瑰绽放。

感知市场的非理性，利用它的愚蠢。对于价值投资者来说，有别于市场中的其他绝大多数投资者，价值投资者是从生意角度来看待股票的，买股票其实就是买的生意的一部分所有者权益。然而，其他投资者并不是这么想的，他们很多人是把股票看成了交易的筹码，如果看到股价在持续上涨，于是就乐观跟着趋势买入，看到市场下跌，就忧心忡忡，于是又跟风卖出。他们很多人买股票，就是盯着价格看。

尤其是对于国内A股市场来说，目前交易量的大部分还是以散户为主，然而因为散户比较多，没有成熟的交易体系，所以情绪化的反应在A股市场上更加剧烈。相对来说，机构投资者所管理的资产规模更大，内部有比较完善的研究团队和风险控制人员，所以对于市场的波动还可以做到理性的对待。但是，散户可能会因为手机上所接收到的各种资讯，就轻易地去买卖自己所持有的股票。

在别人贪婪时恐惧，在别人恐惧时贪婪。在市场经历了比较剧烈波动的时候，我们又如何可以做到在别人恐惧时贪婪呢？我想重要的是，我们对于所持有股票的内在价值必须做到自己心里有一杆秤，这样当别人在报价的时候，我们就可以拿自己的这个秤与报价进行对比，如果别人的报价非常愚蠢，我们就可以利用对方的愚蠢。重要的是需要能够理解，市场的存在是为我们所服务的，它并不是要来教训我们的。然而，你怎样看这个市场，完全取决于你选择怎样的思维方式。

拥有自己的内部记分卡。在足球场上会有一个记分牌，记录双方的进球数量，优秀的足球运动员应该是把精力投入在赛场上，而不是盯着记分牌看。在2018年世界杯小组赛中，巴拿马这支没有什么名气的足球队对阵比利时国家队，弱势的巴拿马队以0：6大幅度地落后于比利时，在观众认为比赛几乎没有什么悬念的时候，竟然在最后的时刻巴拿马队打进了世界杯上的首个进球，全场的巴拿马球迷们沸腾了，媒体报道巴拿马国家的人民也是欢呼的，虽然比赛是输掉了，从外部记分卡来看巴拿马应该失落，但是巴拿马人拥有自己的内部记分卡，对阵比利时如此强大的队伍，而且是在世界杯上打进了国家队的首次进球，这样的事情足够他们高兴很久。这就是内部记分卡和外部记分卡的区别。

市场的报价是服务于你的，不要理会它的愚蠢。想想看，如果你花100万元买了一套房子，隔壁邻居住的是一个非常热心的人，隔三差五地跑到你身边对你说，你这个房子啊，户型不太好，现在只能卖90万元，你听他这么一说，感觉好像是亏了10万元；可是，过了几天，他跑过来又对你说，小区附近马上要通地铁了，咱们这个小区的房价要大涨，你这个房子现在出手至少值120万元，听他这么一说，你心里一喜，感觉又赚了20万元。然而，你对于自己所持有的房产到底价值多少，根本没有主见，都是参考着市场周边的成交价格来判断。然而，这样的人一旦来到了股市中，往往就是要交学费的。因为，他自己并不知道手上的股票到底价值多少，看到别人都在下跌的时候拼命逃跑，他也就跟着跑，在别人追涨的时候，又跑进来买入，往往就是高买低卖，来来回回这么几次折腾下来，账户上往往已经积累了很大比例的亏损了。往往会把股票以极度便宜的价格拱手送给聪明的投资者。

像聪明的投资者一样思考。市场上存在一些极少数的投资者群体，明明看到股票价格在下跌，可能还要继续调整，为什么不先卖出，等到市场企稳以后，再进来呢？其实，这些人有自己的内部记分卡，他们是看到了股票背后的生意，对于这个生意有自己的一套价值评估的方法，一旦市场的报价明显低于内在价值的时候，越是下跌，他们反而是买入得越兴奋，因为相对于价值，价格变得更加便宜了。这个就像你开车去加油站，看到油价进一步地又下跌了，同样的200块钱加一次油，你会因为油价变得更便宜了，可以一次加更多油而不高兴吗？

A股市场目前还是散户的交易量占大多数，然而绝大多数人其实没有成熟的交易体系的，所以导致市场的情绪化波动非常大，非理性的报价行为也是时常出现；对于有条不紊的聪明投资者来说，市场的非理性反而提供了很好的投资机会。重要的是拥有自己的内部记分卡，能够学会给生意做估值，并且能够正确地认识市场报价的波动。

在市场情绪悲观的时候，进行逆向投资。如果说做生意有什么奥秘的话，那就是低价进货，高价卖出，然后赚取中间的差价，扣除各种费用、税以后，就是生意的利润。在日常生活中，如果哪个商家一直做赔本赚吆喝的事情，那么随着时间的推移，通过自然选择的方式，被淘汰掉是一件必然的事情。资本是逐利的，有时间价值，需要随着时间的推移而不断地增值。然而，相同的事情放到股市中，应该也是一样的，那样初学投资的人被告知要学会低买高卖，这样的话才是在赚钱，否则就是亏钱了。

股市中往往是在市场热火朝天的时候，成交量很大，股票的需求量也很大，但是当市场进入熊市的时候，成交量开始萎缩，人们不再需要股票了。如果你从一个旁观者的角度看，股市中投资者的行为是在做高买低卖的事情，所以最终的结局是来到股市中的人有90%都无法盈利，在市场下跌，市场情绪陷入群体性悲观的时候，股市不靠谱的言论也是广为传播，有些在股市中受伤的人，发誓这辈子都不再碰股票，人人都唯恐避之不及。

当股票价格降低的时候，需求量也变得更少了，人们的行为受到了负面情绪的干扰。不明真相的群众只会买入那些所谓的投资专家认可的有良好前景的，尤其是买入以后马上就有上涨潜力的股票。这是非常愚蠢的行为，但这就是人性。

逆人群的方向而行动，的确是非常困难的。尤其是当别人都在卖出的时候，看起来似乎是最黑暗的时刻，敢于买入的人需要不平凡的勇气。但是，如果我们随大流的话，我们必然也只能得到随大流的结果。如果想要获取不一样的结果，成为股市中极少数胜出的群体，必须要有逆向投资的思维方式。

永远不要追随潮流而成为愚蠢行为的一分子。有些人天生就是怀疑论者，有不愿意从众的性格，而大部分人的遗传基因中带来的本能是看看别人是怎么做的。所以，需要学习一些基本的行为投资学，知道如何避免在投资中成为自己最大的敌人。格雷厄姆先生开创性地提出了“市场先生”的概念，群体性的悲观和乐观，推升着股价的起伏，重要的是，在市场悲观情绪蔓延的时候，不要让别人的出价误导了你，反而是要擅于利用“市场先生”周期性情绪变化来服务于你的交易。逆向投资是杰出投资者的必修课。

有时候，生活当中最黑暗的地方往往是光明和乐观的源泉，黎明在最黑暗的时刻悄然而至。就像那些正在下跌的股票中，当投资者们仓皇而逃时，你可以发现那些不可见或者容易被忽视的价值，投资的利润往往就来源于此，然而只有极少数人能够把握住。

同样，那些跌入自身谷底的人们，通常存在着善良和未被认可的价值，如果我们看到了这些优良的品格，那么投入自己的时间、精力和金钱来“雪中送炭”资助他们走出人生的低谷，也可以给我们带来丰厚回报。处在人生低谷的时候，要往前看，事情总会有转机的，光明就在前方，保持乐观的人生态度。无论经历了怎样的困难，我们要相信在自己的努力、家人的关怀和朋友的帮助下，终究会从谷底爬出来。然而，那些经历过人生大低谷的人，在低谷中所经历的磨炼，当人生和事业开始反弹的时候，可以站到一个更高的位置。

同时，相对于那些一路平坦，没有遇到什么困境的人来说，对自己的成功会更加的欣赏和感激。

在悲观的时候，能够看到乐观的因素，对人类美好未来的信念不动摇。无论是在股市低谷的时候，进行投资，还是在他人遇到困难的时候，你伸出援手帮助他们走出困境，在物质和精神上都可以获得高价值的回报。

4.3 投资中避免踩到地雷，你需要安全边际的保护

在建筑设计领域中，建筑设计师在设计桥梁的时候，会考虑桥梁的承重，如果桥梁的实际承重可以有25吨，为了安全起见，一般也会保留一定的空间，比方说只给20顿重的卡车通过，因为让桥梁冒险的后果是不能够承受的。那么，保留出来的5吨的空间，就是一种安全边际。

投资中也是同样的道理，当我们评估了一个生意的内在价值以后，为了保险起见，我们希望在一个折扣的基础上买入这个生意。因为在评估价值的过程中，我们引入了太多的不确定性的变量（例如，未来现金流量，折现率），然后得到的是一个相对模糊的结果。任何变量的改变，都可能会对结果造成比较大的偏差，所以安全起见，我们需要一个折扣值。万一我们的评估有误差的存在，市场进一步下跌，因为我们已经在事先保留了一定的安全边际，所以可以避免遇到市场下跌对我们的投资行为造成伤害。

其次，就是我们在评估的过程中，可能会有主观上的过度自信，为了避免自己的过度自信的行为，对自己的投资造成影响，所以我们通过强制设定安全边际的方法，让自己在估值以下再考虑下手。因为生意的发展是动态变化

的，我们在考核价值的时候所考虑的一些因素，在实际的经济发展中，有可能会朝着有利的方向发展，也有可能会往不利的方向发展，万一不利因素的出现，也会对生意的内在价值造成打击。所以，我们在买入的时候，需要为自己的投资行为设定安全边际。

我们买入已经建立了护城河优势保护的企业，相对于那些没有护城河保护的企业，也是一种考虑安全边际的行为，那些没有护城河保护的企业，竞争对手的攻击，上下游产业链的变化，对企业可以造成致命影响的生意，我们要尽可能地规避。

鸡蛋不要放在一个篮子里。把所有的资金都买入一个股票，也是过分自信的行为。对资金进行资产配置，形成一个投资组合，分散在若干个不同行业的生意上，最好它们之间的相关性比较弱，比方说一个家电，一个保险，一个医药。

我们在投资中不要加杠杆进行操作，也是为了安全起见，市场的股价波动在短期内可能会出现各种随机性的结果，波动本身并不是风险，如果你没有加杠杆的话，被严重挤压的弹簧迟早还要恢复到合理的位置，但是如果加了杠杆，那么波动就成了风险，在弹簧被严重压缩的时候，可能会遇到本金的永久性损失，那么股价的波动对于加了杠杆的人来说也就成了风险因素。

在准备长期持有股票之前，预留一部分的家庭生活准备金。例如，3~6个月的生活支出，同时最好拥有工作，可以继续带来现金流，这样你在买入股票以后，可以更加坦然地面对股市的波动。这个也是为了你的家庭经济状况所要考虑的安全边际。

投资建议：

（1）在准备长期持有股票之前，预留好家庭生活准备金；

（2）不要加杠杆买入股票；

（3）买入生意的时候，为自己的出价保留安全边际；

（4）寻找有护城河保护的优质生意；

（5）鸡蛋不要放在一个篮子里面，做投资组合，适度地分散化投资。

4.4 没有边界的能力圈，就是在铤而走险

有时候会收到一些朋友的留言，问我对一个股票的看法，大部分的时候，我没有办法给出任何的建议，因为我对这个行业、这家公司非常的陌生，它根本就不在我的能力圈内。什么是能力圈，顾名思义，就是一个人知道自己的专长、技能和擅长的事情有哪些，给自己的能力边界画了一个圈，不在自己能力边界之内的事情，不敢肆意评论。

专业投资者败给业余投资者，有时候就是跑到能力圈外导致的。投资的道理也是一样的，一个普通的业余投资者，因为长期对一个行业、一个公司基本面的持续性学习和积累，甚至能够比专业投资者对这个公司的理解更加的深刻。因为专业投资者，有时候需要同时覆盖很多家公司，那么分配到某一家公司上可以学习的时间，就并没有那么多了。

然而，业余投资者因为聚焦、专注的长期研究，可以把一家公司的商业逻辑吃透，然后纳入自己的能力圈里面进行投资。业余投资者可以打败专业投资者的地方，就是深度研究基础上的了解，然而专业投资者因为研究不够透彻，导致出手的时候出现了偏差，对公司研究数量的贪多，而跑到了能力圈外进行投资。

在能力圈内投资，在舒适圈外学习。为了避免遇到投资失败的情况，我们需要给自己画一个能力圈，并且守在能力圈里面，做我们非常熟悉的一些公司的投资。然而，为了能够接触到更多的投资机会，我们还要敢于在自己的舒适圈外，不断地去学习新知识。

能力圈是可以扩展的吗？是的，但多大的能力圈并不是重点。随着学习的不断深入，我们可以了解到不同的商业模式，不断地扩大我们的视野，让我们可以看懂更多的投资机会，我们的能力圈在不断地扩大。然而，对于能力圈来说，重要的并不是你的能力圈有多大，而是你是否清楚地知道自己的能力边界在哪里？巴菲特曾经在大学做演讲时说，对于那些知道自己的能力边界在

哪里的同学，和那些虽然能力圈比其他人大5倍，但是不知道边界在哪里的人相比，会变得更加富有。

我的投资圈里面，既有对白酒行业进行过深度研究的，也有对医药行业研究比较透彻的，他们在各自所选择的领域中，都实现了比较理想的投资回报。然而，对于很懂白酒的朋友来说，医药行业对于他来说就非常的陌生，他不会轻易地去买医药股，同样的道理，对于长期研究医药的朋友，对于整个行业未来的发展脉络，国内外在不同发展阶段的对比，医药行业的细分子行业中，有哪些公司具备发展潜力，他研究得非常深入，并且能够逻辑清晰地表达自己的投资思路。他们两个虽然都是投资的股票，但是却选了两个不同的行业进行研究，给自己画了一个能力圈，并且长期专注于自己的能力圈内进行持续的积累。

能力圈要花在研究复杂的商业模式吗？未必。重要的并不是你可以理解的商业模式有多么的复杂，而是你是否可以对它进行充分地了解。越是简单的商业模式，理解起来就越没有那么困难。例如，美国的可口可乐，国内的伊利股份，消费者在日常生活中可以看到的产品，理解起来并不是很复杂，在了解的基础上，才可以对它进行有效的估值。如果是那些变化特别快的行业，很难构建竞争优势，也就谈不上有效估值了。

专业投资者有时候被业余投资者打败，就是因为不知道自己的能力边界在哪里，什么投资机会都想参与一把，结果往往跑到能力圈外，被市场给狠狠地揍了一顿；能力圈是可以扩展的，但是重要的并不是有多大，而是知道自己的边界在哪里；能力圈未必要覆盖非常复杂的商业模式，把那些产品简单、业务变化不大的生意纳入自己的能力圈内，进行有效的估值，然后下手合适的投资机会，耐心等待其他机会的出现。

第5章

企业财务报表分析

会计是商业的语言。不懂商业的语言，无法在商业世界中驰骋。会计这门语言，在商业中实在太重要了，一定要融入骨髓。

——沃伦·巴菲特

5.1 基本面分析的核心指标

在做基本面分析的时候，会计对我们来说是一种商业的语言，如果不能读懂基本的财务报表，相当于来到了一个完全陌生的国家，如果你不懂这个国家的语言，那么就根本没有办法进行有效地沟通了，靠手势比画来传达信息的效率是极低的。

但是，财务报表又不是万能的。如果说阅读财务报表是投资中最重要的事，那么这个世界上投资最好的人，应该是会计这个群体，因为他们的工作就是学习如何制作报表，以及为各个公司制作报表。在生活中，接触到一些从事会计工作的朋友，可能因为“灯下黑”的缘故，反而不相信上市公司所披露的财务报表，他们认为报表里面存在很多水分，所以索性就不看了。

首先从战略上要重视财务报表的重要性，我们要避免从业人员“灯下黑”的情况，但是从战术上，又没有必要死抠财务报表各种烦琐的细节，当我们拿到报表的时候，抓住一些核心的要点进行基本面分析，既可以省下来宝贵的时间，也可以达到对企业经营情况的总体性认识。那么，我们一般主要看哪些核心指标呢？

单位：元　币种：人民币

主要会计数据	2017年	2016年	本期比上年同期增减(%)	2015年
营业收入	18 715 608 755	16 621 336 273	12.60	13 573 495 055
归属于上市公司股东的净利润	3 148 748 043	3 144 227 339	0.14	2 605 379 627
归属于上市公司股东的扣除非经常性损益的净利润	3 030 258 585	3 069 187 169	-1.27	2 610 571 776
经营活动产生的现金流量净额	4 796 512 051	3 636 974 860	31.88	3 014 473 026
	2017年年末	2016年年末	本期末比上年同期末增减（%）	2015年年末
归属于上市公司股东的净资产	19 000 835 533	18 033 617 524	5.36	16 408 627 385
总资产	31 704 009 489	29 865 845 423	6.15	24 826 971 392

资料来源：福耀玻璃年度报告

图5-1　福耀玻璃2015~2017年主要会计数据

（1）营业收入；

（2）净利润；

（3）扣除非经常性损益的净利润；

（4）经营活动产生的现金流量净额；

（5）毛利率；

（6）净利率；

（7）净资产收益率；

（8）杜邦分析。

营业收入反映的是公司在一定周期内的营业活动中，从会计的角度看，有多少的进账收入。在扣除了行业增长之后，公司还有多少的增长率，如果相对于行业增长率有更高的增长水平，说明公司的市场占有率进一步增大了，这是非常好的体现。

营业收入在扣除了各种成本、费用和税以后，留下来的就是归属于股东的净利润，可以简单地理解成公司到底净赚了多少钱。但是，净利润中可能会牵扯到特定的并不是经常性发生的损益情况。例如，出售了一家子公司，或者拿到政府补贴等，所以为了能够公允地反映实际经营情况，于是公司还会披露扣除非经常性损益的净利润，这个数据才是相对更加准确反映实际利润的。

然而，会计报表的制度是“应计基础”，公司的销售行为已经发生，但是可能实际上还没有收到现金。于是，一笔销售收入可能会在资产负债表中先计提应收账款，但是没有实际的现金流进来，反映出来的是营业收入、净利润保持不错的增长，但是细看应收账款也在大幅度增长，有利润，没有现金，这是常见的财务造假行为之一。

为了检测净利润的真实性，所以还需要配合现金流量表的经营活动产生的现金流量净额一起看，确保企业是既有利润，也有经营性现金流的净流入，才是真正良性的收入增长。

毛利率是营业收入减去营业成本以后除以营业收入的结果，在营业成本不变的情况下，提高产品的价格，可以扩大营业收入，进一步提高毛利率。但是，毛利率又伴随着行业的竞争激烈程度而时时发生着变化，所以公司不可能一厢情愿地不断提价。

如果公司生产的产品没有较大的差异化，同行业其他公司的产品可以很好地进行替代，那么消费者在进行选择的时候，只是看价格的话，导致的结果就是行业内的价格战，毛利率持续性地下降到供需平衡、盈亏平衡的点。所以，毛利率是考察公司产品定价权的一个非常好的指标，能够数十年保持高毛利率的公司，一般来说，产品是具备定价权属性的。

净利率反映的是单位销售收入，可以转换出来多少净赚的利润，净利率越高，表明收入的质量越高。但是，不同行业的属性有所差异。例如，软件和医药行业一般体现为高净利率，而零售行业是体现为低净利率、薄利多销。

净资产收益率（ROE）是反映股东投入的资本在营业周期中所产生回报的指标，也是反映公司盈利能力最为重要的指标之一，甚至有些企业家和投资家认为公司最重要的就是提高净资产收益率，在股东单位投入的资本上创造出来更多的利润回报。计算方法是净利润除以净资产。

学习投资，我们需要掌握基本财务分析的方法，但是也没有必要死抠财务报表的各种细节，需要有宏观性的视角看待生意的变化。首先看营业收入和净利润的增长情况，然后配合经营活动产生的现金流量净额，来辅助判断净利润的真实性。

其次，通过毛利率和净利率的变化，了解生意是属于什么类型的，以及是否在朝着比较健康的方向发展。最后，结合杜邦分析的方法了解净资产收益率的不同组成部分，以及与具体的商业模式相结合，考察是否匹配。

5.2 资产负债表

资产负债表反映的是某一个具体的时刻，公司的资产和负债的情况，例如一般年度报告披露的是截止于上一个年度末（12月31日），在这一天给公司的资产和负债拍一个快照，“照片”定格下来的结果就是特定的某一天的资产和负债情况。会计恒等式：资产=负债+所有者权益，资产减去负债等于所有者权益等。

资产就是预期可以增加或者减少公司现金流出的，公司账上的现金是一种资产，可以存在银行，然后拿到利息，它是可以增加公司现金流入的；已经提前支付出去的房租费，但是实际的租赁行为还没有完全发生，那么所计提的预付账款，对于公司来说也是一种资产。堆积在厂房里面的存货、生产设备，这些都是一种资产。

负债就是公司欠别人的钱，可以是从银行融入的短期借款、长期借款，也可以是发行债券所融得的钱，以及公司上下游之间的欠款。例如，采购的原材料，货已经拿到手了，但是钱还没有支付出去，需要记录应付账款，下游的经销商提前给公司打款，还没有拿货，需要计提预收账款。

当我们拿到资产负债表的时候，重点需要考察：

（1）公司账上有多少等价现金；

（2）应收账款和存货占资产的比例，以及增长速度与营业收入增速之间是否有异常；

（3）应付账款和预收账款的变化趋势，反映公司在上下游中的强势地位；

（4）有息负债的占比，尤其是关注短期借款的变化趋势。

货币资金，可以简单地理解为公司账上有多少的现金等价物。假如我们以目前的市场报价把这家公司进行私有化，大概有多少现金可以立即被动用。

一般来说，如果有大量的应收账款，说明公司采用的是比较激进的销售行为，生产的产品或服务已经提前发出去了，但是公司实际上还没有拿到钱，自己应该收的款，这里面存在坏账的风险，因此要配合查看公司的前5大客户的销售金额，考察集中度，以及是否存在对单一的大客户过于依赖的现象。因为应收账款可能存在无法收回的问题，也就存在计提坏账损失的风险。

存货有跌价的风险，尤其像电子类的产品，更新换代非常频繁，大量的产品积压在仓库中，可能几个月以后价格就出现了很大幅度的下跌，甚至无法出售，所以要特别注意存货大量攀升的现象。

A股中有一家神奇的公司叫作獐子岛，在海底饲养扇贝，报表上是存货，然后有一天突然宣布大量的扇贝莫名其妙地消失了，于是存货需要计提大量的跌价损失，导致当期的净利润受到了很大影响。所以，对于资产中有大量存货的公司，要特别谨慎。尤其是需要配合公司的具体商业模式一起分析，看看存货是否存有隐患。更进一步的，有的投资者非常谨慎，回避那些存货会跌价的公司，重点看一些存货不仅不会跌价，反而可能随着时间推移而不断升值的公司，对于这些公司来说，存货不是风险点，可能还是公司被隐藏的一笔财富，比方说高端白酒企业的存货。

预付账款是公司提前支付给上游客户的资金，如果公司在生产经营环节，需要被上游占用资金，表明在产业链中处于比较弱势的地位，必须先要把钱支付出去，才能拿到原材料。

相对于预付账款来说，欠上游的资金为应付账款，比较强势的商业模式是先把对方的原材料运过来，进行生产加工，然后分批次地给对方打款，应付账款可以拖得越久，说明可以占用上游资金的实力越强。A股里面比较强势的公司代表是海天味业，生产酱油的原材料是大豆和白糖，原材料供应商非常信赖海天，于是愿意把原材料先给海天进行酱油的生产，然后逐步拿到货款。海天的产品非常畅销，下游的经销商为了能够拿到货，需要提前打款给公司，对于海天来说，就可以占用下游经销商的资金。所以，类似海天这样的生意就是上下游都通吃的。

预收账款是一个公司产品具备竞争力的体现之一，如果一家公司的产品非常畅销，以至于经销商都愿意提前打款备货。A股中比较典型的有：贵州茅台、格力电器和海天味业。

有息负债是需要支付利息的借款，包括短期借款、长期借款和应付债券，如果有较大的短期借款占比，表明公司可能会有资金周转上的困难，有息负债占比过大，公司需要支付不少的利息。相对于有息负债，类似应付账款和预收账款类的无息负债，风险相对更小一些，有时候甚至是公司的商业模式具备竞争力的体现。

5.3 警惕商誉科目

商誉分两种，一种是经济商誉，还有一种是会计商誉，前者指的是产品被客户信赖、客户很难找到替代品，因此相对于同行业其他公司来说，公司可以获得销售上的溢价，在投入比较少的基础上，能够获取比较大的回报，这是非常理想的生意模式。

例如，A股中的茅台，在白酒行业中享有非常高的品牌效应，茅台就是高端白酒的象征，在宴客的时候，请朋友喝茅台就是对宾客尊贵的象征，这是其他白酒很难做到的。正是因为有经济商誉的特征，因此茅台具备定价权，从报表上反映出来的就是高毛利率（90%）和高净利率（50%）。然而，资产负债表中的商誉科目是会计上的商誉，与经济商誉是两码事。

会计商誉只有在收购的环节才会产生。例如，A公司全资收购B公司，那么在A公司的报表上一般会体现商誉。所以看一家公司的报表，如果有商誉科目的存在，表明历史上这家公司曾发生过收购其他公司的行为。同时，如果商誉科目的比例较大，或者呈现初步增长的趋势，投资者需要警惕。

举例来看，A公司是一家上市公司，具备财务上的实力，希望对行业中的其他企业进行收购整合，于是找到B公司进行洽谈收购，双方之间需要针对B公司的估值进行价格上的谈判。假设B公司净利润200万元，净资产1000万元，如果A公司报价1000万元进行收购的话，就是5倍市盈率和1倍市净率，但是如此低的报价，B公司会认为A公司没有诚意，所以在真实的商业收购行为中，极少会出现以净资产的价格进行收购，一般来说要相对于经重估后净资产有一定的溢价空间。如果A公司报价2 000万元，就是10倍市盈率和2倍市净率。双方成交。

假设A公司需要拿出来2 000万元的现金给B公司的股东，那么A公司的报表上货币资金科目将减少2 000万元，然而收购进来的B公司净资产只有1 000万元，资产负债表的会计恒等式是资产等于负债加上所有者权益，那么相对于B公司净资产的溢价空间1 000万元，如何在A公司报表上体现呢？这个时候会计上就需要计提商誉。在英文中商誉是goodwill，如果直白的翻译为中文可以看出来叫作“美好未来”，也就是收购方看好被收购企业美好的商业未来，愿意相对于经重估后净资产有一定的溢价来进行收购。

以A股紫光学大为例，在2018半年度报告中，公司商誉15.27亿元，资产总计35.50亿元，净资产1.72亿元，商誉占资产比例为43%，净资产的8.87倍。

然而，会计上的商誉又是一个非常“虚”的东西，它体现在公司的资产负债表中，看似是资产的一部分，然而它又是一种看不见、摸不着的资产。公司需要不断地评估被收购子公司的盈利能力，考虑是否需要进行商誉减值准备。例如，B公司曾经在被收购的时候每年的净利润可以有200万元，但是随着时间的推移，B公司实际经营成果可能会变得更好，也可能会变得更差，这个时候就需要对B公司盈利能力进行再次的评估，假如B公司未来每年的净利润将持续性下滑到100万元，那么就需要对A公司的商誉进行减值，这个时候就要对A公司当期的净利润造成负面的影响，如果A公司是一家上市公司，那么商誉减值导致利润下滑，可能会刺激市场股价的大幅度调整。

所以，当我们拿到一家公司报表的时候，看到非常高的商誉在那里挂着，表明公司过去的经营中，可能是进行了比较多的对外收购行为，公司是通过并购来实现的外延式增长。然而，被并购的公司在整合到新公司里面以后，实际的经营成果存在很多的变数，公司预期的盈利能力有可能会不达标，还有就是在收购环节的时候，公司给的估值太高，导致计提了太多比较虚的商誉资产，未来也面临着减值的风险。

5.4 利润表

当我们拿到利润表的时候，重点需要考察：

（1）营业收入；

（2）净利润，尤其是扣除非经常性损益的净利润；

（3）毛利率是产品竞争力的体现之一，而产品竞争力也是企业竞争力的表现；

（4）三项费用：销售费用、管理费用、财务费用；

（5）检查资产负债表中应收账款和存货的变化趋势与营业收入增长的匹配度；

（6）检查净利润与现金流量表中经营活动产生的现金流量净额的比值关系。

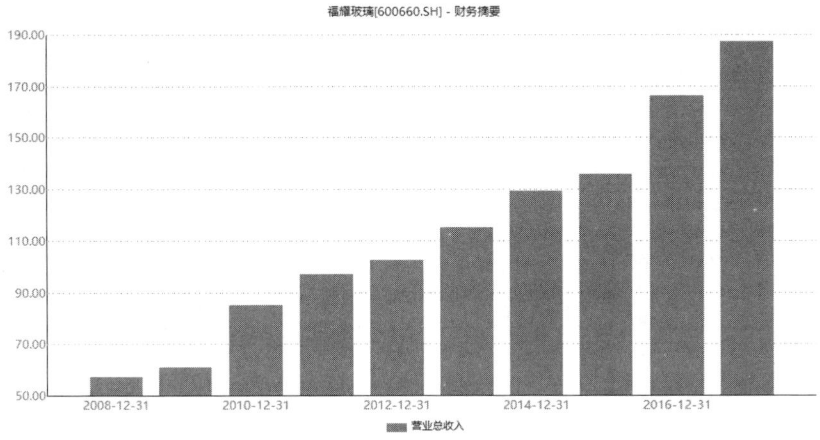

资料来源: Wind

图5–2　福耀玻璃2006~2017年营业收入增长趋势图

营业收入的核心是公司对外输出商品或者服务所产生的经济回报，尤其是对于从事实业的公司来说。所以，如果我们要买的是一个真正在从事实业的公司，一定要关注它的核心营业收入的变化。比较理想的营业收入变化是逐年保持稳健的增长，最好是能够跑赢行业的平均增速，表明公司在行业中的市场占有率在稳步地提升中。赚钱越来越多，市场占有率越来越高，可以反映出来公司的经营效益越来越好。

营业收入减去营业成本是毛利，用毛利除以营业收入为毛利率，这是一个非常重要的财务指标，可以反映出来公司的产品竞争力，然而产品的竞争力也是公司竞争力的体现。在营业收入不断增长的情况下，维持稳定的毛利率，公司所赚取的毛利就越多；或者在营业收入增速放缓的情况下，公司有效地控制了成本，改善了生产环节，毛利率也可以提高。如果在竞争特别激烈的行业中，企业通过打价格战，降低产品的售价来提高存货的周转率。如果毛利率下降了，存货周转率没有提高，反而也跟着一起下降了，可能是公司产品在市场上失去了竞争力的体现。

净利润可以理解为公司在报告期内净赚了多少钱，用净利润除以营业收入就是净利率，反映单位的营业收入可以转换出来多少的利润，也是收入质量的体现。但是不同行业的公司，因为生意的属性有差异，所以净利率之间的差异也是非常大的。例如，零售行业的永辉超市净利率只有百分之二点几，也就是说每100元的销售收入中，永辉超市只能净赚两块多，它在一个薄利多销的行业，需要不断地扩展新的门店，来提高总的营业收入，推动公司的利润增长。然而，贵州茅台的净利率高达49%，出厂价的茅台酒有一半的收入可以转换为净赚的，茅台的生意属性是定位高端消费人群，有品牌的较高溢价在里面，所以并不需要通过打折促销来扩大营业收入。

销售费用是与销售环节相关的一些费用支出。例如，伊利股份2017年的销售费用155亿中有82亿是投入到了广告营销费中，投资者戏称喝伊利不是喝的牛奶而是广告费。对于这种直接面向终端消费者的公司来说，必须要通过广告持续性的宣传来刺激消费者的重复购买行为。

同时行业中还有蒙牛和光明的竞争，但是因为庞大的广告宣传费可以在比较大营业收入的基础上进行摊销，所以广告营销费是乳业的进入门槛，对于新进入者来说，没有实力进行大规模的广告投入，那么产品就不能被消费者所知道，所以有效地阻止新进入者的威胁，行业的集中度从长期看，会越来越往优质的龙头企业集中，马太效应的强者恒强。管理费用的主要开支是职工薪酬，以及围绕着公司的生产和经营环节需要支出的一些办公费用。财务费用是与公司的一些财务的进出账有关系的，例如银行存款的利息收入，发行债券的利息支出，转账的银行手续费，以及外汇的汇兑损益。

营业收入和净利润是用于反映公司盈利能力的，但是盈利的质量如何，我们还需要配合资产负债表和现金流量表一起看。有利润，同时也有匹配的经营性现金净流入才是比较理想的。如果有利润，没有现金流，要警惕公司的竞争力变化。

尤其对于上市公司来说，市场非常关心营业收入的增长情况，如果预期的增长率与实际的增长率之间有较大的差异，二级市场的股价，可能会发生剧烈的波动。例如，老板电器在过去可以维持20%以上的增长率，市场给的市盈率估值中枢在25倍以上，但是因为2018年半年报的披露，营业收入和净利润双双跌到了个位数的增长率，导致市值从516亿元一路跌到了200亿元，市盈率只有13倍。因为市场关心盈利情况，导致有些上市公司为了维持高的股价进行财务造假。

资料来源：大视野

图5-3　福耀玻璃经营性现金流净额与净利润的对比

利润表是上市公司的面子，对于披露报表的结果有很大的影响。常见操纵利润表的方法有堆积应收账款和存货，一般对于做实业的公司来说，如果利润增长不错，但是没有经营性净现金流，再查一下应收账款和存货的变化，往往能够找到问题的原因所在。

对于稳健发展的企业来说经营活动产生的现金流量净额与核心业务贡献的净利润的比值关系要大于70%。如图5-3所示，福耀玻璃历年的经营性现金流净额几乎都是超越归属于母公司所有者的净利润的增长趋势，表明了福耀玻璃不仅重视盈利的增长，同时也高度重视经营性现金流净额的流入。

5.5　高利润率

真正的好生意，应该是在没有过高的财务杠杆，甚至没有财务杠杆的时候，也可以表现出来良好的盈利能力。巴菲特评价公司盈利能力的最重要的指标是：净资产收益率(ROE)。按照杜邦分析的拆分来看，组成净资产收益率的三大项目分别是销售净利率、总资产周转率、财务杠杆。

大部分上市公司都有适度的财务杠杆，假设我们把财务杠杆降低为1，那么组成净资产收益率的就是销售净利率和总资产周转率两项了，想要在没有财务杠杆的前提下，依然获得比较高的净资产收益率，通常来看，有两种情况，要么是高利润率，低周转率，要么是低利润率，高周转率，然而这两种不同的财务指标特征，却是对应着不同的商业模式。

例如，贵州茅台2017年报，销售净利率44.35%，总资产周转率0.49，两者相乘得到的是总资产收益率21.73%；双汇发展2017年报，销售净利率8.54%，总资产周转率2.28，即总资产收益率19.47%，这两家公司在排除了财务杠杆因素以后，依然可以取得超过18%以上的总资产收益率。对于贵州茅台来说，定位的是高端白酒，有突出的品牌优势，可以持续性地提价，因此净利率超过44%，有突出的品牌溢价的因素在里面。然而双汇发展是肉制品的龙头企业，净利率虽然只有个位数，但是其突出的规模优势，企业运营效率比较高，在薄利多销的情况下，加大了资产周转的速度，所以在排除了杠杆因素以后，也可以取得超过20%以上的资产收益率。

寻找高利润率的企业。巴菲特的投资哲学中来源于费雪的一个重要思想是寻找高利润率的企业，企业需要扩大销售收入来实现成长，但是伴随销售收入的成长也需要有净利润的成长，只有销售收入和净利润双双增长，并且超过行业的平均增速，才是伟大企业的象征。销售利润率反映的是每一元的销售收入可以转换出来多少净利润，一家公司的利润率越高，表明单位收入可以转换出来更多的净利润，盈利的质量也就越高。

高利润率的企业表明重视成本的控制。影响企业利润率的主要是成本、各项费用和税率，在实际经营之中，管理层可控的是成本和费用，低成本的企业，可以获取更高的利润率。在收入不变的情况下，降低成本，可以提高利润，在收入增长的情况下，成本的增长速度低于收入的增长率，也可以提高利润率。

因此，优秀的企业总是在想办法提高收入，并尽可能地控制住成本。然而，控制成本并不是一个企业应该经常拿出来作为口号的事情，优秀的企业在过往的经营历史中，把成本控制住，应该是成为一种经营的习惯，就好比呼吸是一件自然的事情，并不需要特别地强调，控制成本也是一样的道理。

高利润率的企业可以扛得住经济周期的波动。优秀的企业可以通过产品提价的方式，把提高的成本再次转嫁给消费者，从而让公司保持良好的利润率水平。但是，如果遇到了经济周期的波动，整个外部大环境都不太好的话，企业难以提高产品价格，但是固定的生产成本和职工薪酬还需要持续性地支付，如果采购的原材料和职工薪酬有所上涨，那么在经济周期陷入萧条的时候，即使降低了一点利润率，企业依然可以获取利润。

但是，对于一些平时利润率就不高的企业来说，在经济进入萧条期的时候，可能会遇到亏损的情况。因此，高利润率的企业，相当于是对公司的利润提供了安全垫，可以扛得住经济周期的波动。尤其是在经济不景气的时候，还可以拥有良好利润率的企业，更是难能可贵。

例如，从2012年~2015年国内煤炭价格持续下跌，在2015年整个煤炭行业陷入周期低谷的时候，行业中不少企业开始进入亏损，但是中国神华在景气度比较高的时候可以取得20%以上的销售利润率，在2015年最困难的时候依然有13%的利润率。

5.6　现金流量表

现金流量表分为：经营、投资和筹资三大部分，分别与企业的经营活动、投资活动和筹资活动相互关联。其中，我们重点要关注的是经营活动产生的现金流量净额的变化，我们要购买的是一个生意，而生意必须要能够通过实际的经营活动，为企业赚取真金白银的净现金流入。

其次，要关注的是投资活动中构建固定资产、无形资产和其他长期资产支付的现金，了解一家公司资本支出的情况。经营性净现金流减去资本支出是自由现金流，也是一家公司为股东赚取的现金流中，股东真正可以自由支配的。我们在企业估值的环节，需要对一家企业未来可以产生的自由现金流量进行折现，计算企业的内在价值。买股票就是买生意，而买生意就是买它未来可以产生的自由现金流。

企业存在是要能够盈利的，然而盈利又不仅仅是利润表中披露的净利润，而是实实在在的能够产生现金流，企业经营者和投资者需要像鹰一样盯着现金流。当问一个企业家收购另外一家公司的目的是什么的时候，他说这个公司可以给我带来现金流。如果一个没有上市的中小型企业，股份是缺乏流动性的，无法在股市上卖出股票进行套现，唯一的方法就是盈利，并产生净流入的现金，然后给股东进行现金分红。

现有的会计制度是在销售行为发生后，即使还没有收到现金，也可以记录收入，不过是先把客户的欠款记录在应收账款中。对于良性发展的企业来说，净利润一定有与之匹配的经营活动产生的现金流净额。如果经营性净现金流可以大于净利润，甚至超过净利润的增长速度，通常是企业竞争力的体现之一，表明公司可以通过占用上下游的资金来进行经营。反之，如果净利润和经营性现金流净额发生背离，前者高歌猛进，后者逐步地衰退，可能预示着企业的经营发生了变化。

如何通过净利润和经营性现金流的匹配度，以及投资活动和筹资活动的变化来分析企业竞争力的差异呢？以下我们提出来四种处于不同生命周期阶段的公司为例子，研究不同类型的经营性现金流与净利润匹配度预示着公司的经营在发生着怎样的变化。

5.6.1 优质成长型

（1）净利润和经营性现金流同步保持良好的增长趋势，表明公司业务发展良好，所披露的净利润质量可靠，公司不仅仅重视盈利，也重视盈利的可靠性。如图5-4所示为伟星新材经营性现金流净额与净利润的对比效果图。

（2）投资活动的支出，也在稳步地增长，表明所在行业处于成长阶段，公司对未来的发展充满信心，不仅仅赚眼前的钱，还在扩大规模，布局未来。

（3）预收和应付类增长，长期借款增加，并没有进行股权融资。表明公司在产业链上下游的竞争力在提高，往来的合作伙伴可以给公司无息占用资金。长期借款增加，而不是短期借款增加，表明公司在新增投产的项目中，有信心回报率可以大于长期债务的资金成本。最后，没有进行股权融资，不会稀释掉老股东的权益，公司主要通过提高竞争力和借款来进行经营。

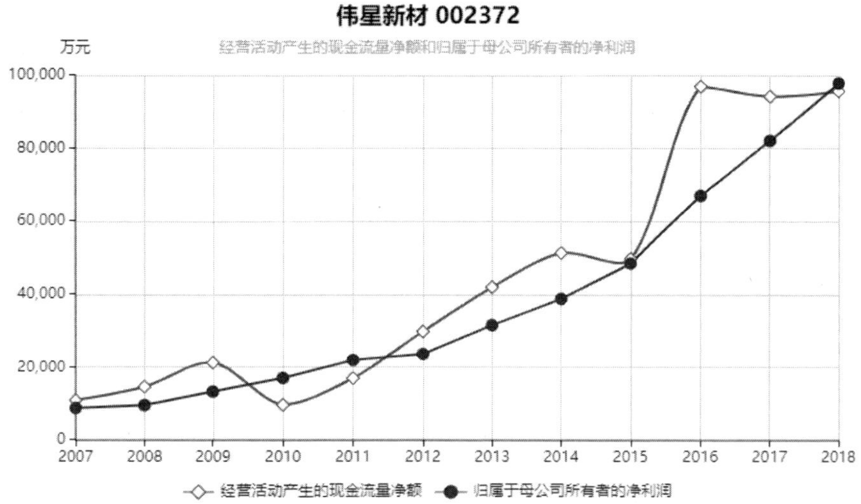

资料来源：大视野

图5-4　伟星新材经营性现金流净额与净利润的对比

这种类型是上市公司的优质成长股，也是不少投资者所青睐的，因为市场的关注度比较高，所以估值上容易出现溢价。投资者尤其需要注意的不能支付过高的股价买入这类公司。因为，好公司有好价格，才是一笔好投资。这种类型的公司，在遇到了黑天鹅事件发生的时候，或者整个股市逐步进入了熊市，往往可能会出现合适的价格，需要耐心等待猎物进入狙击区。

5.6.2　稳健价值型

（1）净利润和经营性现金流净额保持同步增长，但是增速并不高。表明公司的业务逐步进入了成熟期，通常投资者所称的白马股、蓝筹股和价值股在这样的公司上有所体现。如图5-5所示为双汇发展经营性现金流净额与净利润的对比效果图。

（2）投资活动的支出很少，表明公司还没有寻找到合适的方向进行业务的扩大。

（3）在筹资活动中，因为公司的经营效应不错，产生大量的现金流，可以用于偿还银行借款、给股东派发现金红利或者在公司股票被低估的时候，从二级市场上进行回购。

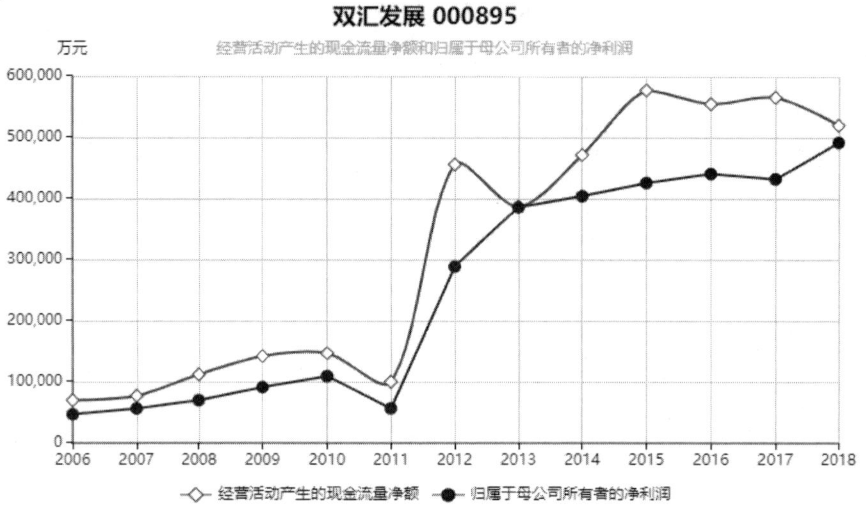

资料来源：大视野

图5-5　双汇发展经营性现金流净额与净利润的对比

这种类型的公司通常市场关注度并不大，因为增长率没有多少，有可能企业已经有一定的规模，市值也比较大了。因为对企业成长的预期不高，所以市场往往会给予比较低的估值。这种类型的公司也是价值投资者比较喜欢的，公司已经建立了护城河优势保护，有优秀的历史经营发展的记录，未来的业务发展变化不大，相对比较好估值，同时市场的估值不高，反而给价值投资者很好的买入机会。公司经营活动稳健，可以产生现金流，通过现金分红回馈股东，股东可以拿到红利再投资，或者由公司回购股份，这些都是有利于留存股东的。

5.6.3　盲目扩张型

（1）净利润保持增长，但是经营性现金流净额却在下滑，甚至变成了负数。表明公司可能采取了比较激进的赊销行为，这种情况通常匹配的是应收账款或者存货在大幅度地增长。如图5-6所示三聚环保的净利润保持了良好的成长性，但是与经营性现金流净额之间没有很好地匹配。再看图5-7所示应收账款保持了高速地增长，截至2018年三季度报告，公司资产总计266.5亿元，但是应收账款有125.38亿元，占总资产比例高达47%。

（2）投资活动依然保持活跃，虽然目前经营活动产生的现金流净额不太理想，但是公司依然对行业未来发展比较看好，继续加大了投入力度。

（3）因为公司有利润没有现金流，同时投资活动还需要消耗现金，这个时候就需要筹资活动为公司进行输血。如果看到应付和预收类的科目也在减少，可能是与公司业务关系比较密切的合作方认为公司的经营风险比较大，不再愿意被公司占用资金。对于上市公司来说，如果债务融资有压力，可能会推出股权融资的方案，而这样做的结果会稀释现有股东的权益。

这种类型的公司，有好大喜功之嫌，高歌猛进的利润增长，同时对外投资的活跃度也比较大，但是掩盖在热闹的背后是公司的经营性现金流的枯竭，所谓的面子上好看，日子到底过得怎么样，恐怕身在其中的人，心里最清楚。这种类型的公司，投资者尤其要谨慎。

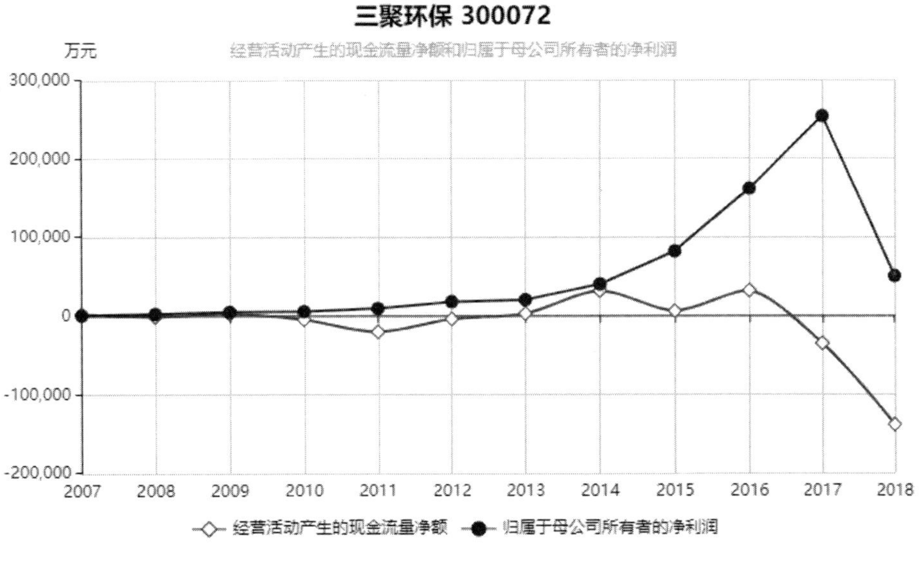

资料来源：大视野

图5-6　三聚环保经营性现金流净额与净利润的对比

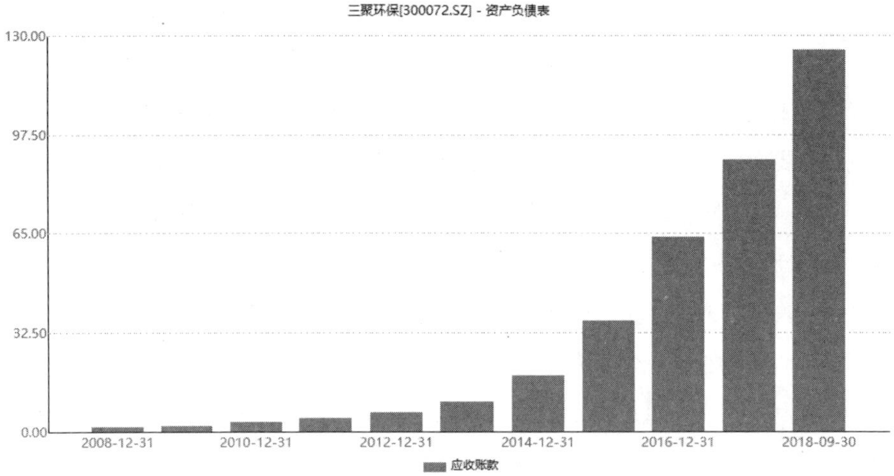

资料来源：大视野

图5-7　三聚环保应收账款变化趋势

5.6.4　夕阳衰退型

（1）净利润和经营性现金流不断地萎缩，公司可能是周期性行业，正在进入行业的低谷期，或者公司处于夕阳产业，赚钱越来越难，如果排除外部环境的因素，那么可能就是公司的治理出问题了。如图5-8所示为抚顺特钢经营性现金流净额与净利润的对比。

（2）投资活动不再活跃，公司对未来的发展也没有找到好的出路。

（3）筹资活动中，因为公司也赚不到什么钱，所以极少给股东分红或者回购股票。

这种类型的公司，通常投资者会回避，但是如果因为概念的炒作，给公司赋予了铁树开花、困境反转的标签，有些投资者可能会想着短期参与一下。但是，在真实的商业案例中，能够做到困境反转的毕竟是少数，大部分时候，可能是困难接着一个困难。全世界的投资者在这种类型的公司上，不知道已经消耗掉了多少时间和资金的成本。

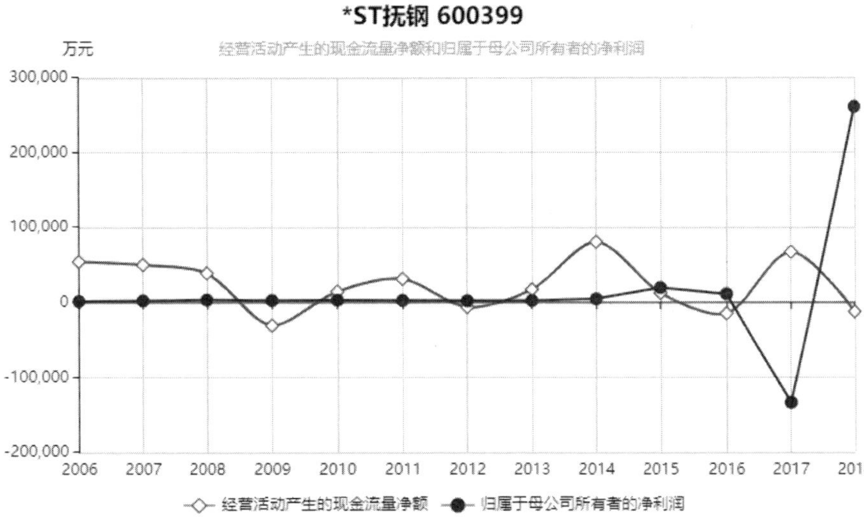

资料来源：大视野

图5-8　抚顺特钢经营性现金流净额与净利润的对比

5.7　如何计算自由现金流

巴菲特说，并非所有的盈利都是平等创造的，相对于利润而言，重资产型企业财报中所提供的利润指标常常是虚的，因为这类企业被通货膨胀悄悄侵蚀，它们的盈利就像海市蜃楼一般并不真实。现金流也不是一个完美的评估价值的工具。对于评估初期需要大量投资而后期支出少的企业类型，如水电运，现金流是一个合适的评估方法。然而，在另外一些行业，例如需要持续性资本支出的制造业，尤其是重资产类型的，不能用现金流指标来准确估值。

男怕选错行，女怕嫁错郎。不同公司所处的不同行业，有不同行业的命运。有的公司在经营的前期需要大量的资本投入，把公司建立起来以后，就可以稳稳地赚取现金流，例如咱们A股中所具有独特商业模式的水电站，在生意建立的初期，需要大量的融资，报表上看到的是没有多少的利润，但是潜伏着未来业绩爆发的可能性。一旦水电站完工以后，只需要很少的资本投入，就可以赚取稳稳的现金流，在经营的后期也比较好进行估值。

通常现金流的计算方法是税后净利润，加上折旧、损耗、摊销，以及其他非现金费用。巴菲特解释说，这个定义的问题在于，遗漏了一个重要的事实：资本支出。一家公司需要将多少当年利润再投入新设备、工厂改进，才能维持其市场竞争地位？根据巴菲特的观察，绝大多数美国公司的资本支出几乎等于它们的折旧。他说，你可以将资本支出递延一年或更久，但长期而言，如果你不进行资本支出，公司竞争力将下滑。这些资本支出就像人工费用和水电成本一样是公司经营不可或缺的。

巴菲特在收购了伯克希尔这家历史悠久的纺织厂以后，因为纺织品是普通商品型生意，根本没有办法建立品牌的溢价，同时面对着国外低成本市场持续的竞争压力，需要不断地往纺织厂中投入资金，升级新的设备（资本支出）。后来，巴菲特成功投资了喜诗糖果，这是一家有品牌，只需要很少的投入，每年产品可以持续提价，有定价权的公司。有这样投资案例的前后的深刻对比，促成巴菲特在20世纪80年代后期重仓买入了可口可乐，也是一家有品牌商誉，小投入，大回报的公司。在咱们A股中，同样是具备小投入、大产出的当以贵州茅台为首。

巴菲特说，你不能仅仅关注经营性现金流，除非你愿意减去必要的资本支出项目。相对于现金流来说，巴菲特更喜欢使用“股东盈余”，他的计算方法是一家公司的净利润，加上折旧、损耗、摊销，减去资本支出和其他必需的营运资本。但是巴菲特承认，股东盈余这项指标无法提供很多分析师需要的精确数字。计算未来的资本支出经常只能预估，他引用凯恩斯的名言：“宁要模糊的正确，也不要精确的错误。”

股东盈余 = 净利润 + 折旧摊销 − 资本支出 − 其他必需的营运资本

巴菲特计算股东盈余的方法是进行毛估，尤其是在预估未来需要多少资本支出的时候。因为要对一家公司的内在价值进行评估，必须要了解它的：（1）未来现金流；（2）折现率。所以，为了评估的尽可能准确性，巴菲特选择了那些产品简单、业务变化不大的公司，尤其是目前的产品与10年前变化都不大的。只有这样的话，过去的资本支出才可以具备参考价值。反之，如果是那些生意变化特别大，10年后公司会变的怎样完全无法预估的公司，巴菲特选择过滤掉。

自由现金流等于经营活动产生的现金流净额减去资本支出的现金流。公司的自由现金流本质上指再投资后还有资金的剩余，因为公司需要保持生意继续兴旺。在某种意义上说，自由现金流是一家公司可以每年提取但不至于损害公司核心业务的资金。

自由现金流 = 经营活动产生的现金流量净额 – 购建固定资产、无形资产和其他长期资产所支付的现金

一家产生大量自由现金流的公司能用这些现金做各种各样的事情：把它存起来等待投资机会、用于收购、回购自家的股票、给股东派发现金红利等。自由现金流给公司带来融资的弹性，因为这家公司可以不依赖资本市场支持它的扩张。有负向自由现金流的公司不得不去贷款或者卖掉一些股票（例如：面向老股东的配股、非公开发行股份等）来维持公司经营，而且如果在公司的危急时刻，或市场变得不稳定的时候，这可能变成一件危险的事情。对于不能产生自由现金流的公司来说，公司在经营活动方面的造血，不能够满足公司的资本支出，就不得不依赖于外部的输血。

5.8 杜邦分析

如果问巴菲特最关注的财务指标是什么，相信巴菲特的答案会是净资产收益率（ROE）。因为他在致股东的信里面数次提到过，考察一家公司的盈利结果，首要指标就是净资产收益率，这个指标的内涵是公司利用股东的资本所创造出来的收益有多少。股东投入的资本创造的回报越大，表明公司的盈利能力越强。然而，市场上大部分投资者关注的却是每股收益的增长。

巴菲特举了一个例子，如果你把钱存在银行，每年增长的利息继续再投入，虽然利息总额在持续地增长，但是这并没有什么值得称赞的，因为复利效应，资产规模在不断地扩大，即使利息的回报率没有变化，利息收入总额也自然会增长的。

同样的道理看上市公司，如果资产回报率没有改变，公司在逐年经营以后，留存利润会导致资产规模在不断地提高，必然的结果是净利润的持续增

长。因此，净利润的逐步增长，并不能表明公司的盈利能力在变得更强，有可能只是保持了正常水平的发挥。

既然净资产收益率是如此重要的财务指标，那么我们应该如何进行分析呢？通常的辅助分析的方法是借助杜邦分析的工具，在杜邦分析中，将净资产收益率拆分为净利率、资产周转率和权益乘数三大组成部分，分别与公司的经营、投资和筹资活动相对应。

净资产收益率 = 净利率×资产周转率×权益乘数

净利率是归属于母公司股东的净利润除以营业收入的结果，表明单位的营业收入可以转换出来多少净赚的利润，这项指标越大表明公司在单位收入上可以转换出来更多的净利润。因为不同行业生意属性的差异，净利率的差异也比较大。例如，对于连锁超市的生意来说，重在薄利多销，往往只有个位数的净利率；对于高端白酒来说，定位的高收入消费人群，对价格并不敏感，所以可以有较高的净利率。如果是相同行业中的不同公司，相互对比数年的净利率，高净利率的公司，往往竞争力更强。

资产周转率是营业收入除以期初和期末的平均资产总额，表明公司在单位的平均资产基础上可以创造出来多少营业收入，这项指标越大，表明公司的周转速度越大，营运效率越高。尤其对于薄利多销型的公司来说，比较低的净利率，必须要通过比较高的资产周转率来提高净资产收益率。与我们日常生活中看到的一些餐饮店的道理一样，对于价格比较平民的一些餐饮店来说，考核店铺经营指标之一就是翻台率，在利润率一定的情况下，单位时间内翻台率越高，餐饮店的收入越高。

权益乘数是总资产除以净资产，可以理解为单位净资产的基础上，公司可以撬动多大的额外资产为公司所用。按照会计恒等式，资产=负债+所有者权益，其中所有者权益就是净资产，若想要撬动更大的资产，则需要提高资产负债率。在负债中区分为流动负债和非流动负债，如果公司的负债中主要是以应付类和预收类的科目为主，占用的是上下游公司的无息资金为己所用，反映出来的是竞争力的体现；反之，如果主要是以有息的银行借款和债券为主，那么资产负债率过高的情况下，公司可能会有债务的偿还压力。所以，权益乘数要结合公司的债务组成一起看，具体问题具体分析，并不是笼统的权益乘数越大，风险越大。

下面我们以国内知名的三家乳业公司的经营成果为例来阐明杜邦分析的使用方法，如图5-9~5-12所示。

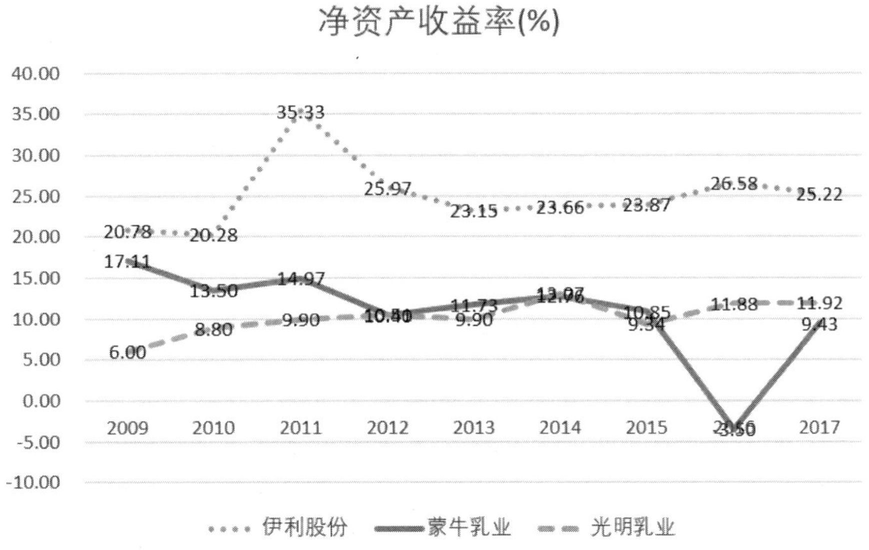

资料来源：大视野

图5-9　三家乳业公司2009-2017年净资产收益率

2009~2017年，伊利股份的净资产收益率一直维持在20%以上，9年的平均值是24.98%，表现出来非常卓越的盈利能力，同时相对于同行业的另外两家竞争公司来说，蒙牛和光明的ROE一直落后于伊利，9年的平均值分别是10.82%和10.13%，蒙牛在2016年，因为旗下的雅士利在年内亏损，并考虑雅士利的经营状况和财务表现，确认了高达22.53亿的商誉减值，拖累了蒙牛在该年内净利润。通过图5-9的对比可知，在乳业中伊利的龙头优势非常明显。

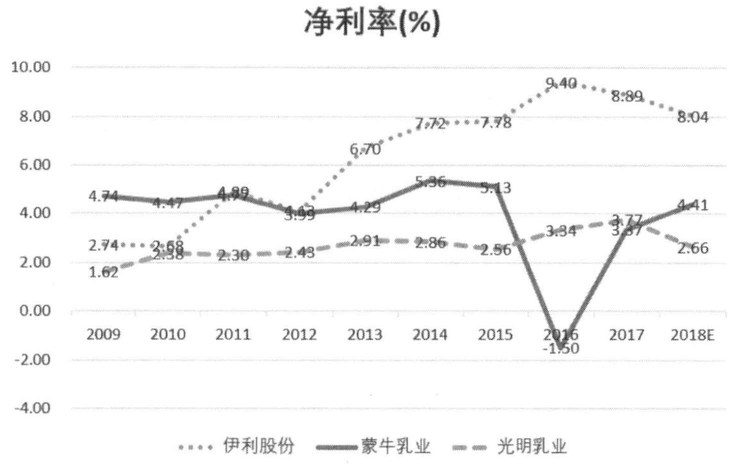

资料来源：大视野

图5-10　三家乳业公司2009–2017年净利率

从净利率的对比来看，2009~2012年，蒙牛略微领先伊利，光明排在后面，但是从2013年开始，伊利开始大幅度地超越蒙牛，2013年的净利率从上一年的4.13%提高到6.70%，然后稳步地提高到9%上下，蒙牛和光明在之后几年保持了净利率的稳定性，在2016年蒙牛出现了亏损。从对比的结果来看，从2013年以后，伊利的净利率在大幅度地提高，把同行业的两个对手甩得越来越远。

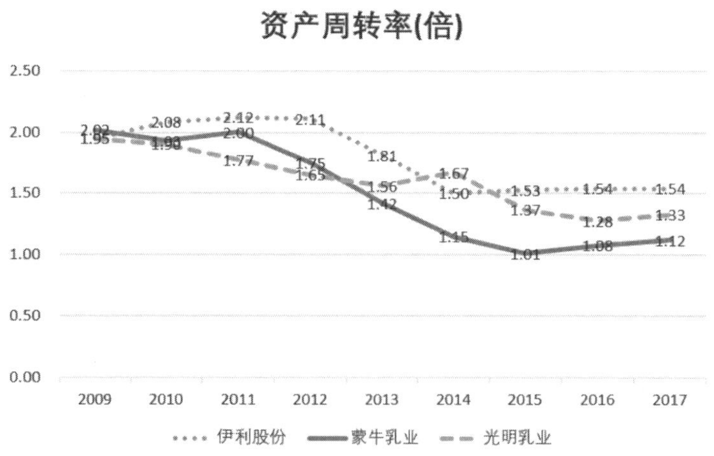

资料来源：大视野

图5-11　三家乳业公司2009–2017年资产周转率

从资产周转率来看，同行业的三家公司的资产周转率最近几年都在逐步地下降，但是龙头伊利的周转率相对于另外两家公司来说，保持着领先的优势。乳制品行业从净利率来看是薄利多销的，在净利率一定的情况下，需要提高周转率来扩大营业收入。然而这种直接面向消费者的产品，在产品差异化不大的情况下，需要持续性地投入广告来刺激终端的消费。规模越大的公司，广告投入的成本支出就可以在更大销售规模上进行摊销。

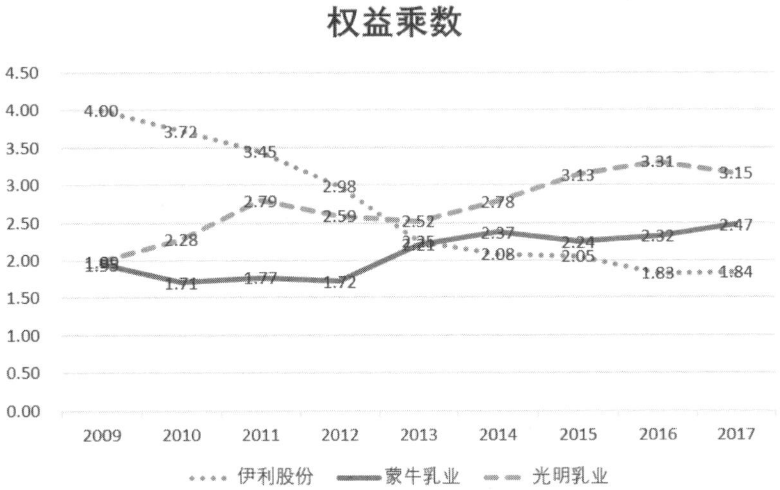

资料来源：大视野

图5–12　三家乳业公司2009–2017年权益乘数

从权益乘数来看，在2009年的时候伊利最大有4倍，然后这些年逐步地下降到1.84倍，相对于另外两家公司来说，有相对低的债务放大效应。蒙牛和光明反而是在不断地提高权益乘数。在2017年报中，伊利的负债主要是流动负债，其中应付和预收类占比66.89%；光明乳业占比是65.32%；然而，蒙牛的负债中，流动负债占比只有72.77%，小于伊利和光明，其中应付类占比只有21.29%，账上有不少的长期借贷。从对比来看可知，伊利主要是靠无息借款来实现净资产的放大效应，然而蒙牛是有不少的有息借款，这是两种不同的竞争力体现。

第6章

企业竞争优势分析

我可不想要对竞争者来说很容易的生意。考察企业的持久性，我认为最重要的事情是看一个企业的竞争能力。我喜欢的企业是那种具有持久生存能力和强大竞争优势的企业。就像一个坚固的城堡，四周被宽大的护城河包围，河里还有凶猛的鳄鱼。

——沃伦·巴菲特

6.1 寻找优秀的品质

在我们的投资生涯中所要寻找的是那些物美价廉的投资机会，只有那些具备良好品质的企业，并且价格公道的时候，才是我们值得买入的。如果企业的品质本身就不好，也就谈不上物美价廉。

查理·芒格多次强调的一个投资原则是：“股价公道的伟大企业比股价超低的普通企业好！”巴菲特补充说，是芒格让他更加坚信这种投资方法的智慧，芒格很早就懂得这个道理，而他是在后来才顿悟的。芒格帮助巴菲特摆脱了格雷厄姆式投资方法，也就是俗称的“烟蒂股”，转而去关注一些伟大的企业，比方说喜诗糖果、华盛顿邮报、盖可保险、可口可乐、吉列刀片等。

所谓伟大的企业，就是在一个具备广阔发展空间的市场中，已经建立了某种独特竞争优势的企业，销售收入依然有较大的成长弹性；所谓伟大的企业，有独特的品牌价值，依附于企业的经济商誉，消费者愿意为品牌支付溢价；所谓伟大的企业，可以拥有较高的销售利润率，在每单位的销售收入基础上，可以为公司转化出来更高的净利润；所谓伟大的企业，可以拥有突出的净资产收益率，管理层在利用股东所投入的资本上，可以赚取超越于市场平均水平的资本回报率；所谓伟大的企业，拥有强大的有着良好的经营记录的管理团队，以股东利益为导向，值得信赖和托付；所谓伟大的企业，拥有强劲的经营性现金流，企业的自我造血能力非常充足，具备可持续地为股东分红、回购股份，或者对外进行收购，乃至于进入新的市场。

芒格说：“我们偏向于把大量的钱投资在我们不再另做决策的地方。如果你因为一样东西的价值被低估而购买了它，那么当它的价格上涨到你预期的水平时，你就必须考虑把它卖掉。那很难。但是，如果你能够买几个伟大的企业，那么你就可以安坐下来啦。那就是很好的事情。”这是一种坐等投资法，在投资中只需要聪明一次就够了，买入一些伟大的企业，然后耐心地等待企业交出一份业绩优秀的成绩单，市场终究会认识到企业的品质，会给予伟大的企业合理公道的报价。

人以类聚，物以群分。做人也是一样，你周围那些高素质的朋友可以帮助人成为一个更好的人。你的朋友、交往的人、生意上的合作伙伴，你选择与什么样的人交往，他们也会影响你自己的价值观和性格的发展。如果想要在人生的道路上不断地成长，那么就必须要去亲近那些行为、言辞和价值观都让你欣赏和钦佩的人。

无论是识别优质的企业，还是识别一个人的内在品质，都不是容易的事情。我们要避免投资那些糟糕的企业，也要避免陷入一种糟糕的人际关系中，远离那些糟糕的人。其实，选择什么样的企业、与什么样的人为伍，与你自己的人生目标有很大的关系，随着你不断明确的人生目标，你就会去寻找那些可以帮助你实现目标的品质。然后，被那些已经具备这些品质的企业和人而吸引。你的原则是什么，然后你会看见那些符合你自己原则的机会。与志同道合的朋友们，一起投资伟大的企业，在人生前行的路上，彼此相互学习，共同进步。

6.2 拒绝投资没有护城河的企业

我们在做日常消费决策的时候，在同类型的产品中，如果产品质量更好，预期我们可以使用的时间更长，那么相对来说，我们更加愿意为这样的好产品支付更高的价格。但是，如果产品质量较差，使用的频次也不是很高的东西，我们往往不愿意支付更高的价格。

例如，普遍来说，买一个新的苹果手机可以用3年，手机的运行速度不会下降特别快，但是换了一台低性能的安卓手机，很多朋友的反馈情况是可能只用了一年的时间，运行的速度就越来越慢了，有不少买了安卓手机的朋友，只好每年换一个新手机，因为换手机的频次比较高，所以他们也不愿意花高的价格去买新手机。

企业的道理也是一样的，我们衡量一家企业的内在价值的标准就是未来能够产生自由现金流的折现值，如果一家企业具备竞争对手难以复制的独特优势，那么在企业的生命周期中，就可以保持尽可能长的盈利周期，企业的内在价值就更大。

反之，如果一些身处行业变化特别剧烈的公司，在繁荣期的时候，公司可能会赚取一定的利润，但是随着竞争格局的变化，企业难以建立竞争优势，不能够阻挡竞争对手的袭击，那么企业就不能够保持优秀的盈利能力，那么内在价值就相对不高。

首先，盈利能力要突出，可以从定量的角度优先筛选出来可能具备护城河的公司，因为具备护城河的公司，一定在过往的经营历史中展现出来了卓越的盈利能力。否则，如果没有突出的盈利能力的话，往往是不具备护城河的。其次，再挑选产品简单、业务变化不大的公司，只有简单的产品，才能够比较容易地识别出来是否有护城河保护，如果一家公司需要花费很多的时间进行研究，而不是一眼就可以看出来的话，往往是不具备竞争优势的。

在过去业务变化不大的情况下，还取得了比较突出的盈利能力，那么可以展望在未来业务继续保持不太大的变化的情况下，也可以获取良好的盈利能力。最后，再考察公司所在的市场，是否依然有巨大的发展空间，公司是否还有很多的事情可以做，进一步提高销售额，为股东创造更多的利润。

举例来看，巴菲特投资的一些公司中，盖可保险的低成本，可口可乐和箭牌的品牌优势、规模优势和分销网络的渠道优势，B夫人的大卖场在流程上所建立的低成本优势，美国运通的品牌和网络效应的优势。

对比我们国内的案例来看，贵州茅台的品牌优势，格力电器的品牌和规模优势，福耀玻璃的低成本和转换成本优势，伊利的多品牌战略、规模优势、与可口可乐类似的所建立的分销商网络的优势，腾讯旗下的社交产品所建立的网络效应，连接人与人、人与企业以及人与服务，对于竞争对手来说想要复制一个类似这样的网络，难度是非常巨大的。

我们看巴菲特的投资组合中，不同企业的护城河是多元化的，大部分企业的护城河优势对于普通人来说也是可以理解和识别出来的。对于投资组合中一些压箱底的公司，更多的是“守正”，并没有什么“用奇”的绝招。重要的是投资者要判断出来，哪些生意的护城河是可以持久的，有些生意可以阻挡竞争对手几年，但是有些生意却可以阻挡对手数十年。

企业的护城河魅力在于，竞争对手难以复制，就像是一个美丽城堡的围墙，很难逾越。最后，对于要持续不断地构建护城河的企业来说，往往是不具备护城河的体现，尤其是一些科技类的公司，技术上的暂时领先，可以阻挡对手一段时间，但是需要不断地投入，才可以构建一道道新的护城河。

真正的护城河，是那些已经建立了结构化的竞争优势的企业，随着经营地不断发展，可以进一步地扩大市场占有率，同时在现有的护城河基础上，再次不断地加宽护城河。

因此，企业内在价值的评估方法是未来现金流的折现值，对于有护城河的企业来说，可以延续尽可能长的经营周期，那么未来现金流折现到当下来看的视角，就是高价值企业。反之，如果没有护城河保护，企业不能够保持长期的经营发展，那么未来现金流是高度不确定性的，反映到估值上就需要有更多的折价；护城河是多元化的，不同的优秀企业，在过往的经营中会建立不同的结构化的竞争优势，要选择那些容易理解的生意，产品简单，业务变化又不大，同时又具备护城河，就是很好的投资备选公司。

6.3　避开普通商品型的企业

巴菲特在过去半个世纪中取得了举世瞩目的投资成绩，纵观巴菲特的投资哲学，其中最重要的变化就是从职业生涯的早期，重视企业价格的安全边际，忽视企业的内在品质，到中后期把企业的内在品质放在首位，反而是对于买入价格从原来的特别具有吸引力（意指安全边际特别大），变成了合理的价格。那么，为什么巴菲特在经过了半个世纪的投资以后，尤其是他自己经历了多次深刻的反省，提醒我们投资中要避开普通商品型的企业呢？

首先，我们要定义一下，什么是普通商品型企业，对于普通商品型的企业所输出的产品，消费者在进行购买决策的时候，最重要的因素就是价格。比方说，我们日常生活中去超市买白糖，不会考虑要选择什么品牌，同样的商品中，价格是优先考虑的。那么，对于生产普通商品型的企业来说，必然会面临激烈的价格竞争。

如果甲、乙、丙、丁这四家公司都生产一样的普通商品型的产品，在激烈的市场竞争环境中，必然的结果是大家的产品价格差别都不大，因为同样的商品，如果哪一家的产品标价特别高，不会被消费者选购，企业将会面临收入的压力，在外部竞争压力下，必然会把价格进行降低。

如果在产品价格一致的情况下，有更低生产成本的甲公司，可以获取更高的利润率，为了能够拥有较低的生产成本，公司有足够的动力去改进生产工艺。然而，在甲公司取得了不错的利润率以后，同行业的其他三家公司，为了保持竞争力，也要继续投入资本，进一步地改善企业的生产工艺。

最后的结果是，行业中的大部分公司都因为新的生产工艺的出现，改善了自身条件，但是环顾四周其他企业，发现虽然自己投入了大笔资金，企业的相对竞争力并没有发生较大变化。同时，对于这样的企业来说，每过几年就需要新的资本支出，否则企业将失去竞争力，留存收益不能够用来回购股份或者寻找新的投资项目。

如果我们投资普通商品型的企业，顶多可以获取到社会平均收益，如果想要获取相对的超额收益，我们必须拥抱杰出的优秀企业。那么，我们通过哪些角度可以识别出来一家公司是否属于普通商品型的企业呢？

（1）销售利润率低。如果消费者对价格很敏感，企业就没有定价的自由权利，所以从实际的经营成果来看，企业的盈利能力就不强。单位销售收入，只能转化出来比较薄弱的净利润。通常利润率在个位数的企业，可以归类到低利润率的范畴，利润率超过15%以上的企业是比较优秀的。

（2）净资产回报率低。如果企业的利润率比较低，从杜邦分析拆分来看，企业必须要加大总资产周转率或者提高财务杠杆，然而优秀的企业在没有财务杠杆的情况下，应该也可以获取良好的投资回报率。所以，如果要改善净资产回报率就必须要提高总资产周转率，但是如果企业生产的是普通产品型的，产品市场竞争特别激烈，就很难做到薄利多销，因此从财务指标看就是较低的净资产收益率。通常来说，净资产收益率长期低于10%是比较差的生意，长期高于15%是优秀的象征。

（3）净利润起起伏伏的波动，甚至出现亏损。如果公司不能够自由定价自己的产品，那么只能够随着外部供需环境的变化，来获取利润。如果一段时间，需求大于供给，公司可以赚取一段时间的利润，但是随着新进入者的逐步加入，市场供需平衡发生失调，企业所生产的产品，开始发生了滞销，于是公司的利润下滑，甚至出现亏损。

（4）消费者不重视品牌。如果消费者在采购的时候，只看价格，对于品牌不在乎，那么企业往往就是属于普通商品型的。例如，我们在日常生活中所看到的纺织品、国产电视机、低端白酒、机票、白砂糖、电影票、大米等。

因此，普通商品型的企业，面临着激烈的市场竞争，留存收益不得不用于改善企业的生产工艺，因此不能够用来回购股份或者投资到更好的项目上，公司往往为了维持生意就要耗费很多的资本，所以长期必然不能够为投资者创造卓越的投资回报，我们要避开普通商品型的企业；如果消费者在购买决策的时候，价格是首要的因素，不重视品牌，那么这样的企业往往就是普通商品型的；普通商品型的企业，从财务结果上看，表现为低利润率、低净资产回报率、净利润起伏波动，甚至出现亏损。

6.4 积极拥抱消费垄断型企业

首先，如果不重视公司的“质地”，只是认为它的价格非常便宜就买入，在实际的操作环节中，容易遇到公司的发展每况愈下，市场价值并没有随着时间而提高，反而是逐步走低，这样投资就可能会遇到亏损；其次，在每一次低估值回归到合理估值以后卖出，需要面对资本利得税，美国是20%的税收比例。相当于在频繁的买卖过程中，政府需要拿走其中的一部分利润，那么长期来看对于复利效应是有较大伤害的。

在接触了菲利普·费雪、查理·芒格投资思想后，巴菲特的操作方法从原来的“捡烟蒂”进化为消费垄断型企业的长期持有。在日常的生意考察阶段，巴菲特重要的思考行为就是要区分这个生意到底是普通商品型的，还是具备消费垄断性质的。

1）消费垄断型的企业又具备哪些基本特征呢？

（1）消费垄断的特征非常明显，不是充分竞争的生意；

（2）企业对于产品或服务具备定价权，并可以随着通货膨胀持续提价而不会影响到销售量；

（3）过往的经营业绩中持续性的高净资产回报率，持续数年高于15%，甚至更高；

（4）现金“牛”特征明显，经营活动现金流量持续净流入公司；

（5）企业不需要持有长期债务；

（6）有能力收购优质的生意，或者回购公司的股份；

（7）较低的分红情况下，留存收益可以投入到高回报率的生意上。

2）买入持有消费垄断型企业又有哪些好处呢？

（1）不需要聪明很多次，聪明一次就够了。在找到了具备消费垄断特征的企业以后，以合理的价格买入，然后就是静静地守候公司发展变得越来越好，内在价值随着盈利能力的逐步提高，最后刺激市场价值伴随内在价值的提高而上涨。

（2）公司留存收益可以继续投入到高回报率的生意上，投资者长期持有，可以享受到税收优势。虽然国内目前还没有资本利得税，但是随着经济的逐步发展和资本市场的逐步成熟，缴纳资本利得税是必然的趋势。买入消费垄断型的企业，长期持有，一直到最后卖出的时候才需要缴税，可以充分享受到生意内部复利积累的效应。

如果你需要开车跨越长江大桥，那么往往在大桥两端我们会看到收费站，必须要缴费才可以开车经过大桥过江，你没有拒绝的能力。那么，这个收费站就相当于是对这个大桥的经营具备了垄断特征。垄断而不是充分竞争的好处是，垄断者对于生意具备了自由定价的权利，当消费者没有其他替代品选择的时候，只能够接受垄断者的出价。那么，对于垄断企业来说，就可以长期为股东创造超额利润。

比方说，我们可以把手机拿出来看看上面安装了哪些APP，有哪些APP是不得不安装的呢？对于智能手机来说，恐怕最不能被替代的就是微信、QQ了，然而这两款产品都是腾讯旗下的社交平台。

如果商家想要在腾讯的产品上打广告的话，就只能接受腾讯的报价，否则只能放弃。腾讯对于旗下产品的广告位就具备了垄断经营的特征。在微信中有公众号和小程序，对于运营主体来说，如果想要通过微信官方认证，就必须要缴纳300元/年的认证费用，否则就无法获得认证标识。

微信对于认证费用具备定价权，运营主体只能被动接受微信的出价。在微信生态中区分为广告主和流量主，广告主如果想要在微信中打广告，只能接受微信的报价，主动权在微信这一边，同时给流量主的广告费用分成也是微信说了算。

最近10年，流入腾讯的经营活动现金流量保持着稳健的高成长特征，从2008年35.80亿元增长到2017年的1 061.40亿元。最近5年平均ROE超过30%，平均利润率超过28%。无论是营业收入、净利润还是现金流量都保持着稳健的成长，同时净资产收益率和利润率维持在高水位的特征。无论是定性还是定量，都反映出来腾讯是一家非常优秀的具备消费垄断特征的企业。

6.5 如何找到有竞争优势的企业

市场上有不少投资者密切关注着企业的增长率，对于能够保持数年高增长率的公司，他们特别地青睐，因为市场的偏好，这类公司往往估值还不便宜。然而，有别于关注企业的高成长性，更加重要的是要具备分析企业竞争优势的能力，只有那些在其周围建立了牢牢护城河保护的企业，才是投资者真正值得长期持有的。如果高成长的公司，没有护城河的保护，生意的根基随时可能会动摇。

想象着这样的场景，你是一个虔诚的佛教徒，在人生的不同阶段，你为了探寻生命的奥秘，阶段性地要做一些闭关的工作，在这些闭关的岁月里面，你没有获取资本市场信息的来源，也没有股票交易的渠道，你需要与繁荣的资本市场做一段时间的隔离。那么，当你要闭关之前，你会怎样安排你的投资组合呢？如果你需要闭关好几年才能回来，那么什么样的公司，才是让你可以放心买入持有的呢？

我想你的答案可能会是：有悠久的经营历史可以追溯，在过往的经营中留下了优秀表现的痕迹，公司的产品比较简单，业务变化不大，能够比较清晰地看出来，至少在未来十年，公司依然有广阔的发展空间，并且公司具备某些比较独特的竞争优势，让竞争对手很难抢走它的生意。具备竞争优势的公司，一定是具备为股东创造超额回报率的生意，如果一家公司标榜自己具备竞争优势，但是迟迟无法为股东创造满意的投资回报率，那么可能竞争优势根本就不存在。所以，我们可以通过定量的方法从数千家上市公司中将满足一定筛选条件的公司搜索出来逐个进行基本面分析。

净资产收益率，该项指标表明公司利用股东投入资本可以创造多少净利润，数值越大，显示公司的盈利能力越突出，按照惯例来说，净资产收益率大于15%是一家具备竞争优势公司的表现；销售净利率，该项指标表明公司单位营业收入可以创造出来多少净利润，数值越大，表明公司的利润率越高，按照惯例来说，净利率大于15%是一家公司具备竞争优势的体现；经营活动产生的现金流量净额与净利润的比值关系，该项指标用于检验公司的盈利质量，企业的利润必须能够带来经营性现金流，否则利润可能是虚的。

通过定量筛选，再配合定性分析。在定性分析的环节，我们需要不断地问自己很多的为什么？为什么这家公司可以创造如此优秀的盈利能力，如果这个生意很赚钱的话，为什么竞争对手不生产类似的产品或者服务来抢夺这家公司的生意呢？为什么消费者选择这家公司的产品，不选择同行业其他公司的产品呢？为什么这家公司的产品价格比较贵，消费者依然重复选择这家公司的产品？这家公司在经营上所取得的领先优势，只是暂时的吗？还是说公司可以保持数十年的竞争优势，对手很难突破它的竞争壁垒？这家公司到底做了哪些事情，阻止了对手的进入？这家公司到底做了什么，消费者很难转移到其他公司的产品上去？具备竞争优势的公司，一定是在某些方面构筑了高高的壁垒。一般竞争优势的体现，可以归结为如下几点：品牌优势、规模优势、转换成本、网络效应等。

贵州茅台过去10年（2008-2017年）平均净资产收益率超过30%，销售净利率接近50%，每单位归属于上市公司股东的净利润可以带来1.12倍的经营性现金流净额，无论是盈利能力还是盈利质量都堪称卓越。中国有悠久的白酒文化历史，茅台是高端白酒的代名词，在宴请宾客的时候，喝茅台酒彰显了对宾客的尊重。因为建立了这样的消费者心智的定位，所以茅台具备品牌优势，因此而具备了定价权，可以随着时间的推移，不断地提高茅台酒的销售价格，而根本不需要有多大的投入。消费者需要茅台酒，又找不到合适的替代产品，茅台酒厂拥有市场的定价权，这就是强竞争优势企业的基本特征。

格力电器是中国区域性的空调龙头企业，在国内消费者的心智定位中格力空调代表了产品的质量值得信赖，也是消费者购买空调时的首选产品。销售净利率从2008年的4.74%逐步提高到2017年的15.18%，随着龙头地位的逐步巩固，格力电器的规模优势开始凸显，在庞大的销售规模上，单位空调分摊的固定生产成本逐步降低，因此公司可以稳步提高净利率，同时对其他盈利能力较弱的空调竞争厂家来说，越是销售规模冲不上去，单位空调的生产成本越高，如果与格力同样的销售价格的话，可能就徘徊在盈亏平衡点，甚至亏损。

于是格力可以进一步提高行业的集中度，对其他小厂商进行清场。同时，在建立了品牌优势以后，市场的认可度比较高，能够拥有更大的销售规模，这个时候大厂商才有能力去央视或者其他广告平台进行广告宣传。对于普通的小厂商来说，花费大价钱进行广告宣传，可能无法产生理想的效果，于是销售量越提高不上去，竞争能力越弱，逐步在市场竞争中被淘汰掉。

福耀玻璃是汽车玻璃领域的龙头企业，占据绝对优势的市场份额，在整车厂周边建立自己的工厂，可以参与到整车厂的新车设计环节，数十年聚焦在汽车玻璃领域，与客户建立了非常稳固的长期合作伙伴关系，一方面深耕行业中，福耀掌握了超低成本生产汽车玻璃的先进技术，市场份额大，合作的汽车厂商多，具备规模优势；另一个方面，与客户的长期合作关系，相互之间培养信任感，整车厂商很少会考虑换汽车玻璃的供应商，客户的转换成本太高。

另外，福耀在汽车玻璃中的声誉，让其具备了行业中的品牌影响力，对于一些汽车方面的新秀，也会优先考虑找福耀进行合作。例如，蔚来汽车，做智能电动车的玻璃也是找福耀生产的。

伊利是乳业的龙头，具备领先的规模优势，面向于终端消费者的商品，需要通过投入广告来不断地抢占消费者的心智，龙头公司的销售规模越大，就具备拿出更多的收入来进行持续性的广告投入的能力，那么在单位产品上的广告成本摊销，就可以变得更小了。然而，这种马太效应的作用下，越是不具备规模的乳业，就更加没有能力去投入广告来宣传自己的产品，导致恶性循环，销售规模始终上不去。伊利的龙头地位越来越强，净利率从2009年的2.74%提高到2017年的8.89%。

微信是腾讯旗下的移动互联网社交产品，具备强大的网络效应，使用微信的人越多，微信的产品越加得好用。因为你的朋友圈关系都是在微信这款产品上建立的，即使这个时候出来一个新的社交产品，你也很难被转换到新的平台上，竞争对手阿里巴巴曾经尝试过来往、钉钉等产品，但是都无法撼动微信的社交王者的地位。锤子手机推出来的子弹短信，虽然有很多软件上的创新，但是很多人尝试了一下后，发现上面根本找不到朋友，于是又卸载了。

巴菲特在致股东的信中有一次援引了《财富》杂志的内容提到，在过去10年中，平均的净资产回报率（ROE）大于20%，并且在过去10年中没有一年的ROE是低于15%，这样的公司数量是非常稀少的，通过ROE的指标筛选出来后，排除里面一些制药公司，然后选择产品简单、业务好理解，最好是产品与十年前没有多大变化的公司，这些公司是具备高价值企业特征的。

西格尔教授在《投资者的未来》中也做过相似的调研，如果投资者在1950年，将市场上交易最活跃的50个企业中，挑选出来4个公司出来进行长线投资，并且红利再投资，他的目标是在2003年的时候，通过漫长的半个多世纪的投资，最后可以赚最多的钱，那么他应该怎么进行选择呢？最后的数据对比结果，选择的应该是国家乳业公司（卡夫食品）、雷诺烟草（香烟）、新泽西标准石油和可口可乐，然而这四家公司的产品与半个多世纪以前并没有太大的变化，其中可口可乐宣称的“神秘配方”，从诞生以来超过100年都没有发生变化。

6.6 从生活中发现消费垄断型企业

我们家附近有一个永辉超市，经常陪我爱人一起去采购生活物资。当然了，在逛超市的时候，免不了要听我一些唠叨，针对我们所看到的这些产品背后的商业模式是怎样运作的。比方说，如何理解永辉超市的竞争优势？永辉的定位是平价和新鲜，尤其是它的生鲜产品，具备菜市场的新鲜度，但是价格又比菜市场要平价，永辉是超市的形态，所以相对于菜市场的购物环境更干净和卫生。它通过新鲜的蔬菜、水果等，把消费者给引流过来，再从生鲜区往超市日常的食品用品区进行导流。

找到永辉的年度报告中披露的营业收入构成和毛利率情况，其中生鲜及加工毛利率15%，但是食品用品的毛利率相对更高达19%。这样就可以解释了，咱们家门口这个店，为啥一进去的时候首先看到的是生鲜区，然后是超市的日常用品，再穿过化妆品区，最后才是到结账的地方。在消费者穿越超市的时候，从大的划分看，是从低毛利率产品，逐渐到高毛利率产品，通过低毛利率的生鲜，可以把消费者吸引过来，然后“顺便”销售超市的其他高毛利率的产品。

那么，与竞争对手相比，永辉有哪些明显的竞争优势特征呢？相对于菜市场，它的生鲜价格便宜又新鲜，购物环境又干净。相对于其他超市，因为没有突出生鲜的战略地位，所以在南京的其他超市，我们看到的生鲜的新鲜度是明显竞争不过永辉的。既然永辉超市是一个深受消费者喜爱的超市，那么当我们在逛超市的时候，可以看看都有哪些产品在货架上，是否可以在日常生活中，多留意一下，就可以找到具备消费垄断特征的企业呢？

常见的具备消费垄断型企业特征：

（1）产品被消费者所需要，最好是易耗品，需要重复性地购买，消费者比较看重品牌，制造商可以随着通货膨胀自由地提高产品价格，而不需要担心销售量会下降；

（2）为产品提供发布广告的平台，对于平台方来说，自身的广告位要具备定价权；

（3）为个人或者其他企业的商业活动提供某种具备持续性被需要的服务，企业可以做到“雁过拔毛”。

对于零售企业，主要是通过采购制造商的产品，然后上架销售，赚取中间的差价。如果同样的商品有多家提供商，消费者对于品牌并不在乎，那么零售企业就具备了主动权，可以协商产品的进货价。但是，如果某种商品特别畅销，消费者青睐的是品牌，那么主动权就在制造商的手上了。到底有哪些品牌是零售企业不得不上架的呢？然而，正是这样的一些企业，往往是我们需要发现的具备消费垄断特征的。

常见的有一些白酒品牌，如洋河酒厂有海之蓝、天之蓝和梦之蓝三个价位，定位在三个不同的消费层次中，价格逐渐由低到高，洋河酒的品牌营销是与中国梦联系在一起，在中国是知名白酒品牌，无论是请客还是送礼，洋河是消费者经常选购的。白酒是属于易耗品，喝了就没了，下次还需要重复购买，消费者看重品牌，而洋河酒厂可以随着通货膨胀逐步提高产品售价，根本不需要担心销量的下滑。从经营报表看结果，洋河是持续数年保持着超过30%的销售净利率，超过20%的净资产收益率，盈利能力非常突出。

在乳业中常见的厂商有伊利，蒙牛和光明，知名品牌有伊利旗下的常温酸奶安慕希，低温酸奶畅轻。乳业的三家公司之间的竞争还比较火热，几乎可以看到包装类似的产品，三家公司都有推出来不同品牌的商品来参与竞争。但是，从报表经营结果上看，伊利的龙头地位越来越稳固，尤其是销售利润率在逐渐提高，同时保持着超越于同行的净资产收益率，从2009年以来，每年都是保持在20%以上的净资产收益率。

双汇的火腿肠，有低温的，也有常温的，在摊位上的占比面积也是最大，各种型号和口味让消费者也可以有更好的选择。其他火腿肠类的竞争对手，品牌相对要弱势一些。从经营报表上看，也是双汇的现金流量和净资产收益率比较突出。最近5年净资产收益率均值在30%上下浮动。

可口可乐是消费者所喜爱的品牌，也是巴菲特长期持有的爱股之一，产品在全世界范围内进行生产和分销，即使到中国比较偏远的农村小店，走进去也可以买到可口可乐。

矿泉水里面比较突出品牌是农夫山泉，在消费者心智中的定位是大自然的搬运工，产品价格也是在逐渐地提高，可惜并没有上市。

广告分发媒体网络。在超市中还会看到一些电子显示屏，在那里循环往复地播放广告，看到的是分众传媒的品牌LOGO。当有产品想要接触终端消费者的时候，制造商需要寻求广告发布平台将自己的产品通过广告介绍出去，那么对于拥有庞大的城市生活圈媒体网络的平台来说，就具备了对自己的广告位进行自由定价的权利。广告最大的作用就是抢占消费者的心智，比方说，怕上火，喝王老吉。对于新的品牌，想要被大众所知，就需要找这些广告分发传媒网络来提供服务。分众传媒上市以来录得均值70%的净资产回报率，销售利润率超过了40%，盈利能力也是非常突出。

支付机构。在超市结账的时候，消费者可以选择自助式的结账机，在将所有的商品都扫描以后，选择付款方式，看到的常见选择是微信支付、支付宝、银行卡，并且微信支付和支付宝只需要打开手机直接扫描二维码就可以进行结账了，非常方便。支付机构在与商家洽谈接入服务的时候，每一次消费者通过选择这个支付渠道进行付款，支付机构可以“雁过拔毛”，拿走其中一个约定比例的手续费。同时，如果消费者选择某一家银行的信用卡进行支付，一方面信用卡机构要收取商家的手续费，另外一个方面如果消费者选择分期付款，银行也可以赚取分期的利息收入。所以，对于提供支付服务的机构来说重要的是持续性被需要，产品没有过时的问题。

因此，通过日常生活中的细心观察，可以让我们找到一些具备消费垄断特征属性的好生意。被消费者所熟知的一些食品饮料类的企业，消费者重视产品的品牌，并且会重复购买，随着通货膨胀，产品价格可以逐步提高的公司，往往具备消费垄断的特征，可以逐年提高销售收入和净利润，最后刺激股价的长期上涨。当我们看到一个知名品牌的时候，还需要结合公司的财务成果一起进行衡量，考察公司是否创造了超额收益，尤其是保持数年净资产收益率大于15%。制造消费品的公司，为了能够把产品有效地触达终端消费者，需要借力媒体传播网络的平台来宣传自己的产品，通过品牌的营销来抢占用户心智，那么具备规模化网络优势的平台，对于自己的广告位就具备了定价权。消费者买单的时候，需要支付机构提供服务，对于支付机构来说，不仅仅可以赚取商家的手续费，如果选择的是信用支付的方式，通过分期还款，支付机构还可以赚取消费者的分期手续费。

6.7 发现护城河

6.7.1 消费者心甘情愿支付溢价的品牌

避免普通商品型的企业。对于创业者来说，避免进入“普通商品型”的领域中是前辈对于新人的忠告。所谓的普通商品型企业，就是生产同类产品的企业有很多，产品很难建立差异化，消费者在购买的时候对于价格非常敏感，也不重视品牌，企业因为难以拥有定价权，所以经过辛苦的经营以后，只能够录得一般的回报率。比较理想的商业模式，当然是能够建立差异化和竞争优势，在行业中树立自己的品牌，拥有自己的忠实消费群体。对于投资者来说，要避免普通商品型的企业，这些企业的典型特征就是低利润率，低净资产收益率，长期来看并不能给股东创造理想的回报，咱们应该积极拥抱消费垄断型企业。

拥有知名品牌，未必就有优势。对于企业来说，希望通过广告的宣传，让自己的品牌能够进入消费者的心智中，当消费者有这方面产品或服务需求的时候，可以优先考虑自己企业的品牌。

然而，即使产品有差异化的品牌，企业也未必可以赚取高于平均收益率的利润。在美国豪华车中，凯迪拉克和林肯是知名品牌，但是即使坐拥了如此高品质豪华车的代表象征，它们依然无法赚取显著的超额利润，利润率几乎与普通商品型的企业没有多大的差异。根本原因是，在二战以后凯迪拉克和林肯在豪华车的领域中，获取了高额利润，从而吸引了竞争者的加入，尤其是来自于欧洲和日本的品牌。

如果按照一般的普通商品型的企业的竞争方法，新进入者为了吸引消费者，会考虑降低产品的价格，然而这样的事情却并没有发生。凯迪拉克和林肯在这些进口车涌入市场以后，依然维持着比较高的销售价格。但是，随着进入市场的豪华车品牌越来越多，消费者有了更多的选择，凯迪拉克的市场份额和销售量开始下滑。然而，凯迪拉克在维持产品差异化和品牌维护上的固定成本支出，厂房设备、广告费用、经销商网络的维护费等，却并没有下降，反而随着整体销售额的下降，固定成本在摊薄到每辆车上的金额变得更多了。于是，凯迪拉克发现即使维持了销售价格，但是随着摊薄固定成本的上升，在每辆车上的利润开始下降。随着竞争的加剧，企业在以更低的利润率售出更少的产品，虽然凯迪拉克是拥有品牌和差异化的。

无法阻挡竞争者的加入，经营效率最好的企业也最多只能拥有平均收益率。资本是逐利的，如果某一个行业中能够产生比较高的利润，那么新进入者就会想方设法地挤入这个领域中去分一杯羹，尤其是对于一些没有进入门槛的行业。

航空业的低利润率在投资界是出了名的，消费者在选择航空出行的时候，通过互联网可以很方便地进行产品价格的比较，优先考虑的是低价格的航空公司所提供的路线；现有的市场参与者之间竞争激烈；行业的供应商，飞机制造企业具备定价优势，拿走了航空公司较大部分的利润；出行的替代品中，高铁和汽车可以轻松地进行替代；源源不断的新进入者还想要进来跃跃欲试。在多重因素的侵扰下，多数的航空公司只能够维持极低的利润率。类似的例子还有纺织业、钢铁和造纸业等。

抓住利润率的核心指标，排除没有优势的行业和企业。进入行业内的资本方，付出自己的资本参与市场，对于资本的使用是需要有合适的回报率进行匹配的。如果整个社会的平均资本回报率是10%，如果一个行业中的资本回报率是低于10%的，那么资本就会考虑从低回报率的生意里面撤出来，然后转而投入到高资本回报率的生意上。

对于投资者来说，可以直接参考生意在过去5~10年所披露出来的经营业绩情况，优先考虑那些高利润率、高净资产收益率的生意，规避那些无法获取高利润率的生意，哪怕这样的生意是有品牌的，如果不能够为投资者获取高利润，那么与普通商品型的企业并没有多大的差异。

在投资过程中，首先要排除的是那些普通商品型的企业，消费者不重视品牌，只在乎价格上的比较，这样的企业往往只能够维持低利润率；在能够建立品牌和差异化的生意中，如果行业没有进入门槛的话，那么随着新进入者源源不断地加入，必然导致行业的利润率开始下降，所以当我们看到暂时领先的企业或品牌的时候，还需要再次思考，这样的行业可以建立壁垒阻挡竞争者的加入吗？企业做了哪些事情可以维持原有的高利润率？先定量，然后再定性的方法，可以把投资中的观察池限定在那些已经建立了高利润率和高投资回报率的生意上，然后再去尝试证伪，这样的高回报率是否还可以维持下去。

曾经参加一个品牌营销的线下课程，我坐在第一排，授课老师走到我的身边，突然向我提问，你可以告诉我几个矿泉水的品牌吗？全班同学都在注视着我，等待我的答案，我在脑海中回忆了一下，于是说，首先想到的是农夫山泉，其次有怡宝、娃哈哈，其他的品牌暂时很难想起来。于是，老师按照我的回答，对同学们解释说，因为我们人类的大脑是按照品类进行记忆的，对于一个品类中的产品，最多可以记忆3~5个品牌。

随着整个工业文明的大发展，人类从原来的商品稀缺到商品的供给过剩，对于同质化的产品来说，必须要建立品牌优势，抢占消费者心智中的定位。品牌是被消费者雇用来解决自己问题的，如果在消费者遇到了某个问题的时候，优先可以想到某个品牌来帮助自己，那么这样的品牌就可能具备强大的竞争优势。

想到我在日常生活中做选择的时候，如要买矿泉水了，几乎走到超市就直接是奔着农夫山泉去的，想想我在做这个决策的时候，都是经过了哪些思考，还是我只是遵循了习惯的力量呢？农夫山泉在消费者的心智定位中是优质矿泉水的代表，它的广告也拍摄得非常优美：农夫山泉不生产水，只是大自然的搬运工。尤其特别强调了不用城市自来水灌装。相对于其他品牌来说，价格上有一定的溢价，但是消费者为了喝到放心的好水，于是宁愿支付一定的溢价。一旦这个品牌抢占了消费者的心智定位，随着数次的重复购买，只要这个品牌的产品的品质没有发生太大的变化，消费者就养成了重复消费的习惯，于是成为品牌的忠实用户。

苹果手机是智能手机中定位高端消费人群的产品，在乔布斯的影响下，苹果手机非常重视用户体验，系统的流畅度非常的好。相对于其他手机来说，苹果手机的销售价格更高，但是消费者愿意为了优质的产品，支付溢价，苹果手机的销售毛利率在40%上下，销售净利率在20%上下。

有朋友交流说，如果按照苹果这么高的销售价格，对比三星比较高端的机型，其实性能方面也还是不错的。但是，对于苹果操作系统的熟知度，对于这个品牌产品的信赖，尤其是在整个行业没有出现颠覆性技术升级的时候，绝大多数苹果的忠实消费者很难改变消费行为。苹果手机赚取了手机行业80%以上的利润，消费者心甘情愿为苹果的这个品牌支付溢价，这个就是强大的竞争优势的体现。

巴菲特早期收购的纺织品企业，为啥一直经营不善，最后关门歇业了？非常重要的原因就是它生产的是普通商品型的产品，非常难以建立产品的差异化，客户看中的并不是品牌所代表的商业价值，而是是否可以以更低的成本去采购。伴随国外低成本竞争对手的出现，不具备差异化优势的生意，经营惨淡是必然的结局。

巴菲特曾经举过例子，消费者愿意为知名的糖果品牌支付溢价，例如想到了要吃美味的糖果，浮现出来的品牌是巴菲特旗下的喜诗糖果。但是，砂糖就很难建立品牌优势，当你在星巴克的时候，点了一杯咖啡，会向服务员要求，为你特意添加某某品牌的砂糖吗？显然不会。因此类似糖果这样的公司，就可以通过品牌的持续性营销，构建竞争优势的壁垒。但是砂糖企业再怎么努力，也很难让消费者为了它的品牌支付溢价，所以砂糖类企业的品牌价值并不高。同样的道理，消费者愿意为苹果手机支付溢价，但是对于国内的一些苹果手机的供应链企业来说，不过是负责生产苹果手机中某一个局部的零配件，可替代性比较高。

观察我们日常生活中的产品或者服务，有哪些产品是可以构建品牌壁垒的呢？例如，高端白酒品牌，茅台就可以享受来自消费者的溢价。但是，一些低端白酒，消费者看中的是价格之间的优势比较，而不是某个品牌，那么就很难建立品牌的优势地位。我们在选择电影院的时候，对于品牌的关注度也不是很大，主要考虑的还是电影院的地理位置，因此电影院就难以让消费者因为自己的品牌优势而支付电影票方面的溢价。

价值投资应具备的思维方式

我们外出旅行的时候，对于具体是哪个航空公司的关注度也不是很高，主要是考虑票价和出行时间，很少说是为了乘坐某某品牌的航空公司的航班，而影响自己的购票行为，因此航空公司就难以在同样的航班上，让消费者心甘情愿地支付溢价。

因此，行业属性之间的差异化，导致某些行业可以建立品牌优势，某些行业天然就无法建立品牌优势。真正的品牌优势在于即使是生产无差异化的产品，但是消费者就是心甘情愿地为这个品牌支付溢价。我们在投资的过程中，尤其是面向于终端消费者的企业，要规避那些很难建立品牌优势的企业，同时要找到那些消费者愿意支付溢价的品牌。

喜诗糖果是巴菲特在执掌伯克希尔早期买入的一家优质企业，每当巴菲特谈到喜诗糖果的时候，都会眉飞色舞。巴菲特从早期的“捡烟蒂”过渡到中后期的集中买入并长期持有伟大的优质企业。一方面是费雪和芒格投资理念的影响，另一个方面正是因为成功投资喜诗糖果的案例，在长期持有的过程中让他尝到了甜头。通过喜诗糖果的投资，让巴菲特掌握了投资类似优质企业的方法，并且运用在后来的投资生涯中，比方说，当机会出现的时候，敢于重仓买入可口可乐。

喜诗糖果被巴菲特买入的当年利润是400万美元，除以2500万美元全资收购价以后，当年的即时回报（税前）就有16%。营业收入从1972年2900万美元增长到1991年的1.96亿美元，年复合增长率为10.58%，税前利润从1972年的420万美元增加至1991年的4242万美元，年复合增长率为12.94%，这样的增长速度虽然算不上特别的高，但是主要的价值体现在于：在长达20年的双位数的增长率背后，企业并不需要投入什么资金。

在巴菲特1991年致股东信中，喜诗糖果的股东权益是2500万美元，在收购的时候股东权益是700万美元，公司后来只留存了1800万美元的利润。与此同时，喜诗糖果在之后的20年里把余下的4.1亿美元利润，在扣除了所得税以后，全部上交给了蓝筹印花（伯克希尔子公司）与伯克希尔，再由母公司将资金配置到其他可产生利润的投资项目上。换句话说，在巴菲特收购以后，每新投入1美元，可以为公司创造22.78美元的利润，典型的小投入、大产出的生意。喜诗糖果成为巴菲特的现金奶牛，为他的投资事业输送来了源源不断的

“弹药”。

喜诗糖果是具备消费垄断特征属性的公司，在巴菲特收购的时候，该公司产品的品质和市场声誉都高于同类型的产品，但是产品价格与其他糖果的价格却没有多大的差异，巴菲特和芒格看到了喜诗糖果潜在的“定价权”和尚未使用的“提价权”。喜诗糖果因为是具备品牌，在消费者的心智当中是优质糖果的代表，所以可以具备更高的销售价格。消费者是“心甘情愿”为这样的品牌支付溢价的。同时，在巴菲特买入持有以后，公司的净利润的增长速度是超越营业收入增长率的，也就是说销售净利率在持续地提升。在净利润获取很大提高的同时，并不需要多少资本支出。

喜诗糖果还具有“礼品属性”，买糖果的人，未必是吃糖果的人，如果是送人的话，为了表达情谊，反而对价格不太敏感。在送人的时候，因为“更贵”所以“更好”，所以有一定程度的溢价。喜诗糖果是跟嘴巴相关的产品，属于易耗品，需要多频次地重复购买。有别于易耗品，如空调这种耐用品，消费周期长，购买频次低。

归纳一下喜诗糖果所具备的生意特点，它拥有消费垄断特征属性：品牌、定价权（伴随通货膨胀可以持续提价）、小投入（低资本支出）、高产出（高销售净利率、高净资产收益率、高经营性现金流净额）。在A股当中，消费品里面有类似特征属性，具备悠久历史文化的白酒企业，有相似的特征。

同时，一些知名的传统中药品牌，吃老祖宗留下的瑰宝，也是符合消费垄断特征的属性。对比一些西药企业，它们有一个明显的特征是只需要极低的研发费用投入，并不需要像西药企业那样把收入拿出来再投入到新药品的研发或仿制。同时，企业对品牌有独占属性，所以具备定价权，可以伴随通货膨胀持续地提价。

6.7.2 忠诚的客户

华为创始人任正非有一次在接受记者采访的时候，对方问任总有什么梦想，任总说，其实梦想并不大，就是想开一家有人排队的小店。任总带领华为披荆斩棘成为世界级的通信领域的巨头公司，但是他的心中依然有一个小小的理想，其实就是想在一个没有人认识他的地方，做做小生意，每天有人来排队，就有幸福的味道。

当我们在考察生意的时候，如果寻找到了那些客户赖着不走的生意，往往是具备比较强的竞争优势，当客户在考虑继续留下来，还是换一家公司产品时非常重要的衡量标准是转换成本。如果转换成本太高，客户往往会嫌麻烦，就干脆不换了，于是赖在已有的生意里面，那么这个生意就可以把客户给圈起来，然后稳稳地收取费用。

海康威视是国内安防领域的龙头企业，有系统化的视频监控的解决方案，随着国内平安城市规划的有序推进，全国各地涌现出来大规模对安防产品的需求，海康在与各地公安和交通部门签订了合约以后，开始在城市中前端部署摄像头、通信线路，以及后端的服务器和视频录制与分析的系统，然而一旦海康参与到了各个城市中的安防系统设计之后，对于地方的负责人来说，没有太大的动力去换一家安防设备的解决方案提供商。

因为，不同厂商的系列产品有公司内部的通信协议，如果要换厂商的话，必须要大规模的进行产品的升级替换，这样所付出的代价太大。因此，海康可以牢牢的与地方有关部门绑定在一起，随着技术的升级，然后源源不断地收取系统升级和后期维护的费用。最近几年，海康毛利率超过40%，净利率超过20%，净资产收益率常年维持在30%以上，取得了非常优秀的经营业绩。

福耀玻璃是汽车玻璃领域的龙头企业，数十年聚焦在汽车玻璃领域，在整车厂附近建立配套的玻璃生产工厂，因为长期所建立的合作伙伴的关系，在整车厂的新车设计环节中，福耀就可以参与到其中，进行一起规划。客户在考虑替换玻璃供应商的时候，唯一的因素可能就是供应成本。但是，为什么长期以来整车厂可以与福耀建立非常稳固的合作关系呢?

首先，新的玻璃供应商必须要重新学习客户的汽车产品设计，然而对福耀来说，并没有太多的学习成本；其次，因为福耀本身就是在这个领域中扎根了数十年，所以积累了行业中独特的低成本控制的秘诀，对于新进入者来说，在没有规模优势的情况下，很难建立低成本的优势。多年以来，在汽车配件领域中，福耀甘于做汽车领域的配角，但是依然获得了卓越的经营业绩，毛利率超过40%，净资产收益率在20%上下浮动。

金蝶旗下的随手记是一款非常方便的大众记账软件，既可以用于家庭收入和支出的记录和分析，也可以用于小规模生意的记账使用。随着使用时间的推移，用户积累了大量个性化的历史记录数据，这个时候即使再出现了比较新颖的同类产品，用户也不愿意迁移到新的软件上去。一方面考虑到目前这个软件已经可以满足自己的需求，另一个方面，转移到新的软件上，自己的历史数据很难同步过去，即使可以同步，也担心过程中会有数据的丢失，同时还要面对新的软件使用的学习成本。

在互联网上可以非常方便地进行股票账户的开户，但是如果客户要销户的话，很多券商设置了重重的门槛，其中一个最厉害的是，必须要到柜台才可以办理。这样对于很多在互联网上开户的朋友来说，远在万里的券商营业部，特意跑过去销户，成本实在太高了。但是，国内又限制了每人最多只可以在3个不同的券商开户，于是导致了很多人，被迫只能在已有的券商中进行选择使用。券商也知道客户很难转移，于是可以稳稳地收取佣金费用。所以，很多投资者宁愿赖在某一家券商中不走。不过，有媒体披露，国内的券商未来可以比较方便地实现在线销户了，这个对于行业中的服务质量实在跟不上的小券商来说，可能会是一个较大的利空性政策。

客户赖着不走，往往是因为有较高的转化成本，相对于转换到新产品中所获得的收益，无法覆盖支出的成本，因此选择不折腾；一旦客户被锁定在生意中，商家就可以想方设法地赚取丰厚的利润。

习惯的力量。如果消费者曾经购买过某一家公司的产品或服务，并且体验上觉得也不错，那么在日后多次购买以后，就会对这个公司渐渐地建立了信任感，然后在消费习惯性的驱使下，当下次还有这方面需求的时候，优先会考虑曾经用过的品牌。比方说，消费者在选择口香糖的时候，如果他曾经都是吃的绿箭牌口香糖，这个时候如果他到了一个偏远的山区，在一个小店里面他想再次购买口香糖，即使有类似的产品价格比绿箭要便宜，但是考虑到品质和试错的成本，他还是会优先选择自己一直习惯的绿箭牌口香糖，而不是把一个杂牌子的东西塞到自己的口中。

先入为主。这几年共享单车市场爆发式增长，摩拜单车最先切入这个市场中，并展现出来不错的成长性，在商业模式被验证以后，各大资本扎堆式地进入了这个市场中，五颜六色的共享单车在大街小巷上穿梭着。然而，笔者最开始接触共享单车就是摩拜，所以也一直在重复使用这家公司的单车，并且订购了使用套餐，所以随着使用次数不断地增加，对这家公司的多款单车中哪些是比较好骑行的，哪些是比较难骑行的，都非常熟悉了，同时利用蓝牙技术快速开车也是非常地熟练。

所以，即使在市场上有同类产品出现以后，还会优先选择摩拜单车。然而，身边的朋友们，似乎也是有同样的情形，如果最开始选择的并不是摩拜单车，而是哈罗单车的话，那么随着骑行习惯的养成，也成了哈罗单车的忠实客户。这个与可口可乐和百事可乐的对比类似，对于经常喝咖啡、白开水的人来说，可口可乐与百事可乐都是可乐，在味道上差别并不大，但是这两家企业都有自己忠实的客户消费群体，习惯了喝可口可乐的人，很少会考虑换另外一个品牌，除非购买的时候真的发现没有这个品牌的产品。对于提供类似产品或服务的企业来说，消费者往往有先入为主的倾向，在产品没有发生严重性改变的情况下，习惯一旦养成就会成为该企业的忠实客户。

转换成本。如果需要大量的时间、金钱和精力才可以完成对现有产品的替代，那么消费者在考虑了转换成本以后，往往会放弃潜在的替代品。如果我们在某一个城市定居了，那么一旦办理了手机号码以后，我们很少会考虑再换一个新的号码，因为我们的手机号码已经告知了家人、朋友和客户，他们都保存了这个号码，并且在需要的时候，可以立即联系到我们，如果我们中途换了一个新号码，可能会导致重要的人士联系不到我们。手机号码绑定了太多重要的服务，银行网银、各种APP的验证等，换一个手机号码将要面对一堆烦琐的修改事宜，所以手机号码有较高的转换成本，即使其他通信服务商提供了更低价格的手机套餐，消费者也很少会因为价格的因素而随意改变自己的手机号码。

小微企业一般没有全职的财务人员，很多都是把财务代账的工作外包给第三方的代账公司，来解决每个月报税的问题。而且，一旦选定了某一个会计服务机构以后，随着对客户业务熟知度的提升，双方之间有融洽的合作关系，财务代账人员对企业越了解，那么在沟通上的成本就越低。很少有小微企业会考虑在中途换一家新的代账公司，不仅仅涉及工商和税务变更手续的烦琐，同时新的代账公司还需要重新地熟悉本企业的业务，无形中提高了客户的转换成本。所以，一旦小微企业与某一家代账公司签订了合作协议，往往就是长期的合作关系。

企业内部所使用的ERP软件，规范了业务流程，新入职的人员都需要在有经验的老员工的指导下学习公司内部软件的使用方法。即使有新的竞争产品出现，以更低的服务价格来抢占市场，企业对于更换内部常用的流程软件也是非常谨慎。不仅仅牵扯到新产品上线布局的费用，还要涉及公司内部组织人员重新培训学习软件的成本，在过渡期间所发生的业务能否平稳地完成交接等，都是会引入进来一些潜在的风险因素，所以为了规避未知的风险，在现有产品能够保证公司正常业务开展的情况下，管理层就没有太大的动力为企业内部流程管理软件选择替代品。同时，现有的服务商也会持续地优化和迭代目前的产品，加入新的产品功能，在不影响公司已有业务的情况下，逐步地升级，这样潜在的新进入者就更难以撼动在位者的优势地位。

搜寻的成本。对于标准化的产品，用户可以通过标准的参数来进行搜索并选择可替代的购买渠道，比方说消费者在线下门店浏览喜欢的手机产品，当找到中意的款式和价格的手机以后，可以立即打开京东客户端，按照品牌和型号进行搜索，找到同款产品，如果在价格上网上购买更为便宜，又是一模一样的东西，消费者没有道理不选择线上购买，那么对于线下经销渠道来说，就无形中面临着线上销售的压制。

对于非标准化的产品或服务，用户在搜索替代品的时候成本就比较高。对于汽车保险，价格和覆盖的保险范围，每家保险公司之间的差别并不是很大，车主在选择保险公司的时候，一方面看中保险公司的品牌，另外一个重要的考虑因素就是保单的价格。然而，人寿保险是更加私人化和定制化的，覆盖什么保险范围，对什么特殊情况会进行豁免等，每个人的情况有其特殊性，所以保单会有更加的私密特征，消费者一旦认定了某一家寿险公司以后，签订了几十年的缴款协议，中途再选一家新的寿险公司，因为产品之间的差异性，导致消费者不容易进行简单的比较，所以往往会留在现有的公司，表现出来的就是客户忠诚度。

来源于用户需求端的竞争优势，如习惯、转换成本和搜寻的成本，相对于公司内部供给端的成本、流程的竞争优势，从长期看会更加的稳固和可靠。然而，商业的发展是动态的，忠诚的客户可能会随着年龄的变化而失去对目前产品的消费力，然而新生代的人，对于任何企业来说都是新的客户，他们还没有形成消费习惯和转换成本方面的问题。有些品牌会随着消费群体的老龄化，而步入老年的特征，比方说海澜之家定位的是男人的衣柜，而随着它固定消费群体的年龄增长，消费海澜之家的是一些中年男性，公司为了避免品牌的老化，而请了新一代的明星来代言，期望能够扭转品牌老化的问题，然而这样的商业行为，一方面会淡化固有消费群体对品牌的认知，另一方面相当于要参与到年轻男性已有消费品牌的抢占中。

消费者对某家公司的产品或服务，在经过了多次的重复消费以后，逐渐建立了信任感，随着时间的推移，养成了消费习惯，在需要解决这方面问题的时候，遵循习惯的力量，会优先考虑自己所熟知的品牌；有些产品或服务，因为深入到消费者的生活、企业的内部流程中，给消费者和企业建立了很高的转换成本的门槛，为了避免潜在的时间、精力和金钱的投入风险，所以消费者和企业选择旧有服务商而不愿意改变；对于标准化的东西，客户搜索的成本很低，所以会轻松地流失掉。对于非标准化的产品或服务，尤其是复杂的系统，有私人化定制的属性在里面，客户难以进行简单的比较，所以往往会选择固有的服务。

6.7.3 网络效应

我是在2000年初刚开始接触互联网的，当时跟同学们扎堆到网吧里面去上网冲浪，男生们都喜欢打游戏，但是打开电脑的第一件事，却是要登录自己的QQ号，当时如果班上谁没有QQ号，将会是一件让人鄙视的事情。十多年里面，我们通过QQ号连接着家人和朋友，等我上大学的时候，也是时常与家里人通过QQ进行视频通话，我们通过互联网连接着彼此。

之后，随着智能手机的大规模普及，移动互联网时代来临，微信产品的出现，我们在互联网上的连接关系被逐步迁徙到微信产品中。因为，微信产品设计得简单，家里面即使是文化水平很低的上了年纪的亲戚，也可以学会通过微信给远在他乡的子女，拍照、发视频和语音或视频聊天。微信产品已经超越了年龄的限制，数亿人在同时使用它，通过互联网连接着彼此，互通信息的有无。在很多朋友的智能手机耗电应用排行中，几乎总是看到微信被排在首位。

无论是QQ还是微信都是腾讯旗下推出的社交软件，在移动互联网来临的时候，用户的上网行为从电脑端往手机端变迁，当时在国内率先推出来移动社交软件的是小米旗下的米聊产品，雷军当时推测腾讯估计在6个月内可以赶超，令人震惊的是微信只不过在2个月的时间内就完成了超越，最后手机通讯录和QQ好友关系陆续在微信上完成了连接的建立。

事后看一些媒体的报道，作为腾讯的创始人马化腾先生，在凌晨的时候还在亲自参与到微信产品的内测中，面对外部社交软件的颠覆式袭击，腾讯内部也是危机感重重。通过几年的发展，微信产品再次奠定了在国内社交软件的王者地位。一旦互联网用户的社交关系形成了网络效应以后，更多的人在使用微信，就会有更多还没有使用微信的人被邀请到这个网络中来，最后一直到逼近整个互联网用户总数的上限。然而，那些新出来的社交软件，有很少的人用，用户在软件上就不容易找到朋友，于是渐渐地被淘汰掉。

微信在完成了人与人之间的连接以后，又扩展了人与公众号的连接、人与商家服务的连接，以及小程序可以方便地在微信中完成与应用的连接。在公众号体系里面，擅于创作文章的人，可以为微信生态体系贡献自己的知识，然后吸引到用户的关注，获取到流量；商家可以通过微信产品来宣传自己的产品；技术开发团队可以直接在微信上开发应用程序，方便用户直接在微信中打开相关的应用软件中所具有的特定功能。微信的生态体系变得越来越强大，就有更多的人离不开这个网络，然而对于竞争对手来说，几乎是没有办法撼动微信在移动互联网中的社交垄断地位。在形成了如此强大的网络效应之后，微信可以在产品中插入广告，实现海量的流量变现。

我们再看招行信用卡的服务，通过与线下更多的商家建立合作关系，为整个招行信用卡的商家网络中引入更多的服务节点，那么当持卡人出去消费的时候，就可以有更多的地方享受到优惠服务，持卡人的用卡体验会更好，然后推荐身边的朋友也开通招行信用卡，有更多的人来使用招行信用卡，于是招行可以盈利更多，再拿盈利的部分出来继续投入到扩大整个商家网络的接入，招行拥有了一个信用卡的服务网络，在招行的平台上完成持卡人与商家服务的连接，同时网络中的节点越多，服务的体验越好。

顺丰是国内领先的快递物流综合服务商，一家具备网络规模优势的智能物流运营商。通过在国内数百个城市中建立服务网点，可以完成包裹的收揽和递送。随着开通的服务城市越多，在顺丰速运网络中就建立了更多连接的节点，于是包裹可以选择在更多的城市间输送，整个顺丰速运的服务体验会变得更好。然而，竞争对手如果想要实现对顺丰的超越，必须也要大规模地投入资本进行网络节点的建设，巨大的资本支出，对于新进入者来说也是一道很大的壁垒。

能够形成网络效应的生意，随着加入的节点越多，网络变得更加的好用，网络的价值越大，同时与竞争对手来说，复制类似网络的难度越大；当用户被网络效应给圈住以后，很难迁移到其他产品中去的时候，商家就可以想办法从用户身上赚取丰厚的利润。

6.7.4 成本优势

如果是生产同样的商品，一家公司比另外一家公司有更低的成本，即使在销售价格一样的情况下，前者的利润率可以大于后者，如果前者将产品价格降低，抢占更多的市场份额，可能会导致后者陷入盈亏平衡的悲惨境地，所以企业能够在行业中建立相对低成本的竞争优势，也是企业护城河之一。

在流程上形成的低成本。福耀玻璃数十年聚焦在汽车玻璃的领域，在业内与知名的汽车厂商之间建立了大量的长期合作伙伴关系，因为对这个领域的熟知度，数十年如一日地持续耕耘，不断地优化研发、生产和销售的流程，所以在竞争对手陷入盈亏平衡线的时候，福耀依然可以赚取丰厚的利润回报。有投资机构向福耀创始人曹德旺先生询问，福耀是如何构建低成本优势的，曹先生并没有正面回答，而是说控制成本是福耀的秘密。

我们从旁观者的角度分析，重要的原因是福耀的战略定位是聚焦在汽车玻璃的领域中，而其他的竞争对手不仅仅是涉及汽车玻璃业务，还牵扯到多元化非常复杂的综合业务，所以福耀的聚焦战略，让它形成了对汽车玻璃领域的专业化优势，不断地优化内部的流程，来实现秘密地控制成本的效果。对于竞争对手来说，想要去超越一个把相同的业务重复地做并做到极致的高手，谈何容易。

在规模优势的基础上形成低成本的优势。格力电器是国内空调的龙头企业，在大规模流水线生产的基础上，可以对固定成本进行摊销，生产的规模越大，那么单位产品上可以摊销的固定成本就越多，那么从单位产品的角度看，相对于规模不大的企业来说，就具备了低成本优势。

所以，在同样的销售价格上，格力电器的利润率更高。这样，格力电器就可以在行业内率先发动降价销售的活动，把行业内的一些不具规模的企业给清理出去。对于新进入者来说，如果预期没有很大的销售量，那么必然是单位生产成本较高，那么面对行业内竞争优势非常突出的格力电器，就不敢贸然进入空调这个市场。竞争对手越来越少，即使维持着相同的销售价格，格力的销售规模越来越大，成本越来越低，于是我们从报表上看到的结果是格力电器的利润率越来越高。

通过地理位置所建立的独特优势。例如生产水泥和钢材的公司，有区域销售半径的限制，如果超过了一定的运输半径，在单位产品上就需要附加更多的运输费用。于是，在水泥、钢材厂的附近逐渐形成了一个垄断销售的区域，对于外来者有成本上的限制，那么对于垄断区域内的企业，具备了低成本优势，因此可以掌握一定的定价权。

通过占用独特的自然资源来获得低成本优势。例如水电站，一旦建设完毕以后，发电的来源是水的流动，那么相对于火电站来说，后者还是通过燃烧煤来发电，然而采购煤需要一定的成本，可能还要受到煤价格波动影响。因此，相对来说水电站可以享受到独特的低成本优势。还有一些占用了盐矿、锂矿等自然资源的公司，有特许的开采权，可以相对低成本地获取原料进行销售。

因此，企业可以专注于某一个细分领域，成为业内的龙头企业，积累大量的流程优化的经验，从而获取低成本优势；对于有规模优势的企业来说，可以在单位产品上分摊尽可能少的固定费用支出，那么单位产品就具备了低成本优势，对于没有上一定规模的企业来说，与规模化企业进行竞争的时候，就失去了低成本优势；独特的地理位置和占用自然资源，也可以为企业建立低成本优势。

第7章

估值分析

研读投资的学生只需要学好两门课程即可：（1）如何去评估一项生意的价值；（2）如何看待市场价格的波动。

——沃伦·巴菲特

7.1 如何确定企业的内在价值

决定企业内在价值唯一的衡量方法就是这家企业未来能够产生的自由现金流的折现值。那么，我们在做估值的时候需要注意哪些地方呢？

（1）我们要了解这个生意，只有在充分了解的基础上我们才能进行有效的估值。

（2）内在价值的评估结果是一个模糊的值，我们宁要一个模糊的正确，也不要一个精确的错误。

（3）只有产品简单、业务变化不大，并且有护城河保护的企业，我们才能进行估值，否则生意变化特别激烈，我们看不清未来10年之后企业会是什么样子，那么就没有办法进行估值。

（4）在做现金流折现的时候，需要确定企业目前现金流的值、成长性和折现率。

（5）通常来说，折现率可以参考国内长期国债收益率，但是如果评估的时候，国债收益率比较低，那么可以加上几个点，取国债的相对平均收益率作为参考。

（6）常见的估值指标：市盈率、市净率、市销率、市现率和股息率，如果在评估现金流折现的时候，不能够提供有效的信息，那么它们与公司的内在价值并没有太大的关系。

（7）一家公司20倍市盈率，与另外一家公司15倍市盈率，并不能简单地说前者就是比后者高估，也许前者有强护城河优势保护，并且有低的资本投入依赖度，还有持续地提价空间和成长性，那么20倍市盈率可能根本都不贵，甚至低估了。然而后者，只有弱的护城河保护，现金流也非常不稳定，那么目前的市场价值相对于内在价值可能还高估了。

我们以贵州茅台为例，谈谈具体在估值的时候是如何进行思考的。首先，收集贵州茅台过往的历史经营业绩数据，从2008年营业收入82.42亿，归母净利润37.99亿，增长到2017年营业收入610.63亿，归母净利润270.79亿，过去10年营业收入复合增速24.92%，归母净利润复合增速24.38%，过去五年营业收入复合增速18.21%，归母净利润复合增速15.26%。其次，在2007年的时候，飞天茅台酒的出厂价是358元/瓶，过去10年茅台酒稳步地提高出厂价，截止到2018年年初，茅台出厂价为969元/瓶，年复合增长率超过10%。2018年中秋、国庆节前夕，记者走访北京、上海等地市场发现，茅台酒在终端涨价行情再现，53度飞天茅台价格已经飙升至近2400元，远远地超过了厂商指导价1499元，仍然是“一瓶难求”。

由以上信息可知，贵州茅台符合：产品简单、业务变化不大，已经有数十年的经营历史，公司有定价权，并且过往成长性非常好，展望未来10年，茅台大概率还会继续存在，并且价格比今天可以卖得更贵。乐观假设，未来十年净利润依然可以保持15%的增速，那么到2027年净利润将达到1092亿；中性假设未来10年的复合增速为12%，10年后的净利润将达到838亿；保守假设未来10年的复合增速只有10%，10年后的净利润将达到700亿。

目前中国30年期国债收益率是4.22%，保守起见我们取折现率为8%；同时，假设10年后茅台进入了稳定增长阶段，中国进入发达经济体，永续增长率与通货膨胀的长期增长率2%保持一致。

按照第1种乐观方案，折算的内在价值为12477亿；按照第2种中性方案，内在价值为9919亿；按照第3种保守方案，内在价值为8505亿。

因此，我们选择容易理解的、产品简单、业务变化不大，并且有护城河保护的生意，这样生意的现金流比较稳定，我们才容易进行估值，否则对于那些变化特别快，未来现金流很难以保证的生意，我们就无法进行估值了。

A股超过3500多家公司，其中真正能够拿来估值的公司，真的很少，大部分公司要么生意难以理解，要么是缺乏护城河保护，只能被排除掉；进行估值的时候，首先确定目前的现金流、成长性和折现率，然后参考过去数年的增长率情况，对未来进行3个档次的预计，分别是乐观、中性和保守情况，给出我们评价结果的估值区间。

同时，反过来利用目前的市场报价，逆向推理市场给这样的估值，在价格中蕴含了怎样的成长性预期，与实际情况对比来看，是否过于乐观或者悲观，能够给我们在估值分析的时候提供另外一个参考角度。

7.2 常用的估值指标

7.2.1 总市值

总市值的计算方法是每股股价乘以公司的总股本，如果公司既在A股上市，也在港股上市，通常的做法是直接拿这家公司在A股的每股股价乘以公司的总股本，得出从A股的视角衡量这家公司的总市值有多少。

总市值这个指标的用处在于，当我们认为一家公司具备投资价值的时候，以当前报价的总市值，如果我们的财力足够雄厚，我们是否愿意把这家公司直接进行私有化？这是一个非常重要的视角，如果从此以后，这家公司就要烂在自己手上了，不再会有股票市场里面下一个接手的人，发自内心地思考，我们真的愿意把它私有化退市吗？在我们充分了解的基础上，看一家公司是不是“胖子”，我们可以做到一眼定“胖瘦”，只有明显看出来市值严重被低估的，我们才会考虑买入。

以总市值的角度进行估值，通常是有点儿类似创业投资，我们首先要考虑这家公司在行业内是否具备足够的竞争优势，至少在未来数十年能够持续保持稳健地成长，同时还要看目前公司所处的市场容量是否还有很大的弹性空间，公司的利润弹性依然有巨大增幅的可能性。

在一个广阔的市场空间容量里面，已经建立了某种独特竞争优势的龙头企业，市场占有率目前还只有个位数，弹性空间至少还有数十倍的增幅，往往是一个比较好的买入机会。如A股中伟星新材在塑料管材领域的龙头优势和良好的成长前景，通策医疗在口腔医疗连锁领域的优势和成长空间。以及与国外成熟市场的情况进行对比，看看国外类似公司，在进入成熟发展期的时候，已经具备了多大的市值，那么国内对标的企业，相对来看与国外的公司，从市值的匹配度看，还有多大的弹性空间。例如，目前国内的医药公司的市值，与发达国家对比来看，还不到人家的十分之一，依然有弹性成长空间。

用总市值的角度看问题，就摒弃了其他静态估值指标的缺点，因为从静态估值上看，如常用的市盈率，数值可能会特别大，导致下不了手，但是如果从定性角度看公司已经具备了很强的竞争优势，目前市场占有率还很低，在国内市场还有很大的增长弹性，同时与国外的对标企业进行比较来看，市值的匹配度上，还有较大的发展空间，这样就敢于买入持有，耐心陪伴公司一起成长。

7.2.2 市盈率（P/E）

市盈率是反映公司盈利乘数的指标，也是投资者最常用的估值指标之一。通常的计算方法是拿公司的总市值除以净利润，然而净利润的取值方法有多种多样，静态市盈率是拿总市值除以上一个年度的净利润，滚动市盈率是拿总市值除以最近四个季度的净利润。上市公司所披露的净利润当中，有可能会包含一些非经常性的损益。例如，在报告期内公司卖掉了一个子公司，导致当期的净利润出现了扭曲，所以在考察市盈率的时候，还需要注意排除非经常性损益的影响。

市盈率的倒数即拿净利润除以总市值，这个思考角度是如果我们将这家公司进行私有化，以目前的总市值和净利润回报水平来看，我们的收益率是多少？例如，10倍市盈率的企业，盈利收益率是10%，20倍市盈率的企业，盈利收益率是5%，然后可以拿盈利收益率与无风险利率进行比较，用于判断当前的市盈率是否具备投资吸引力。

但是，市盈率的高和低，并不是像表面所传达出来的信息那样，可以简单粗暴地用于判断公司估值高低。我们可以拿当前市盈率与同行业其他公司、国外对标的公司，以及这家公司的历史市盈率进行对比。有时候，当我们看到一家公司的市盈率进入过去10年的低谷，如果从公司的基本面角度看，如盈利能力、现金流和管理层等方面进行衡量，并没有发生太大的变化，那么进入历史极低估值区域，可能会是投资机会的信号。但是，如果公司的基本面发生了很大的变化，从过去的高速增长，进入低速增长区域，那么当前进入较低市盈率的区间，可能是合理的。

7.2.3 市净率（P/B）

市净率的计算方法是拿总市值除以最新报告期所披露的账面净资产。市净率比较高，表示市场的报价相对于公司账面所披露的净资产的溢价更高，反之亦然。对于公司的资产中主要是有形资产类的，如固定资产、厂房和设备，尤其是在制造业，公司账上所记录的资产，还可以找到对应的具体实物。但是，对于很多公司来说，主要是依赖于无形资产在竞争，如品牌、人才、服务，然而这些对于公司来说最有价值的“资产”，并没有在财务报表上进行体现。因此，仅仅只是通过市净率的角度，并不能够有效地判断公司估值的高低。

有不少上市公司进行了外部的并购，在并购的环节，相对于被收购公司的净资产，所支付的溢价，需要在上市公司的报表上记录会计商誉，然而会计商誉是一个根本看不见、摸不着的东西，表面上看是资产，但是又并不是真实的“资产”。所以，如果一家公司的市净率看来特别的有吸引力，但是如果资产中有大量的会计商誉，那么一定要特别谨慎，投资者在计算市净率的时候，如果可以扣除掉会计商誉科目是更好的事情。

市净率有诸多的不便之处，然而用于金融业的估值分析，却是一个很好的参考指标。金融业的资产负债表上主要是流动性比较强的科目，以相对比较准确的公允价值进行记录，所以市净率指标用于考察金融业，可以看出来目前市场的报价相对于公司的净资产是溢价还是折价。但是，对于一家金融业的市净率比较低的时候，往往可能是埋伏了潜在的坏账风险，所以也要特别谨慎地去分析。

7.2.4 市现率（P/CF）

市现率的计算方法是拿总市值除以经营活动产生的现金流量净额，与市盈率指标类似，也区分为静态市现率（除以上一个会计年度的现金流量）和滚动市现率（除以最近四个季度的现金流量）。与市盈率指标对比来看，市盈率是考察公司的市值与净利润的对比，而市现率是考察市值与现金流量的对比。一家公司的内在价值，就是在剩余的经营周期里面，流入和流出该公司现金流量的折现值。因此，市现率是一个很好的估值参考指标。

对于财务报表来看，净利润存在各种异常的可能性，会导致实际披露的结果存在失真的情况，因此市盈率的角度往往不够客观有效。例如，公司处理了子公司，或者在会计期间内计提了商誉减值，或者存在做假账的可能性，计提了很多的应收账款和存货。然而，现金流量净额是反映报告期内公司实际上流入和流出公司的现金流之间的差额，对于现金流量净额为正的公司，才是实实在在地在经营活动中，为公司创造了净现金的流入。

有些公司遇到了经营上的暂时困难，计提了损失，导致净利润下降，市盈率的结果变大了，表面上看公司的估值似乎变得更贵了，但是换到市现率的角度看，原来公司还是有实实在在的高额现金流量的净额流入，生意的造血能力依然非常好，表面上看披露的净利润下降，但是实际上的现金流又很好，所以特征是高市盈率，低市现率，如果这个时候市场因为披露的净利润下滑，而导致了非理性的恐慌，往往给聪明投资者很好的买入机会。反之，如果公司披露有净利润的高速增长，但是细看现金流量的情况很糟糕，市场乐观的时候，反而聪明的投资者要谨慎。

7.2.5 市销率（P/S）

市销率的计算方法是拿总市值除以营业收入，与市盈率类似，也区分为静态市销率（除以上一个会计年度的营业收入）和滚动市销率（除以最近四个季度的营业收入）。

从定义来看，用于考察公司的市值与销售收入之间的比值关系，对于销售净利率比较高的生意，表明单位营业收入可以转换出来更多的净利润，也就是盈利的质量更高，因此可以匹配更高的市销率，反之如果销售净利率比较低，匹配的是低市销率。

因此，市销率指标要与公司的销售净利率一起配合着分析。例如，医药、软件类的公司通常销售净利率比较高，但是零售类的公司销售净利率往往比较低。因此，不能够拿不同行业公司的市销率放到一起对比，没有多大参考价值。

该指标尤其适用于市盈率失真的时候，可以用于辅助判断。一家公司可能遇到了暂时性的亏损，但是如果还有销售收入的话，市销率指标还是有的。

同时，如果同行业的两家公司的市销率一致，但是基本面上看，有一家公司的销售净利率将得到很好的改善，那么市场给的市销率将从低到高，因此可能会是比较好的投资机会。或者，某一家公司过去的销售净利率都很出色，只是遇到了暂时的经营困境，导致销售净利率下降，市场的市销率也下降了，然而公司的基本面出现了积极的好转，即将重新回到正常的经营水平，那么暂时的高市盈率，低市销率，反而是好的投资机会的显现。

7.2.6 股息率

股息率的计算方法是拿一家公司的派息总额除以总市值，这里区分为两种，其一是上一个会计年度披露的所有派息总额，其二是最近12个月的派息总额。从定义来看，股息率表达的是如果我们以当前的市值把这家公司私有化了，那么保持目前的分红水平，我们收到的股息收益率是多少。

通常来说，对于一些蓝筹股，经营发展比较稳健，也不要需要多少留存利润进行再投资，于是可以把经营所得大部分利润分给股东。有些投资者会拿股息率与银行理财收益率进行比较，优先选择股息率比较高的生意。

通过股息率角度衡量公司估值，也是一个比较好的角度。但是，在具体的操作环节，尤其要注意考察这个生意是否已经有良好的派息记录。例如，已经有数十年分红的习惯。其次，暂时股息率很高，到底是公司的派息总额与过往是一致的，还是有非经常性的分红，导致目前的股息率其实是失真的。

因此，常用的估值指标有总市值、市盈率、市净率、市现率、市销率、股息率，作为静态的估值指标来看，它们有各自的优缺点，所以要在合适的场合，进行合理的使用，并不能因为某个单一指标的高低，就草率地认为该公司被低估了；在使用这些估值指标与历史数据进行对比的时候，如果发现对比来看进入了历史区间的低位，表面看似乎是很好的投资机会，但是一定要考察公司的基本面情况，看看是否与过去发生了较大的变化；投资者最常用的市盈率，往往看到高市盈率有恐高症，但是如果配合总市值、市现率和市销率的角度进行分析，往往会看到另一个不一样的结果。

把若干个静态估值指标组合起来进行综合的分析，从多个不同的角度来衡量市场估值的差异，比单一地看某一个指标，能够更好地指引我们进行估值分析。

7.3 未来现金流折现

巴菲特在多个场合中提到，决定公司内在价值评估的唯一合理的方法就是未来能够产生的现金流量的折现值。但是，有一次伯克希尔开股东大会，芒格说："我从来没有见过巴菲特在那里进行复杂的估值计算"，巴菲特幽默地回答说："这么私密的事情，我怎么可能会在公开场合去做呢。"当然了，这是巴菲特的玩笑话，芒格是巴菲特最亲密的合伙人，长时间与巴菲特在一起工作，可以近距离地观察着巴菲特的种种投资决策，所以我们有理由相信，巴菲特在对企业进行估值的时候，根本不可能会进行复杂的未来现金流量的折现计算，对一家公司的估值，他往往是在充分了解基础上的一眼定胖瘦。

那么，巴菲特到底是如何进行估值的呢？我们看到坊间有介绍巴菲特的文章中，结合巴菲特致股东信里面披露的一些细节，作者推测巴菲特的可能性的估值方法，以下我们做一下介绍。

首先，玛丽·巴菲特和戴维·克拉克所著的《巴菲特法则》提到，巴菲特拿到一个投资机会的时候，他会思考这个生意10年以后的总市值会是多少，那么当前以什么样的价格买入，可以获取到理想的投资回报率，以及达到这样的市值水平，需要多长时间。

我们举例来看，如果一家公司目前市值200亿，预期在10年后的市值可以到800亿，那么就是10年4倍的市值弹性，按照72法则，就可以心算出来投资回报率是15%，换句话说在投资区间内是可以做到每5年翻一番的。那么，如何判断10年以后公司的市值可以达到800亿呢？这个就需要对生意充分了解的基础上才可以进行预判。

其次，在罗伯特·哈格斯特朗所著作的《巴菲特之道》一书中，提到了巴菲特当时在买入华盛顿邮报时的估值方法，在1973年，华盛顿邮报的总市值只有8000万美元，然而巴菲特说："大部分证券分析师、媒体经纪人、媒体执行层都将公司估值为4亿~5亿美元。"那么，巴菲特到底是如何估值的呢？

考察当年的股东盈余组成：净利润（1 330万美元）加上折旧和摊销（370万美元），减去资本支出（660万美元），得出1973年的股东盈余为1040万美元。当时的美国政府长期国债的利率（6.81%），用股东盈余除以长期国债的利率，华盛顿邮报的估值在1.52亿美元，几乎是市值的两倍。

巴菲特进一步补充说，整体而言，一个报纸类公司的资本性支出最终将等同于折旧和摊销。这样的话，公司所披露的净利润将大约与股东盈余持平。所以，我们可以简单地将净利润直接除以无风险利率，得出华盛顿邮报的估值结果是1.95亿美元。

但是，这样的估值方法仅仅是假设公司的股东盈余未来可以跟上通货膨胀的提价速度。然而，作为一个区域性的垄断媒体，华盛顿邮报具备定价权（注意：在1973年的时候，还没有互联网的影响，区域性报纸具备特许经营权的特征，然而随着互联网的影响，目前报纸业已经沦为普通商品型公司），因此可以逐步提高价格，并且提价的幅度可以超过通货膨胀的增幅。美国当时的长期通货膨胀在3%，如果报纸的提价幅度为6%，那么相对于通货膨胀就是多提价了3%，据此华盛顿邮报的估值方法是用净利润除以无风险利率与提价增幅的差值，即1 330万美元/（6.81%−3%）= 3.49亿美元。

然而，巴菲特知道当时公司的税前利润率是10%，低于公司历史上的平均值15%，但是他相信在凯瑟琳的领导下，公司的利润率会进行改善，如果再次恢复到历史平均水平，净利润将会有50%的增幅空间，那么再次计算它的内在价值就是（1330×1.5）/（6.81%−3%）= 5.23亿美元。

从以上详细的分析来看，如果再次简化估值的过程，巴菲特拿到华盛顿邮报的财务报表，考察了目前的净利润，由于他自己有报业方面的经营经验，所以知道报业的净利润几乎可以等价于股东盈余，然而，目前的利润率还有50%向上的改善空间，目前净利润1 330万元，心算出来就是合理的净利润约在2 000万美元，当时报纸有垄断特征，具备提价的能力，当时的无风险利率约7%，如果可以多提价3%的话，那么估值就是2 000万美元除以4%，然而4%，其实就是25倍市盈率，即5亿的估值。这样的估值过程，直接心算就可以解决了。

因此，决定公司内在价值的就是未来现金流量的折现值，然而在估值的过程中涉及若干个变量，需要确定一个生意目前的股东盈余，长期增长率和无风险利率；玛丽·巴菲特介绍的估值方法，具备实际操作的可能性，也符合巴菲特估值过程中的简便易算的原则，但是在具体实操需要建立在对公司基本面充分了解的基础上；罗伯特·哈格斯特朗所介绍的估值方法是永续年金价值的计算逻辑，配合巴菲特的华盛顿邮报的估值案例的推演，我们也可以简易计算出来华盛顿邮报的内在价值的估值区间。

7.4 折现率的选择

决定一个生意内在价值的唯一合理的评估方法就是未来现金流量的折现值，然而我们在对未来现金流量进行折现的时候，必须要选择一个合适的折现率。投资圈通常的做法是首先参考国内的长期国债的收益率，即无风险利率作为折现率的基准，然后再根据生意未来发展的确定性与否，在无风险利率的基础上再加上一定的风险溢价，对于确定性很大的生意，那么折现率就不需要太高，但是如果生意有很大的不确定性，则需要多加一些风险溢价。

通常评估生意的确定性还是不确定性的方法，要考察公司过往的经营历史，例如营业收入和净利润、现金流量是否保持了稳健增长，还是说有较大的波动性存在；以及要评估公司的护城河优势，公司到底是普通商品型，还是消费垄断型。最后，在综合了各方面的决策信息以后，投资者主观判断的结果下，给公司一个合适的折现率。

但是，当朋友们听说了巴菲特在给生意做估值的时候，他的折现率竟然就是美国长期国债的收益率，也即无风险利率，他并没有在折现率的基础上有风险溢价，大家表示非常奇怪，这到底又是为什么呢?

按照笔者的观点，巴菲特选择无风险利率作为折现率的原因有：他所选择的一些企业，具有高度的确定性，所以不需要在无风险利率的基础上有风险溢价，对于需要在折现的时候，添加风险溢价的企业，也就是现金流量不稳定，有很大不确定性的生意，巴菲特认为无法评估它们的内在价值，所以直接就排除了。因此，对于他能够看懂的，有良好的生意前景，重要的是有很大确定性的生意，才会进行估值，然而在估值的环节中，他用的折现率就是无风险利率。

其次，通过无风险利率对生意进行估值以后，巴菲特在做买入决策的时候，还会考虑安全边际。尤其是在早期投资的时候，巴菲特深受格雷厄姆思想的影响，非常重视买入的低价。但是，后来在接触了费雪和芒格思想的影响后，巴菲特转而看重企业的品质，并且强调可以在合理的估值买入生意，从早期吸引人的低价，到后期的价格合适就行。但是，买入的前提发生了很大的变化，早期的时候不看重生意的品质，但是在后期，着重强调是选择优秀的企业，尤其是具备消费垄断特征的企业。

所以，我们看巴菲特在进行投资的时候，更多的是有所不为。但是，一些投资机构或者研究机构，并不能够做到像巴菲特这样的有所不为，他们往往要给任何生意进行估值，所以才有了给生意加风险溢价的这种说法，对于现金流量波动特别大的生意，在估值的时候的确是有很大的难度，机构的做法是考虑风险溢价，至少可以得到一个估值的结果。但是，我们看巴菲特的智慧是，对于这种有很大不确定性的生意，为什么还要浪费时间给它做估值呢？不如直接就排除吧，把时间都聚焦在那些有高度确定性的生意上。或者，换句话说，如果一个生意不能用无风险利率来进行现金流量折现的话，表明这个生意有较大不确定性，那就排除吧。

所以，巴菲特选择无风险利率作为折现率，根本原因是他只挑选那些有高度确定性的生意进行投资，然而这些有高度确定性的生意，并不需要所谓的风险溢价；如果一个生意需要有风险溢价，巴菲特可能在筛选的环节中，就过滤了，他不愿意浪费时间在他看不懂、没有良好前景的生意上；在估值以后，还需要叠加考虑安全边际，但是在巴菲特后期，把企业是否优秀放在第一位，对于买入价格从原来的特别吸引人，转变成了价格合理就可以。然而，正是企业在质地上的差异，影响了折现率。

7.5 投资大师的估值方法

《聪明的投资者》中格雷厄姆给出了一个简便的成长股估价公式：价值 = 当期（正常）净利润×（8.5 + 两倍的预期年增长率），我们把这个公式进一步地简化，将等式两边同时除以当期净利润，即：

合理市盈率 = 8.5 + 两倍的预期年增长率

增长率这一数据应该是随后7~10年的预期增长率。根据这个公式，利用当前市场报价的市盈率，也很容易可以反向推理出来，当前市场价格所预期的增长率。如果一家公司未来的增长率为零，格雷厄姆认为它的合理市盈率在8.5倍。如果一家公司预期未来7~10年预期增长率为5%，那么合理的市盈率为8.5 + 2×5 = 18.5倍市盈率。反之，如果一家公司目前市场报价的市盈率为25倍，那么用25减去8.5再除以2，即市场预期未来增长率为8.25%。

《约翰·聂夫的成功投资》中给出了聂夫在选择股票时是如何进行市盈率与增长率之间匹配的。首先，"总回报率"描述的是一种成长预期：收益增长率加上股息率。然后，用总回报率除以市盈率得到的数值超过市场平均值两倍的股票为首选。很多年来，他一直在搜索市盈率数值是总回报率数值一半的股票。但是，随着时间的推移，聂夫认为股票的市盈率似乎和公司的增长率脱离了关系，所以在一只股票总回报率除以市盈率超过0.7就相当于符合了温莎基金的传统标准。

总报酬率 = （预期年增长率 + 股息率）/ 市盈率 > 0.7

举例来看，如果一家公司未来预期年增长率为15%，股息率2%，当前市盈率为20倍PE，计算得出总报酬率为0.85，超过0.7，符合温莎的传统选股标准。

《邓普顿教你逆向投资》中给出了邓普顿的选股方法，他寻找股票的标准是，用当前价格除以他估计的未来5年的每股收益，然后得出一个数字，股票交易价格不能超过这个数字的5倍。换句话说，他希望寻找到的是那些以现价买入，随着业绩的增长，五年以后当前价格对应的未来5年后的净利润只有5倍市盈率的股票。

（当前的总市值 / 未来5年后的净利润）< 5倍市盈率

例如，一个公司目前净利润100亿，市值2000亿，市盈率20倍，未来5年的预期年增长率为15%，按照72法则，即净利润5年翻一番到200亿，用当前市值2000亿除以5年后的预估净利润，结果为10倍市盈率，大于5倍市盈率，那么邓普顿可能就不会考虑。但是，如果当前的市值是小于1000亿的，市盈率在10倍以下，那么净利润5年翻一番以后的未来市盈率即小于5倍。换句话说，对于一只未来5年净利润预期年增长率为15%的股票，邓普顿希望在10倍市盈率以内买入。

你可能有疑问，如何确定一家公司未来5年，或者7~10年的预期年增长率呢？如果一家公司的竞争优势突出，未来增长的空间依然存在，那么我们就可以通过分析这家公司历史的增长率来辅助于我们决策未来的增长率。比方说，过去十年的复合增长率为10%，最近一年的增长率为15%，如果公司的基本面在没有明显改变的情况下，我们可以保守地选择10%作为未来的年复合增长率，但是如果最近一年公司的基本面发生了积极的转变，可以永久性地改善公司的盈利能力和成长性，那么乐观情况下可以选择15%作为年复合增长率。

以贵州茅台为例，2007年归母净利润28.31亿元，2017年净利润270.79亿元，折算出来过去10年净利润年复合增长率为25.33%，同样的方法可以计算出来过去五年净利润年复合增长率为15.26%，过去7年净利润年复合增长率为27.10%。2018年前三季度，净利润同比增长23.77%，截至2018年10月30日收盘市值为6582亿元，市盈率TTM 20.7倍，股息率2.10%。

无论是过去5年、7年还是10年，以及最近报告期的增长率来看，贵州茅台表现出来了非常良好的成长性，从定性来看，茅台定位在高端白酒，有品牌、定价权和护城河，可以随着通货膨胀不断地提高产品的价格，而不用担心销量会出现下滑，甚至可以超越通货膨胀的提价速度。过去五年复合增速是

15%，小于过去7年和10年的增速，若选择10%作为茅台未来净利润的预期年复合增长率，相对来说比较客观。

按照格雷厄姆的成长股估价公式，茅台的合理市盈率在8.5+2×10 = 28.5倍市盈率，即使未来10年的预期年增长率降低到6%，那么合理市盈率也可以在20.5倍市盈率。按照聂夫的估价公式，用预期年增长率10%加上股息率2.1%除以市盈率20.7，即0.585要小于0.7，暂不符合聂夫的选股标准；再反向推理出来，在年增长率为10%，股息率为2%时，如果期望的总报酬率大于0.7倍，那么在市盈率小于17.14倍时，即可进入聂夫的筛选标准。对于预期年增长率为10%，邓普顿需要在8.05倍以下市盈率才会考虑买入，也是三位投资大师中最为保守的。

通过学习三位投资大师的股票股价公式，可以帮助我们多角度地衡量一个投资机会，在不同的人眼里是怎么看待合理价格的；投资是面向未来，所以需要评估未来的年增长率，对于具备消费垄断特征属性，净利润稳健增长的公司，我们才可以利用历史的平均增长率作为未来增长率的参考，对于没有建立结构性竞争优势，净利润上蹿下跳的公司，我们没有办法进行有效的估值。

7.6 简易估值分析

具备消费垄断性的企业，业绩稳定增长的才容易进行分析。我们要把投资覆盖的范围尽量限制在那些简单、易懂，具备可识别的消费垄断特征型的企业。那么怎样识别一个企业是否具备消费垄断特征呢？比较简单的方法，可以看下消费者在选择购买这家企业的产品或者服务的时候，是否重视品牌，是否重视价格，是否可以讨价还价？如果消费者不重视品牌的话，就是普通商品型的企业，消费者在购买决策时最重要的参考因素就是产品的价格，而不是依附于这个产品的经济商誉。

因为有这样的属性存在，普通商品型的企业，对自己的产品就不具备定价权，因此在销售环节，只能够伴随着市场的供需平衡的变化而调整自己的价格，从经营结果上看，普通商品型的企业表现为低销售净利率、低净资产收益率，同时净利润起伏波动，我们难以对它的未来增长潜力进行预估，也就不容易估值，所以选择规避这些品质较差的公司。

有别于普通商品型企业，具备消费垄断特征的企业，往往表现为对自己的产品具备定价权，可以随着时间的推移，通货膨胀的发生而自由地提高产品的售价，不用担心销售量会下降，经营结果上看就是具备了高销售净利率、高净资产收益率、净利润表现为稳步增长的形态。

对于这样的企业，我们通过考察它过去5年、7年和10年的净利润复合增长率，就可以对未来的5年或10年增长后的情况进行一个预判，有了预估的未来净利润，再结合过去10年的历史市盈率的平均值、最大值和最小值，就可以预判企业的未来市场价格可能会在什么区间，再结合我们需要拥有的年收益率水平，据此分析出来一家具备消费垄断型企业的买入价格在什么水平是合适的。

7.6.1 腾讯控股

只有净利润呈现了稳定增长的态势，普通投资者才可以尝试进行企业利润的预估。例如，腾讯最近10年的净利润表现为稳定增长的态势，而獐子岛的净利润是上蹿下跳，有的时候甚至还出现了亏损，对于这样的企业，我们就要尽量规避，积极拥抱类似腾讯这样具备消费垄断特征、净利润稳定增长的企业。

腾讯在2007年净利润为15.66亿元，2017年净利润为715.10亿元，过去10年的年化增长率为46.54%，计算方法为打开科学计算器，用期末的715.10亿元除以期初的15.66亿元，得到增长倍数为45.66，然后按计算器上的开根号键，输入年数10，得到结果1.465 4再减去1乘以100%，即为区间内的净利润复合增速46.54%，用同样的方法，可以算出来腾讯过去7年的年复合增长率为36.60%，过去5年的年复合增长率为41.21%，假设未来10年腾讯净利润年复合增长率降低为20%（保守估计只有过去增速的一半），以2017年的净利润715.10亿元为基数，可以得到2027年的净利润在4 427亿元。

资料来源：Wind

图7-1　腾讯控股2008—2017年净利润（单位：亿元）

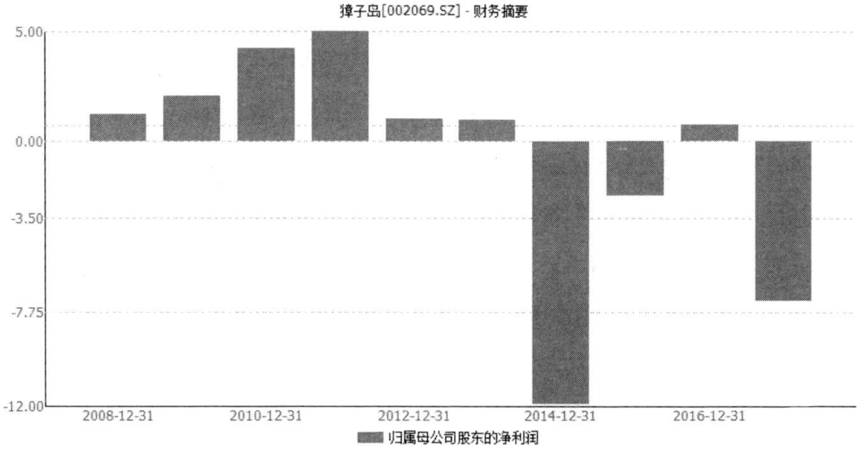

资料来源：Wind

图7-2　獐子岛2008—2017年净利润

资料来源：Wind

图7–3　腾讯控股过去10年历史市盈率TTM

根据过去10年的历史市盈率，对未来市场价值区间进行预判。从腾讯过去十年的历史市盈率TTM的观察来看，平均值在40PE，高于50PE是进入估值的高位区，在低于30PE是在估值的低位区。那么，我们用平均值40PE乘以预估的2027年净利润4427亿元，得到未来10年后腾讯的市值在177 080亿元，如果未来市场只给20PE的话，对应市值在88 540亿元。

用未来预估的市价与目前的市场报价进行比较，推算出来投资的预期回报率。目前腾讯控股总市值27 727亿港币，折算人民币为24 545亿元，如果未来10年腾讯的市值达到88540亿元（净利润4427亿，20PE），则年化收益率为13.68%，如果市值达到177 080亿元（40PE），则年化收益率为21.84%（计算方法为用期末值除以期初值，开根号10，然后减去1再乘以100%）。

如果期望的年化收益率为15%，反向推理出来什么价格买入比较合适？按照72法则，如果年化收益率为15%，则每5年可以翻一番，每10年可以翻4倍。所以，如果未来10年腾讯市值在88 540亿元，除以4的结果为22 135亿元，即为目标的买入市值。目前总股本为95.22亿股，折算每股价格232元（或262港币）。

因此，首先要通过定性把企业区分为普通商品型和消费垄断型两种，然后针对消费垄断型的企业，优选那些高利润率、高净资产收益率、业绩稳健增长的好企业；观察过去5年、7年和10年的复合年化增速，在保守谨慎的基础上，用来预判公司未来10年的净利润增长的水平；然后，结合公司过去10年的历史市盈率的最小值、平均值和最大值，预判未来的市值区间；根据我们期望的年化收益率，反向推理出来，目前以什么市值买入可以得到我们的结果，再保留一定的安全边际，结合目前的总股本数据，即可推算出来目标买入价格。

7.6.2 安踏体育

安踏体育于2007年在港股上市，由2007年至2017年，收益由人民币29.9亿元至人民币166.9亿元，年复合增长率为18.76%，股东应占净利润由人民币5.4亿元至人民币30.9亿元，年复合增长率19.05%，店铺数目（包括安踏体育旗下所有品牌）由4 716家至10 983家，员工数目由10 280人至18 800人，未来10年，公司的发展目标犹如它的广告宣传语：永不止步。

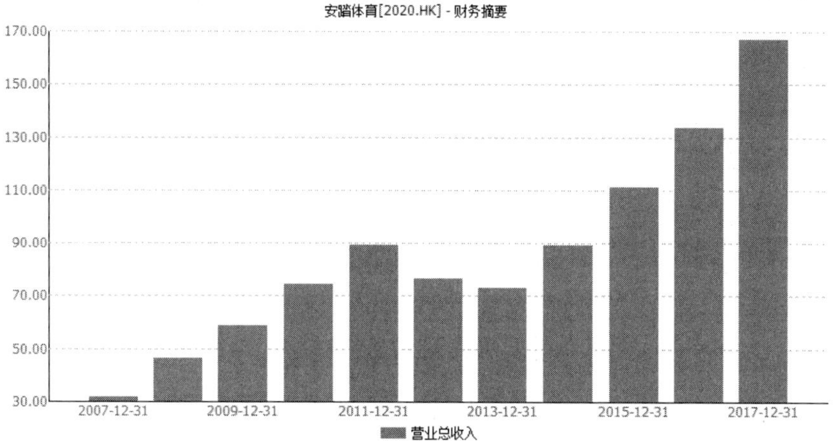

资料来源：Wind

图7-4　安踏体育近10年营业收入（单位：亿元）

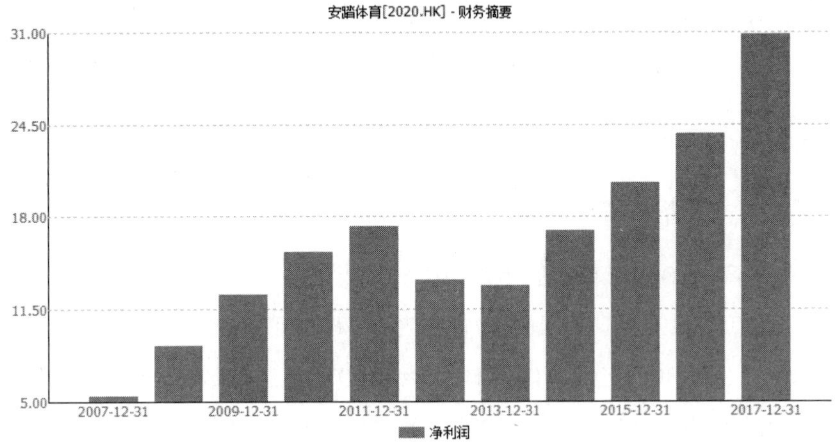

资料来源：Wind

图7–5　安踏体育近10年净利润（单位：亿元）

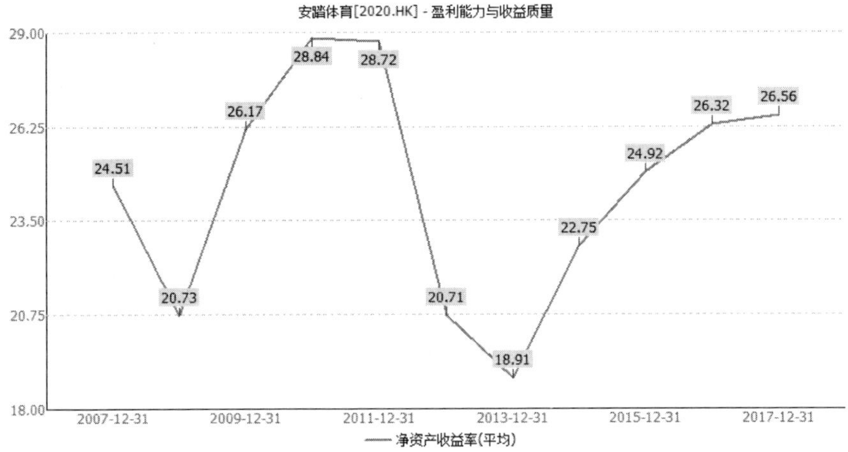

资料来源：Wind

图7–6　安踏体育近10年净资产收益率（%）

安踏体育的净资产收益率(ROE)，过去十年中有9年都大于20%，只有2013年小于20%，但是也有18.91%，盈利能力非常突出。

资料来源: Wind

图7-7 安踏体育近10年销售毛利率(%)

销售毛利率常年在40%以上,最近5年从41.74%稳步提升到49.37%,从毛利率上看公司的产品矩阵享受了品牌溢价。

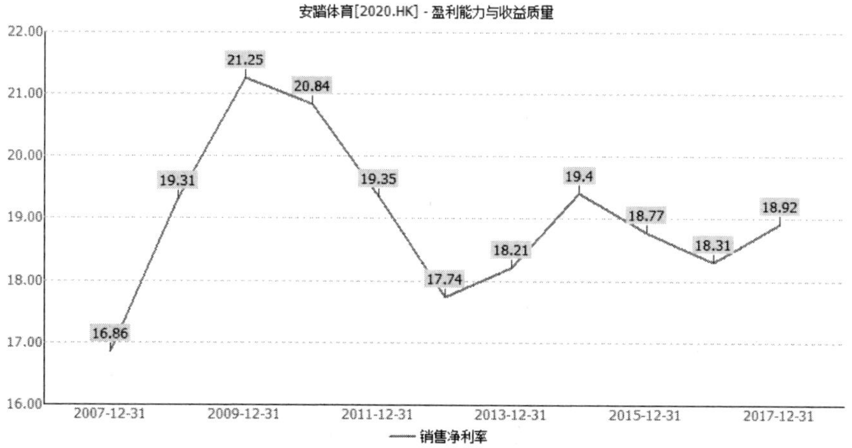

资料来源: Wind

图7-8 安踏体育近10年销售净利率(%)

销售净利率均值在18%~19%,最近5年都大于18%。

在2017年报中,公布了自2020年至2025年将实现的目标,其中零售额年复合增长率将达到15%至20%,同时于2025年零售总额将达到人民币1 000

亿元（2017年：166.92亿元）。2020年至2025年的目标，其中流水年复合增长率，所有品牌15%~20%，安踏及安踏儿童中双位数，FILA及FILA KIDS超过30%，销售数量鞋类产品将达到1亿对，服装产品将超过1.3亿件；零售渠道扩张店铺超过11 000家，其中电商占流水比例为20%。

1.预估2025年的净利润

在销售净利率保持稳定的情况下，如果未来几年安踏的零售额能够实现公司的目标，即年复合增长率达到15%~20%（过去十年：19.05%），那么在2017年净利润30.88亿元的基础上，在2025年有望达到94亿~132亿元。

如果在2025年实现了零售总额达到1 000亿元，按照18%的销售净利率，得出净利润是180亿元，对标Nike过去10年的销售利润率在10%~12%，如果未来几年安踏为了实现更高的销售目标，牺牲了一定的利润率，无论是产品降价还是加大费用的投入（如加大广告费用的支出），在销售额剑指1 000亿的时候，利润率也下滑到10%~12%的话，那么净利润就是100亿~120亿元。

2.参考过去十年的历史市盈率

平均市盈率在20倍，最低5倍，最高35倍，估值中枢在15~25PE，按照PEG反向推理出来，如果未来几年的业绩增长率在15%~20%的话，那么合理估值范围也会在15~20PE之间进行波动。

资料来源：Wind

图7-9　安踏体育近10年历史市盈率

3.预测2025年的总市值

假设2025年的净利润在100亿~120亿元，按照平均市盈率20PE计算，那么目标市值在2 000亿元~2 400亿元。

4.评估投资回报率

目前安踏体育总市值909亿港币，折合人民币808亿元，以现价买入，持有到2025年，市值的预期增长率为13.82%~16.82%，目前股息率为3.16%，合计总回报率：16.98%~19.98%。如果以20PE买入，到2025年的时候还是20PE，那么预期回报率就是业绩增长率15%~20%，再加上3%的股息率，即18%~23%。

因此，首先通过考察公司过去10年的营业收入、净利润的年复合增长率，再考虑销售毛利率、净利率和净资产收益率，确定公司是一家盈利能力突出，具备消费垄断特征属性的好公司；结合过去的复合增长率，以及公司所制定的长期业绩目标，预估未来几年的净利润，然后再结合过去10年的历史市盈率，取市盈率平均值，则得出未来的预期市值；利用目标市值与当前市值的差距，计算出未来几年的预期股价的年复合增长率，然后再加上股息率，即可得出以现价买入，未来的预期总回报率。

第8章

资产配置

牛市在悲观中诞生，在怀疑中成长，在乐观中成熟，在兴奋中死亡。最悲观的时刻正是买进的最佳时机，最乐观的时刻正是卖出的最佳时机。

——约翰·邓普顿

8.1　万物皆有周期

我是南方出生的，小的时候，家里还有农田，一年会种两次水稻，春天的时候播种，然后在夏天三伏天的时候进入“双抢”模式，一边要赶紧把稻子从田里收上来，一边还要把新的水稻种子给埋下去，在秋冬季，下霜的时候再收获第二季水稻。后来认识了一些北方的同学，跟他们交流才知道，原来北方是在秋冬的时候种麦子，在夏天的时候收获麦子，然后再种水稻，秋冬的时候再收获，紧跟着又是一次播种的循环往复。不论是南方人的水稻，还是北方人的麦子，我们发现一个普遍的现象是种子要在冬天、春天的时候播种，不要在秋天别人要大丰收的时候，你却跑到田里撒下去种子。逆天而行的人，必然会受到惩罚。

其实，股市投资的道理也是一样的。只不过，判断目前股市是处于一年四季的哪个阶段，并没有像天气那么直观，但是我们依然可以通过一些数据和观察，能够相对清楚地知道，目前是处于什么阶段，这样可以比较好地指导我们的投资行为。

我们要在股市的冬天、春天播下种子，让它们在夏天迅猛地生长，然后在秋天收获种子。千万不要在秋天埋下种子，然后紧跟着遭遇一个熊市大调整，进入了冬天的周期，种子在寒冬中都被冻死了。

常见的判断股市热度的方法有：（1）大盘指数的市盈率、市净率、股息率；（2）市场的换手率、成交金额。

以沪深300指数为例，如下图所示在2012—2014上半年的时候，市盈率从10倍逐渐下降到8倍，盈利收益率（市盈率PE倒数）从10%上升到12.5%，然后伴随2014下半年至2015上半年，股市被激活，赚钱的效应非常的明显，许多人看到身边的人在股市可以轻松地赚到钱，于是赶紧开户，转入资金，追高买入热门的股票，甚至有的人借钱，通过加杠杆的方式买入股票。

随着热度不断地提高，市盈率超过了18倍，盈利收益率下降到5.55%，相对于无风险利率（一般取10年期国债，简单起见，可以参考余额宝的收益率）股市的估值，已经没有了太大的吸引力，于是有些聪明的投资者开始卖出高估的股票，伴随越来越多的人进入了丰收的模式，股市开始下跌，我们看到经过了几轮的股灾调整，在2016年熔断以后，市盈率只有11倍，之后又来了一轮慢牛行情，市盈率接近16倍，之后因为美国总统特朗普发动了中美贸易战，市场开始担忧中国经济的前景，所以很多人开始慌不择路地卖出股票，最近市盈率再一次回到11倍附近，对应盈利收益利率8.93%，目前无风险利率3.60%（10年期国债收益率），股票资产相对于无风险利率有超过1倍以上的风险溢价存在。

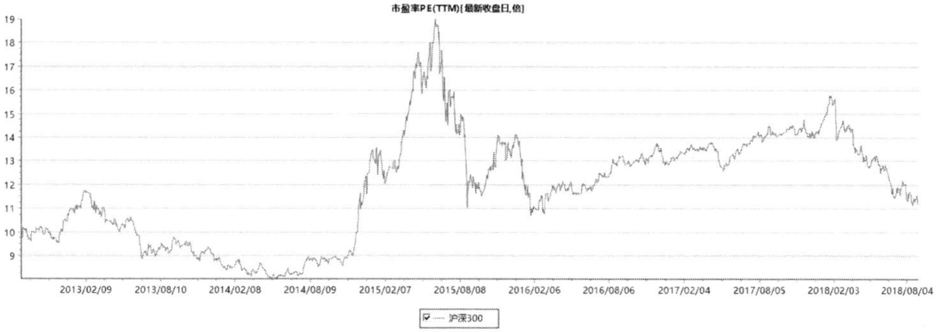

资料来源：Wind

图8-1　沪深300近5年历史市盈率

还有一种方法是参考市场的换手率，这个指标可以反映出来市场的交易活跃度情况，在交易清淡的时候，股市的热度相对较低，在交易火热的时候，满大街上都能听到人人在谈论股市，这个时候就要开始警惕，可能“冬天”要来了。

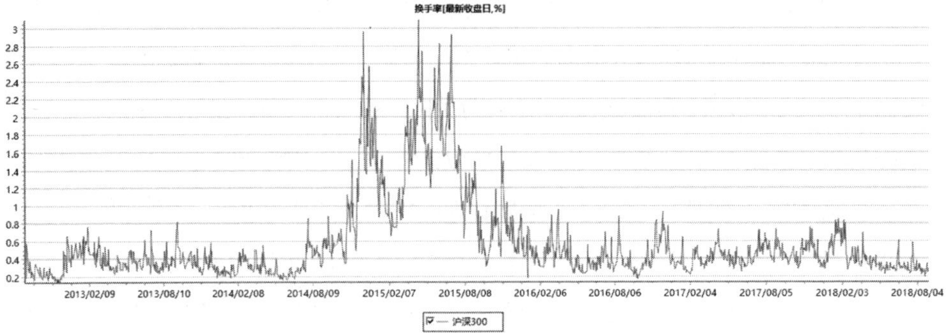

资料来源：Wind

图8-2　沪深300近5年换手率

我们看上图，在2012—2014年换手率在0.3%上下区间内波动，市场的交易不活跃，估值也非常的低，是埋下财富种子非常好的机会，然后在2015年牛市疯狂的时候，一天的换手率可以超过3%，伴随牛市的结束，好几轮股灾的教训下，市场的换手率又再次进入了熊市模式，低于0.3%。

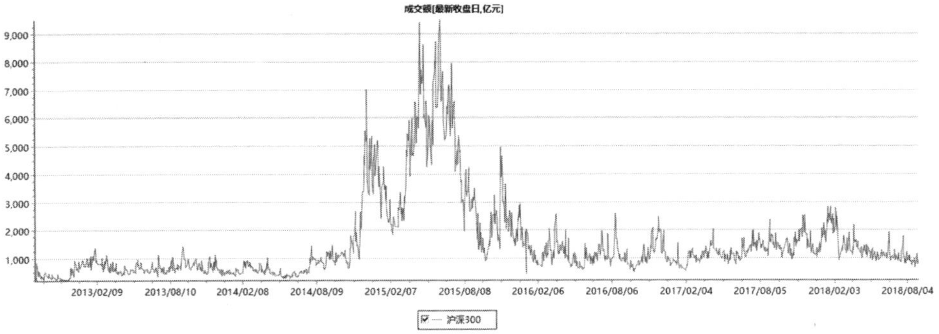

资料来源：Wind

图8-3　沪深300近5年成交额（单位：亿元）

市场上的成交金额，与换手率的思路类似，在熊市中，估值比较便宜，市场交易不活跃，成交金额少，换手率低，在牛市的时候市场成交金额巨大，换手率特别高。目前沪深300的日成交金额低于1 000亿。

因此，在沪深300指数估值偏低，估值的参考标准是拿市盈率的倒数即盈利收益率与无风险利率进行对比，如果股市的盈利收益率大幅度地跑赢无风险利率，那么股市就具备了相对吸引力的投资机会，这个时候是股市的冬天、春天，也是埋下财富种子非常好的机会。

随着牛市的到来，市场估值开始逐步提升，换手率和成交金额开始进入沸腾的状态，股市就进入了夏天、秋天，然而聪明的投资者会根据市场估值的变化，把自己在冬天、春天埋下去的种子，逐步进行收获，他启动了大丰收模式。那些不明真相的年轻投资者，可能会因为看到身边人在股市的夏天、秋天赚了很多的钱，盲目地在秋天埋下自己的种子，那么可悲的是，在秋天以后，股市再次进入了冬天，那些秋天埋种子的人，恐怕只能面对残酷的事实了。

8.2 巴菲特市场指标

按照价值投资对于卖出的回答，通常有以下三种情况：其一，买入以后，发现自己买错了，当初买入的逻辑上不够严谨，认错的情况下，可以卖出；其二，在买入持有以后，公司的基本面情况发生了变化，内在价值的创造停滞甚至有倒退的情况，可以考虑卖出；其三，公司的市场价格已经严重脱离了公司的基本面情况，也就是通常说的价格已经涨到天上去了，股价已经严重透支了未来很多年的业绩，甚至内部人士也在清仓式地减持，这种情况下，也可以考虑卖出。

然而，如果熟悉巴菲特和芒格投资思想的朋友可能会说，伯克希尔希望买入的好生意可以永久性地持有。但是，我们也不得不承认资本市场有它一定的周期性起落的现象，在人们的贪婪和恐惧的驱使下，催生着股市泡沫的形成与破灭。

巴菲特说，在别人贪婪时恐惧，在别人恐惧时贪婪。通常来说，你可以通过考察身边的情况，看看有多少人在聊股市，如果发现走到哪里都有人在聊股市的话，那么往往是股市已经非常的热火朝天了，这个时候往往是在牛市中，人们在牛市的盛宴中狂欢，似乎在股市中发财成了一件很容易的事情，然而对于聪明的投资者来说，知道周期必然会发生逆转，树不可能涨到天上去。

反之，如果衰退进入了熊市中，那么身边几乎是很少能听到有人在聊股市了，聚会的时候，如果有人提到了股市，往往也是很快就转到了其他话题，因为股市让很多人受伤，但是对于聪明的投资者来说，也可以通过感知身边的这些悲观情绪，知道埋下财富种子的机会又来了，可以在熊市中以便宜的价格买到优质的资产。

巴菲特的市场指标是通过判断美国股市的总市值与GNP的关系，来衡量股市的温度，在股市不断下跌的时候，市场的气氛就像寒冷的空气一样萧瑟，反之，如果在不断上涨的行情中，股市的气氛又如夏天般热火朝天。

在2001年末的时候，虽然当时美国股市已走出互联网泡沫，开始大幅回落，但是股价依然还处于比较高的水平，当时美国股市的总市值相当于GNP的133%，按照巴菲特的市场指标传达的信号是“别买股票”。对于巴菲特来说，如果该比率下降到70%~80%，购买股票就可能会带来很好的回报。

在经历了2008年金融危机的影响之后，于2009年第一季度该比率为75%，又再次发出了买入的信号，如果当时投资者选择一只标普500指数基金的话，一直持有到2012年年中，那么将获得78%的总回报率。由此可见，巴菲特的市场指标是一种可以进行量化衡量市场热度的方法。

巴菲特的市场指标在国内A股中也适用吗？因为国内的经济部门统计数据的差异，我们不方便获取GNP的数据，所以用GDP的数据作为该指标的近似值。在2013—2014年熊市的时候，很多的公司的估值已经极度便宜，当时国内该比率为40%左右；随后进入了2014—2015年的牛市行情，于2015年6月份，A股热火朝天的时候，当时的中国股市总市值与GDP的比值已经超过了100%，随后就进行了大规模的股价调整，最低曾经一度调整到60%以下。所以，巴菲特的市场指标对于A股市场也是有一定参考价值的。

资料来源：大视野

图8-4　国内A股巴菲特市场指标

大类资产配置的方法，在A股总市值与GDP比值低于100%之前，原则上以股票在流动资产中配置的比例不低于75%，现金不高于25%，除非出现极端情况，则进行阶段性的策略调整，但股票作为最佳目标资产的大方向上保持坚定的态度；当A股总市值与GDP比值达到或接近100%，在大类资产上股票占流动资产的比重最高不得高于50%，并且根据市场的热度情况，在别人贪婪时逐步进行减仓回收现金；当A股总市值与GDP比值达到或接近110%，股票占流动资产的比重将限制在25%以内。

已经清仓回收的现金，要有纪律性地约束自己，不要因为市场的情绪干扰而再次进入股市，保留25%仓位不清仓，耐心等待市场发生周期性的逆转。如果市场全面进入泡沫化，难以找到被低估的投资机会，即使A股总市值尚未达到GDP100%的比例，也将大比例地回收现金，耐心等待机会。

所以，在别人贪婪时恐惧，在别人恐惧时贪婪，如何量化市场的贪婪和恐惧呢？巴菲特给我们指明了方向，可以通过股市总市值与GDP的比值关系来指导我们判断市场的热度；通过巴菲特市场指标，对投资组合中的权益类仓位进行逆向调整，随着股市全面进入泡沫化，伴随不断上涨的行情，逐步减仓回收现金，耐心等待市场发生逆转，然后再次进入市场买入优质资产。

8.3　概率和赔率

沃伦·巴菲特说："我们所要做的全部都是，将盈利概率乘以可能盈利的数量，减去亏损的概率乘以可能亏损的数量。我的工作就是评估这些事件发生的概率以及盈亏比例。"巴菲特在早期运作合伙企业的时候，其中有40%的利润来自于套利投资。在1962年，整体股市在下跌的时候，道琼斯指数悲惨的下跌了7.6%，巴菲特竟然逆市使合伙企业的投资收益率上涨了13.9%，年内战胜指数21.5%。其实巴菲特在1962年的普通股方面的投资是亏损的，正是因为套利投资的操作，逆转了局势，最终让合伙企业在运营期间保持了年年都是正收益的传奇记录。

巴菲特在给斯坦福大学的学生们谈论如何进行套利投资机会分析的时候，举了一个例子，假设雅培现在的每股交易价格是18美元，在早盘的时候，公司发布公告宣布今年在某个时候会以每股30美元的价格卖给科斯特诺公司，消息一经发布以后，雅培的价格迅速拉升到每股27美元，然后在这个价格位置上下波动。巴菲特在看到这则并购消息以后，会首先评估这个事件发生的可能性有多大。某些公司的并购行为不一定会成功，可能会涉及董事会的反对，或者来自证券监督机构的反对。没有人能够确切知道一起并购事件发生的结果会如何，所以并购套利存在亏损的可能性。

巴菲特在这个投资分析的过程中，必然会有主观上对可能性的概率评估。他说："如果我遇到了类似这样的投资机会，有90%的可能性会赚3美元，有10%的可能性会损失9美元，那么用2.7美元减去0.9美元，依然还有1.8美元的利润空间。"然后，巴菲特还要评估，从买入以后到并购结束，需要多长的时间跨度，将该投资机会的回报与其他目前能够找到的项目之间进行比较，衡量是否具有参与的价值。如果以市价27美元买入了雅培的股票以后，潜在的投资回报率是1.8/27=6.67%，如果整个交易完成的时间是半年的话，那么这笔套利的年复合回报率就是13.33%。然后，巴菲特会拿这个预期投资收益率与其他的潜在机会之间进行对比。

巴菲特说，对于这样的套利机会的确存在损失的可能性，对于一些特定的事件，伯克希尔愿意冒着损失一些金钱的风险。对于我们实在算不清账的套利，我们不会傻乎乎地参与。只参与那些我们能够算得清账的套利机会。对于套利投资，巴菲特规避风险的方法之一，就是只有当出售的消息已经发布以后，他才会参与。然而，一些华尔街的金融人士，可能会在消息还没有完全浮出水面的时候，就试图参与，这样就是投机了，巴菲特不会参与这样的傻事。

无论是短期套利，还是长期投资，对于概率和赔率的评估过程其实是一样的，分析获胜的概率，以及盈利的多少，如果损失的话，会亏损多少，这样就可以计算出投资结果的数学期望值，然后衡量在持有期间的投资回报率，最后将该投资机会与目前已经持有或者在考察的项目回报率之间进行比较，优先选择那些获胜概率大，投资回报率足够大的机会，尤其在重大投资机会出现的时候，敢于下大的赌注。

价值投资的过程其实就是在分析获胜概率和赔率，在不确定性中寻找确定性，也是投资这个游戏好玩的地方所在。然而，对于获胜概率和赔率的评估，需要投资者有基本的常识和能力，才能够找到标错赔率的投资机会；巴菲特的投资生涯中，其实不仅仅是长期持有优质好公司，当没有合适的投资机会的时候，他会参与一些套利投资，从而提高投资组合的收益率，尤其是在股票市场整体性下跌的时候，套利投资可能会逆转整个投资组合的年度收益率表现。

8.4 凯利公式

查理·芒格说，对我们来说，投资等于出去赌马。我们要寻找一匹获胜概率是二分之一、赔率是一赔三的马。你要寻找的是标错赔率的赌局。这就是投资的本质。你必须拥有足够多的知识，才能知道赌局的赔率是不是标错了。这就是价值投资的秘密。如果你停下来想一想，会发现彩票投注系统其实就是一个市场，每个人都去下注，赔率则根据赌注而变化，股市的情形也是这样的。一匹负重较轻、胜率极佳、起跑位置很好的马，非常有可能跑赢一匹胜率糟糕、负重过多的马，这个道理就算是傻子也能明白。但如果该死的赔率是这样的：劣马的赔率是1赔100，而好马的赔率是2赔3，那么利用费马和帕斯卡的数学，很难清楚地算出来押哪匹马能赚钱。股票价格也以这样的方式波动，所以人们很难打败股市。

凯利公式指明了投资者在仓位管理时，如何根据投资机会获胜概率和赔率来进行仓位配置。基本概念是，如果你知道该投资机会的获胜概率、赔率，那么你应该把仓位集中在那些赢面更大的机会上，而不是像撒胡椒粉一样，对所有的投资机会都进行平均分配。

凯利公式一般描述为：

$$f^*=\frac{bp-q}{b}=\frac{p\ (b+1)\ -1}{b}$$

其中

f^*为现有资金应进行下次投注的比例；

b为投注可得的赔率（不含本金）；

p为获胜率；

q为落败率，即$1-p$。

举例来说，若一个投资机会有60%的获胜率（$p=0.6$，$q=0.4$），在赢的时候，可以获得一赔一的赔率（$b=1$），则参与者可以在每次下注的时候分配资金20%的仓位，以最大化资金的长期增长率。如果赔率没有优势，即$bp=q$（$b=q/p$），那么该公式就建议不要下注，比方说投硬币的游戏，正面朝上和背面朝上的概率都是50%，如果赔率为1的话，那么就不应该参与。如果在一个抛硬币的游戏中，下注100元，在赌局1中正面朝上可以赢300元（净收益率是200%，$b=2$），背面朝上则全部赔掉；赌局2中背面朝上可以赢400元（净收益率300%，$b=3$），正面朝上则全部赔掉。然而无论是正面还是背面朝上的概率都是50%（$p=q=0.5$），那么根据凯利公式计算可以得出赌局1可以押上25%仓位，赌局2可以押上33%仓位。在抛硬币的游戏中获胜率一致的情况下，赔率越大的话，可以押上的仓位也可以越大，但是即使赔率无穷大的话，最大仓位也不能超过50%。

假设有这样的一个比赛，一个20岁的男孩与一个5岁的男孩进行掰手腕的比赛（两者都很健康），赌注是100元，如果20岁男孩赢，可以赚5元，如果5岁男孩赢，可以赚1000元，在考虑到两者年龄、体型上的差异，20岁男孩能够赢得概率是99%，除非20岁的男孩在赌局中被买通了，要故意输掉比赛。那么，在这样的游戏中，即使押注5岁男孩的赔率非常的大，但是对于理智的投资者来说，也不应该押上一分钱。

凯利公式给我们的启示是，首先要评估的是一局比赛的概率，其次才是赔率。在投资中，一些公认的白马股，可能会因为人人皆知它们的好，未来能够继续保持优良业绩和成长性的概率很大，但是因为投资者群体都知道，在过高的定价情况下，可能会出现赔率不够的情况。

然而，一些黑马股，一方面可能是因为公司发展经营还处于迷雾之中，市场还没有充分认识到公司的优良之处，所以导致定价低，另一方面对于绩优股因为被暂时性的黑天鹅事件所干扰，导致市场情绪恐慌，而给出了较大折价。在这样的情况下，聪明的投资者就可以通过评估获胜率和赔率，然后押注大概率和高赔率的生意。如果一门生意，现在的净利润未来10年依然有10倍的上涨空间，再差也可以上涨5倍，同时10年后的估值可以保持现在的水平，然而目前最多下跌空间只要20%的话，那么就是一笔有较大确定性（获胜概率大）、高赔率的投资机会。

如果将凯利公式中的赔率设定1（$b=1$），那么该公式可以简化为：$f=2p-1$，用2乘以获胜概率（p）减去1等于你的仓位比例（f）。如果获胜的概率是55%，就应该押上10%的仓位；如果获胜概率是70%，那么应该押上40%的仓位；如果获胜概率是100%，那么按照公式的指示，应该押上全部资金。反之，我们通过凯利公式，也可以考察一个投资者对已经分配仓位的股票，他所评估的获胜概率是多大。

比方说如果一个公司，只愿意拿出来2%的仓位进行投资，那么评估的上涨概率其实只有51%，下跌的概率是49%，这样的概率与抛硬币，根据正面还是反面来决定输赢的概率为50%，差别不大。很多机构投资者拿着不菲的薪水，却在寻找只有51%上涨概率的股票，这样的行为在投资大师芒格看来就是荒唐。

通过凯利公式，我们也可以明白为什么巴菲特会说，对于那些稍微懂一点投资原则的人来说，传统的分散投资的理论对于你来说并没有太大的意义，因为如果你能稍微懂点投资，那么就可以对一个投资机会的获胜概率进行评估，你应该将仓位集中在那些你认为赢面远远大于亏损的机会上。巴菲特说，你至少要敢于拿出来10%的仓位投资在你看好的项目上，通过凯利公式的逆向推理，也就是获胜概率的确定性大于55%的时候，你才应该行动。

避免过分自信对投资行为造成打击，可以利用凯利公式推理仓位占比后，在具体行动时再加上一点折扣。行为投资学的研究结果表明，人们有过分自信的心理倾向，尤其是对于一些专业投资者来说，因为专家身份、过往的绩优变现、充分的信息调研等，会导致投资者对自己的评估结果过分自信。

例如，你评估的获胜概率是70%，但是其实只有55%，那么当你所忽视的黑天鹅事件发生时，可能会对于你的重仓行为造成打击。所以，为了避免过分自信的负面因素干扰，比方说，凯利公式让你押上40%的仓位，你可以只押上

20%。这样一方面通过恪守投资原则，寻找到那些赢面比较大的投资机会，另一个方面在具体仓位分配时，再加上一定的保留余地，通过精选优质个股和保守的仓位管理，在投资中获得双重“安全边际”的保护。

投资中是概率和赔率在决定仓位，我们首先要评估获胜的概率情况，只有在具备较大确定性的时候，才可能是一个好的投资机会，否则即使赔率很大，概率很小，那么也不应该参与；我们要寻找的是那些被标错赔率的机会，在股市中可能存在这样投资机会的地方是，一方面市场对这家公司的未来前景还没有充分认识，你可以赚比市场看的远的钱，另一个方面，对于一些绩优股，因为暂时的黑天鹅负面因素，导致市场情绪奔溃而股价大跌，你可以通过逆向投资赚取收益。

8.5 敢于重仓，敢于伟大

在投资组合管理中，通常分为两个基本的流派，一个是集中投资，另一个是分散投资。集中投资的群体通常是一些具备选股能力的主动管理型的机构或者个人，而分散投资的代表以被动管理的指数基金为典型，比方说国内跟踪沪深300指数的基金。中国人的传统智慧里面有：不要把鸡蛋放在一个篮子里面。想要强调的也是要把资产或者资源分散在若干个不同的地方，但是在投资中，应该采取集中投资，还是分散投资的方法呢？

巴菲特是师从格雷厄姆的，在格雷厄姆的投资体系中是大量分散持有一些低估的股票，在这些股票的市场价格恢复到内在价值附近的时候，卖出，然后再买入另外一些符合标准的公司。然而，巴菲特虽然是向格雷厄姆学习的价值投资理论，但是在投资组合方面，在早期他就有自己的独立思考。他曾经指出，如果你是一个有一定选股能力的投资人，熟悉产业运行规律并能够自行找出5~10家股价合理并享有长期竞争优势的公司，传统的分散投资对你来说就没有什么意义，那样做反而会容易伤害到你的投资并由此增加你的风险。我实在不明白一个投资人为何要把钱放在排名第20好的股票上，而不是把钱集中投资在排名更靠前、自己更加熟悉、风险更小且获利潜力更大的股票上。

在军事思想中，有“集中优势兵力打歼灭战”一说，指出这是战胜敌人的主要作战方法，不但应用于战役而且应用于战术的部署，以求全歼、速决。为此，不惜放弃一些城市和地区，争取主动，集中优势兵力，选择敌人薄弱或孤立的部分，在运动中予以各个歼灭，消灭敌人的有生力量，壮大自己的力量。该思想对解放战争的胜利起到了重要指导作用。

巴菲特指出，我们持续把资金集中在为数不多的我们能够深入了解的公司上。只有极少数的企业可以让我们深具信心并愿意长期持有，因此，当好不容易找到这些企业时，我们就要达到一定的参与程度，好东西要多多益善。

凯恩斯的投资实践与他的经济思想一样杰出。他曾经在给朋友的信中写道：随着时光流逝，我越来越相信正确的投资方式是将大部分的资金投入到自己了解且十分信任其管理层的事业上；那种通过把资金分散到一大堆自己不太了解且没有信心的公司上面以便借此去控制投资风险的想法是错误的，一个人的知识和经验一定会有限度，就我本身而言，很少同时有2~3家以上的公司可以让我感到完全放心。

巴菲特的投资思想还深受费雪的影响，而费雪在投资组合管理方面，以集中投资而闻名，他总说宁愿持有少数自己非常了解的优秀公司，也不愿意持有大量的平庸企业。费雪的投资组合中通常保持在10只股票以内，而且其中的三四只会占到总资产的75%比重。费雪对于巴菲特的影响还体现在，当遇到重大投资机会的时候，敢于进行重仓。巴菲特以实际行动做出回应，他说：“在你做出投资时，你应该具有这样的信念，至少将你10%的身家押在这只股票上。”由此可见，如果每只股票最少买10%的话，那么一个投资组合中最多只能够容纳下10只股票。

在巴菲特的经典投资案例中，从哥伦比亚大学毕业以后，回到自己的家乡奥马哈从事股票经纪人的工作，他推销的第一只股票就是盖可保险，该股票当时占到他个人资产净值的65%；在20世纪60年代中期，当美国运通陷入色拉油事件丑闻的时候，巴菲特在分析它的消费垄断特征属性并没有消失以后，借力黑天鹅事件的影响，逆市重仓买入美国运通的股票，最终占巴菲特投资合伙企业40%的仓位；从1988年起，巴菲特开始悄悄地买入可口可乐的股票，在后来很长一段时间里面，可口可乐是伯克希尔第一重仓股，其中1990年、1991年和1996年这三年，市值占仓位的比例超过40%；在1987年的时候，巴菲特将超过21亿美元的股票账户资金仅仅投资在3只股票上，分别是大都会/美国广播公司，盖可保险和华盛顿邮报。正如芒格所说："当世界给予你机会的时候，聪明的投资者会出重手。当他们具有极大赢面时，他们会下大注。其余的时间里，他们做的仅仅是等待。就是这么简单。"

第9章

投资心理学

人类的知觉系统清楚地证明了大脑确实会失灵。人是很容易受到愚弄的，无论是人类精心设计的骗局，还是偶然出现的环境因素。

——查理·芒格

9.1 过分关注

小时候家里有黑白电视机，开机的时候如果没有信号，看到的是满屏雪花点在闪烁，如果不巧上次关电视的时候，音量还开得比较大，那么这次电视突然上电以后，伴随着雪花点，还会听到刺耳噪声。只有当我们把调频器，转到有节目的频道时，才能接收到清晰的画面和声音。长大了以后，我在理工科学校读书，才明白通信的基本原理是通过调制解调器，将信息加载到不同频率大小的电磁波信号里面，然后对外发射，在信号的传送中，可能会受到传递过程中物理媒介的干扰，有效的信号中引入了噪声，然后在接收端通过解调，把噪声的干扰给消除，获取其中真正有用的信号。

当我接触到价值投资的时候，发现原来在企业投资中，有效的信号中其实也掺杂了大量的噪声，我们必须要有能力看透事物的本质，才能不被噪声信号所干扰。然而，很遗憾的是大部分投资者都被噪声给搞得精疲力竭。

以A股当中的格力电器为例，在2015年股灾的时候，叠加内外部环境的变化，市值跌破了千亿，比公司账面上的现金还要低，市场给格力报了一个匪夷所思的低估值。

当时，坏消息满天飞的不过是格力电器要造手机，董明珠甚至把自己的头像作为格力一代手机的开机画面，看着股价持续性地下跌，媒体也在大肆地报道格力的负面消息，很多不明真相的投资者也跟风卖出股票，而忽视了格力依然是空调的细分龙头，每年可以赚取上百亿的利润。媒体散布的一些不重要的花边新闻是噪声，真正的信号是格力在空调市场的地位以及卓越的盈利能力，这个在短时间内并没有发生变化。

巴菲特在致股东的信中多次提到他的选股标准是：我们懂的生意、具备良好的经济前景、由德才兼备的人士经营、非常吸引人的价格。在后期，随着公司规模的变大，市场上再难找到能够与其匹配的吸引人的价格的生意，所以巴菲特改为以合理的价格买入。至于短期股价的波动，巴菲特根本不关心，他看的是公司长远的经济发展前景。在教父中，有一句经典的台词："花半秒钟就能看透事物本质的人，和花一辈子都看不清事物本质的人，注定是截然不同的命运。"

很早以前心理学就做过一个实验，选了8名经验丰富的赌马经纪人，给他们关于马匹的88个变量（如负重量、获胜次数、在不同条件下的表现等）。然后，把过去45场赛马比赛的基础数据，交给他们分析，让其推测每场比赛获胜的前5名马匹。根据马匹相关的变量的重要性从高到低排序，先给5个变量，让他们预测结果，并注明自己对预测结果的自信程度；然后，每次再多给5个变量，让他们重复进行预测，一直到给30个变量。

有意思的结果是，这些经验丰富的赌马经纪人，并没有因为所获取的关于马匹的变量更多，而提高了对结果预测的准确性，也就是说，在给5个变量和给40个变量的时候，预测结果的准确性并没有多大的差异。但是，在5个变量的时候，赌马经纪人对自己预测结果的自信程度是17%，如果有40个变量，自信程度提高了30%。在预测结果一致的情况下，自信程度随着能够拿到的变量增多而变得越大。

塔勒布在《随机漫步的傻瓜》中根据蒙特·卡罗发生器，模拟设计了这样一个场景，有一个投资水平还不错的牙医，相对于国债的超额收益率是15%，波动性10%（收益的不确定性），超额回报的区间范围在5%~25%，每年赚钱的概率是93%，每个月赚钱的概率是67%，但是每秒赚钱的概率只有50.02%。

这位牙医关掉了自己的诊所，然后在家里专门看股票。每个交易日早上他泡了一杯咖啡，然后坐到阳台椅子上，看看风景，再留意自己的股票投资组合。因为每秒赚钱的概率只有50.02%，也就是说，在较短的时间区间内，如果他频繁地查看自己的投资组合，其实赚钱概率和亏钱的概率几乎是一样的，股价在短期内的波动完全是随机变化。他看到了绿色，心里面紧张，开始担忧是不是最近公司有什么最新的消息自己没有获取到，对未来的前景开始蒙上了阴影；当看到红色的时候，心里面很开心，对于自己的判断也非常的自信。因为看到股价的变化，所积累的情绪赤字，一天下来把他搞得精疲力竭。

心理学的研究结果表明，对于同样的事情，往往负面情绪所积累的情绪赤字是正面情绪的2.5倍。既然在短时间内的股价波动，上涨和下跌几乎是一半对一半，但是上涨所积累的正面情绪根本无法弥补下跌所积累的负面情绪的能量，所以必然的结果，如果长期盯盘的话，投资者会积累大量的情绪赤字。当时，如果这位牙医继续从事自己的工作，只在每个月券商发来月度报表的时候看一眼投资组合，一年当中他会有8个月都是开心的，如果在20年的投资生涯中，他只在每年看一下投资组合，将会有19年都是惊喜的。

有时候，我在地铁上，看到有人拿出手机在那里看股票价格的实时变化，就知道这个人正在被噪声所愚弄。那么，如何解决这样的问题呢？有效的方法是远离信息，截断获取信息的来源，尤其是避免接收股价波动的噪音。如果我们的精力可以聚焦在研究企业的长期发展前景，尤其是选择那些有长期的经营发展历史，产品简单，业务变化不大的公司。我们在买入以后，根本不需要花太多的精力去跟踪它们，自己的时间可以释放出来，去发展自己的兴趣爱好，如有规律的运动和旅行。

9.2 近视效应

大多数投资者以炒短线、听消息为主。股票市场中，大部分的投资者是没有成熟的投资体系的，他们没有能力分析一家公司的财务报表、竞争优势以及对一个生意的内在价值进行评估。他们之所以交易股票，多是因为被股票短期的价格上涨而吸引进来，因为有赚钱效应，所以活跃在股票市场中，一旦股票市场的赚钱效应没有了，他们的账户多是因为亏损而趴在那里。

随着移动互联网的发展，通过手机终端接收股票资讯，进行股票交易变成了一件异常方便的事情。很多投资者会因为一家公司近期发布了利好消息，然后追进去买入股票，反之，如果发布了利空消息，恨不得立马卖出，生怕股票的进一步下跌会伤害到自己。他们之所以买股票，是因为股票最近在上涨或者公司有利好消息的发布，之所以卖股票，则是因为股票开始下跌了或者公司发布了利空消息。

例如，重要的领导去一家上市公司进行了访问，就可以短时间内刺激公司的股价进行上涨，这个时候买入的投资者多是因为被这个看似利好的消息所驱动。

机构投资者因为业绩排名的压力，被迫参与股票的短期买卖。因为大部分投资者是短视的，他们看中的是短期的投资业绩，并且会根据短期的业绩高低进行基金的买卖决策。有这样的投资者结构的存在，所以导致基金管理者疲于奔命地也必须要参与到市场的短期投机，并且根据公司最近利好和利空消息的发布，而进行交易。

机构投资者相对于散户来说，在信息获取上有一定的优势，他们会比较看重公司的财务报表所披露的业绩，如果一家公司过往实现了比较好的成长性特征，但是最近一个报告期业绩增长出现了下滑，那么机构投资者往往会做出过激的反应，因为他们看到的可能只是6个月至1年这么短的时间内公司的股价会怎样变化，如果业绩不理想而刺激了股价下调，那么机构投资者为了保持在业内的排名，往往会考虑暂时卖出股票而避险。

随着人工智能和大数据技术在资产管理领域中的深入，一些领先的机构开始引入高科技进行股票的买卖决策，有一种功能叫作事件驱动。例如，根据国家的宏观调控、利率变化、行业政策变化，用高性能的计算机来分析哪些股票可能会受到利好或利空的刺激，然后根据这些事件所驱动的可能结果，对投资组合进行相应的调整。

机构投资者为了业绩排名，可能会因为公司短期的业绩不达标而卖出股票，或者短期的业绩超预期而追加买入股票，以及会根据事件驱动的一些高科技技术来辅助决策。还有一些机构投资者会进行量化交易，根据一些参数建立数学模型，对大数据进行不断地回测来优化模型，然后以模型的结果进行量化式交易。从价值投资者的角度来看，一些机构投资者的行为是脱离了公司的基本面，在买卖的时候也不是根据估值，而是参考了其他的因素。

市场的短视和愚蠢，让聪明的投资者有机会买入理想的好生意。大部分散户因信息不对称、自身能力等因素，导致他们是根据股票的短期价格走势，以及公司的利好、利空消息而进行股票的交易。

不少机构投资者因为业绩排名压力，或者特殊的交易体系，也会脱离基本面和估值来交易股票。然而，正是因为他们不看重基本面和估值，对于价值投资者来说，就有了很好的买入自己心仪好生意的机会。这个就好比是四个人围在一起斗地主，其他三个人说不用看牌，也不用推测还有哪些主牌没有出来，随心所欲根据自己的喜好出牌就可以了，那么那个唯一的只是花很少的精力看牌和记牌的人来说，就具备了显著的竞争优势。

对于价值投资者来说，优先考虑的是生意的质地，他们会花时间研究公司的财务报表和竞争优势，优先考虑那些具备消费垄断特征属性的好生意。然后，耐心地等待市场给出一个满意的买入价格，果断出击持有好生意。那么，为什么价值投资者可以用自己理想的价格买到好生意呢？正是因为市场中存在着一些根本不看基本面而买股票的人，他们也不知道自己手上持有的股票价值几何，往往只是因为市场进入调整，或者利空消息发布，就慌不择路地要抛售自己手上的股票，然而这个时候敢于逆向进入市场，大规模接手别人抛出股票的人，往往就是价值投资者，因为他们心中有价值这杆秤，所以清楚目前市场的报价真的是太便宜了。

他们在看到股票持续性下跌的时候，是越买越兴奋的群体。在大多数人看来，这样的一些人在股票下跌的时候进来买入，真的是好傻。然而，价值投资者从长期看是股票市场中真正能够做到稳健盈利的少部分人，如果你想要在股票市场中做到长期的稳健盈利，你就需要学习价值投资的思维方式，像胜出者一样思考。

9.3 条件反射

投资者最大的敌人其实是自己。关于价值投资的秘密，其实该说的巴菲特都已经说过了，但是为什么巴菲特是全世界最伟大的投资者，即使他把自己的投资哲学毫无保留地通过致股东信、大学演讲的方式告诉了世人，别人为什么不遵循已经被证明有效的投资方法呢？价值投资的方法浓缩一下其实就是寻找能看懂的具备发展潜力的好生意，有德才兼备的管理层在经营，咱们能够以不错的价格入股。具体到落地的环节，阻碍投资者实现成功的原因是什么呢？其实，投资者最大的敌人是自己，尤其是来自动物性的条件反射机制，导致大多数人倒在了实现投资成功的路上。

人类大脑在进化的过程中，形成了系统1和系统2两套运作机制。大多数情况，在决策的时候是通过系统1在进行，只有在面临复杂决策的时候，才会启动系统2。比方说，问你1+1等于几？可以直接条件反射地回答等于2，根本不需要启动复杂的系统2。但是，如果问你39×56等于多少呢？你恐怕不能够一口就答出来，这个时候就需要启动系统2来进行类似乘法这样的复杂运算。

同样的道理，如果把一条蛇关在一个玻璃窗里面，突然这条蛇从蜷缩的状态向你咬过来，你的本能反应是向后退，虽然有玻璃阻挡着，你知道自己是安全的，但是系统1是感性的，它会让你立即启动危险应对的方式，虽然通过系统2理性分析以后，你知道自己目前的环境并没有危险，但是你的本能反应已经做出来了。

在人类原始社会狩猎的时候，面对危险动物的出现，本能反应是先跑为快，那些想要先分析下形势，然后再考虑是不是跑的人，可能就面临着被消灭的危险，然后他们的基因就无法得到有效的遗传。

所以，感性驱动的X系统，从进化的角度看，有利于人类保护自己。但是，人类数百万年进化所形成的遗传基因在面对才只有数百年的现代金融市场的时候，往往会被系统1所愚弄。

公司的利空消息、股价下跌，直接通过系统1刺激杏仁核，让人立即做出避险的动作。人类在面临股价下跌的时候，账面的亏损会通过系统1传导至杏仁核，然而杏仁核是与人类在面临死亡恐惧危险的时候所刺激的是同一块脑部区域。换句话说，如果股票账户亏钱了，从生理反应的刺激来看，就是在面临着死亡的威胁，然而从人类“动物性”的角度出发，本能的反应就是立即做出避险的动作。

这样就可以解释了，为什么当一只股票开始下跌的时候，很多人会慌不择路地赶紧抛售自己手上股票的原因所在，尤其是那些在高位买股票的人，他们看到股票开始下跌了，自己亏钱了，并且看股票的走势似乎还要进一步下跌，于是信息通过系统1不断刺激杏仁核，大脑接收到的信号是：危险，赶紧跑吧。很多人在本能的驱动下，就真的做出卖出股票的动作了。这个就像是巴甫洛夫实验中的狗，在每一次给狗送食物的时候，打开红灯、响起铃声，在经过一段时间以后，红灯一亮或者铃声一响，狗就开始条件反射地分泌唾液。

成为聪明投资者的必经之路，就是要克服系统1的条件反射的干扰。首先，我们要意识到作为人类数百万年进化过来的基因中，在面对才数百年历史的现代金融市场，我们在本能反应上有先天的劣势；其次，在意识到自己可能会被条件反射给愚弄的情况下，需要在投资的过程中，尽量想办法避免被条件反射所干扰。可以将“买什么”和“什么时候买”强制性的分离开，在日常的投资过程中，启动系统2不断地去收集一些符合自己投资原则的好公司（例如具备消费垄断特征的生意，有品牌、定价权和护城河，设定目标买入价）。

先把它们纳入自己的“梦想清单”里面去，这些自己青睐已久的好生意，唯一的缺陷就是价格太高，那就耐心等待市场给出好价格。当市场开始周期性地调整、公司所在的行业遇到暂时性萧条、公司遇到黑天鹅事件袭击，市场给出了理想的买入价格，你需要做的就是逆市而买入。当别人都在被股价下跌，条件反射式刺激到卖出股票避险的时候，市场的报价进入目标买入价，你果断出击拥抱好生意。

9.4 过分自信

在生活中保持乐观和自信是有利于我们生存的。人类在进化过程中，需要面对未知的世界，克服心中的恐惧心理，保持乐观的心态，这样在面对暂时性困难时，才能够鼓足勇气去尝试。在日常生活中，那些能够表现出来阳光、乐观和自信的人，也更加受人们的欢迎，所以自信在社交中是有利于人们的。同时，更加自信的男人会受到女性的欢迎，因为这是雄性优良基因的象征，在物竞天择、适者生存的环境里面，自信的人基因可以得到更好的遗传，那些缺乏自信、畏畏缩缩的人，可能连基因遗传的机会都丧失了。

过分自信是大多数人骨子里面带来的。有研究调查表明，统计司机对自己驾驶技术的自信程度，他们认为自己的驾驶水平比大多数人都厉害的程度有多高，最后分析得出，有90%的司机都认为自己的驾驶技术比平均水平要高，只有极少数的人会认为自己的技术在平均水平之下。但是我们按照常识可以知道，总是会有50%的人驾驶技术在平均标准之下。类似的例子，如果分别询问在家庭中，丈夫和妻子认为自己做了多少家务的话，把两者的回答加在一起的比例竟然是130%，人们往往会高估自己的行为。

人们对于自己能够控制的事物，有更大的自信程度。在购买彩票的时候，如果可以自行决定彩票的号码，相对于随机生成的号码，彩民更愿意为自己选的号码付出四倍的价格，就好像是自己选择的号码，就会有更大的中奖概率一样。结果人们往往把随机的事情误以为是自己可以控制的。实验人员在一个封闭的环境里面，要求人们预测30次抛硬币的结果，其实这个实验的结果是被人为给操控的，使得每个人恰好可以猜对一半，也就是说实际的预测结果让被试者看到的都是50%的准确率，然而那些在前面几次猜对次数比较多的人，相对于那些前面几次猜错次数比较少的人，对于自己的预测能力有更大的自信程度。通过控制随机的结果，让被试能够多赢几次，于是自信心不断地膨胀。

在赌场中，先让赌徒在一次次的小赌里面感受到获胜的喜悦心情，随着自信心的膨胀，下的赌注越来越大，最后是输得精光，有的人甚至因为赌博还背负了巨额的债务。在股市当中，一些新开户的投资者是因为牛市的赚钱效应而进场，随着市场的整体上升，投资者感受到了赚钱的愉悦，于是追加投入更多的资金，结果熊市来临，不仅仅之前盈利的部分都还回去了，本金还被牢牢的套住。

在人们认为自己接收了更多资讯，有信息获取优势的时候，会产生更大的自信程度。在投资研究过程中，机构投资者相对于个人投资者在信息获取上有一定的优势地位，可以获取更多、更新的一手投研资料，然而正是因为有这样的信息获取优势，反而让机构投资者在投资中形成了更大的自信程度，他们会认为自己可以先市场一步拿到最新的消息，然后快速地进行投资行动，抢先市场一步进行买入或者卖出。然而遗憾的是，每10年有超过3/4的股票型基金都未能战胜标准普尔500股票指数。一个没有信息优势，只是坚持定投指数基金的普通人也可以打败大多数专业的基金经理。

投资中过分自信可能会导致你财富损失。因为对自己的投资更加的自信，认为自己可以把握金融市场的变化，所以导致投资者频繁交易，提高了账户的换手率，研究分析表明，越是频繁交易，最后的投资结果往往越不理想。男性投资者的年换手率平均在77%，女性在53%，然而女性投资者的净收益率要高于男性。

克服过分自信的前提是首先要认识到自己作为人类的一员，过分自信是骨子里面带来的，当我们冲动地想要进行投资的时候，无论是追加投资，还是换股调仓，可以给自己强制设定一个检查清单，一条条罗列出自己这一次投资决策的依据是什么，然后把它放到一边，十天半个月以后，自己冷静下来了，再回头看看自己的分析，还是依然认为真的是好的投资机会吗？再决定是否行动，尤其要注意的是将年度换手率降低下来，因为换手率越高，越是过分自信的体现。换手率越低，长期收益率越好，在买入的时候思考，我真的可以长期持有10年吗？

9.5 损失规避

你有一个很铁的哥们，对于投资非常精通，最近与他交流以后，你获知可以买入一只潜力股，按照这位哥们的预测，未来3~5年至少可以翻一番，你在听了他的投资逻辑以后，非常认可，于是在每股20元的价格，买入了10万股，准备坐等发财。但是，过了一个月以后，你再次打开股票账户的时候，发现那只所谓的潜力股，价格竟然从20元跌到了10元，账面下跌了50%，亏了100万元，你的脸色大黑，惊讶之余，找那个哥们又通了一个电话，哥们告诉你，公司的基本面没有发生变化，未来依然有很大的升值潜力，现在不过只是市场整体性调整，所以好股票也跟着一起受到牵连下跌了。你心里面有些嘀咕，不知道如何是好。如果你是这位先生的话，你会如何进行决策呢？继续持有，还是选择先卖出避险？

A. 继续持有　　B. 卖出

这个时候，你离开电脑去阳台上休息，打算缓解下郁闷的心情。一会儿，你的爱人慌张地过来对你说，刚刚家里不懂事的小孩在你的电脑前，胡乱拖动鼠标在你的电脑屏幕上乱按一通，她发现小孩在无意之中，将你那位朋友推荐的好股票给卖出去了。你来到电脑旁边，看了下账户，果不其然，那只股票以每股10元的价格，将10万股全部给抛了出去，账户上的可用资金多了100万元。这个时候，你会怎么操作呢？立即用目前的市场价格再买回来，还是觉得心里松了一口气，准备再观望看看？

A. 立即买入　　B. 不买了

如果你和大多数人一样的话，那么在第一种情况下会选择继续持有，在第二种情况下会考虑再观望一下，暂时不买了。如果按照理性分析的话，你之所以愿意继续持有一只股票，根本原因是你看好它未来有上涨的预期，可以帮你赚钱。那么，如果不小心被卖出，应该立即再买回来。但是，如果你在意外卖出以后，不愿意立即买回来，站在这个立场上看，你对这只股票未来的前景是有怀疑的。在持有的时候，你看好，在不持有的时候，尤其是近期下跌了很多，你对它的未来前景又是怀疑的。

大多数人有“损失规避”的心理倾向。在股票面对亏损的时候，总是盼望着可以通过继续持有，能够等到回本的那一天，哪怕这家公司的基本面已经变得很糟糕了。如果在买入以后，根据进一步的分析，发现买入的逻辑上有一些疏漏的地方，投资者依然不愿意面对事实。

同时，因为“心理账户”的存在，投资者在买入了一只股票的时候，相当于在自己的心中为这只股票单独开了一个账户，希望未来这个账户是可以赚钱的，哪怕暂时性出现了亏损，只要这个心理账户存在，股票还没有卖出，那么投资者不愿意承认已经亏钱了。但是，如果这只股票被意外卖出了，相当于这个心理账户被关闭了，从原来的浮动亏损变成了真实的亏损。同时，一个心理账户被关闭以后的状态是不可逆的，投资者在卖出亏损的股票以后，不能够再通过买回来的方式，回到原来的心理状态。

如果你想要成为理性的投资者，那么在考虑亏损的股票是否继续持有和卖出的时候，可以通过换位思考的方式来决定行动的方案。在任何时候，要根据分析这只股票的未来收益率的前景辅助自己的决策，而不应该受到主观上的“损失规避”和“心理账户”的影响而做出错误的行为。比方说，如果你持有了一只股票，在考虑是否要卖出还是继续持有的情况下，可以设想，如果自己没有持有这只股票的话，我现在愿意买入吗？如果在没有持有的情况下，愿意买入的话，那么当前持有的状态就应继续保持；否则，如果假设在没有持有的情况下，不愿意买入，那么可能就是对这只股票的未来前景有所怀疑。

9.6 沉没成本

小明在一家互联网公司做软件开发工作，最近听身边同事讨论一只股票上升的走势非常明显，于是他买入了10万元，准备发一笔小财，可是在他买入以后，市场开始了大规模地调整，他的股票才买入没过几天，账面上就已经亏损10%了，他非常肉疼，为了能够挽回账面的亏损，他又从银行存款里面转出了一部分储蓄，继续追加买入，可是怎么也没有看到股价反转的现象发生，于是他看着亏损的账户非常苦恼，股票越下跌，他越买入，结果被这一只股票给深深地套牢了。小明为什么会不断加仓亏损的股票呢？

行为金融学的研究人员发现人们会因为心理账户的存在，对于账面亏损的股票，正常人更倾向于继续持有股票，而不是“割肉”认错锁定已有的损失。比方说，在微信群里面看到两个投资者正在热烈地讨论茅台的股票，因为最近财务报表披露的茅台业绩增速下降，投资者对茅台的未来前景多了一些迷雾。

你知道他们中间有一个是在200元/股买入的，另一个是在700元/股买入的，而现价是600元/股，你认为他们两个当中，哪一个会更有可能卖出茅台呢？正常人的想法是，股价高于买入价可以抛掉，股价如果低于买入价，被套住了，那就拿着耐心地等待解套吧。

然而，理性来讲，对于投资者来说，一只股票到底是持有还是卖出，应该是根据这只股票未来的发展前景，和你预期的市场价格走势会怎样变化有关系，跟买入价格没有太大的关系。如果你认为这只股票的基本面发生了很大的变化，那么即使是高价买入，目前已经出现了亏损，你预期该公司的情况还会进一步恶化，股价还有继续下跌的风险，也应该果断做出卖出的决定，否则你将会承受到更大的损失。

沉没成本谬误。人们在决定是否去做一件事情的时候，不仅是看这件事对自己有没有好处，而且也看过去是不是已经在这件事情上面投入过成本。我们把这些已经发生、不可挽回的支出如时间、金钱和精力等称为沉没成本。

我们在投资的时候，如果发现是一项错误的投资，就应该立即悬崖勒马，尽早回头，切不可因为顾忌沉没成本而错上加错。事实上，这种为了追回沉没成本而继续追加投资导致最终损失更多的例子在生活中比比皆是。许多公司在明知道项目前景黯淡的时候，依然苦苦维持着该项目，根本原因仅仅是因为他们在该项目上已经投入了大量的人力、资金，也就是不可挽回的沉没成本。

比方说A公司，选中了一个开发项目的计划，通过考察以后，发现市场上已经有类似产品了，如果公司选择进入这个市场参与竞争的话，预期将要投入1 000万元，而只有10%的概率盈利2 500万元，90%的概率投入的1 000万元将会打水漂，对于理性的经营层来说，应该会放弃进入这个新市场。但是，如果该公司已经为这个项目投入了500万元，再投入500万元，新项目就可以上市，然而市场上已经有同类的产品抢先上市，如果继续追加投入，还是只有10%的概率盈利2500万元，90%的概率要再损失500万元，但是很多的经营层在做决定的时候，会因为该公司已经为这个项目投入了500万元的沉没成本，在面临着市场竞争压力很大，项目前景预期很黯淡的情况下，咬着牙继续追加投入，期望可以博取小概率盈利的可能性，追回过去公司已经投入的沉没成本。

通过换位思考解决沉没成本的心理误导。很多人为了挽回已经投入的成本，而做出了很多不理性的投资决策。可以通过换位法的思维方式，让自己看到一个不一样的解决方法。

比方说，一只股票你是在20元/股的时候买入的，目前已经下跌到12元/股，账面亏损了40%，你更进一步的分析以后，得出公司的基本面发生了严重的变化，或者当初买入的投资逻辑上存在不严谨的地方。你可以换位思考一下，如果自己是在6元/股的时候买入，目前是赚了一倍，我还愿意继续持有这只股票吗？如果心中的答案是动摇，那么就表明你对公司未来的前景其实是不看好的，这个时候就应该忘记自己的买入价格，果断做出卖出的决策。

9.7 逆向思维

有这样的一个行为金融学方面的小测试，实验人员拿出来四张卡片，每张卡片的一面是数字，另一面是字母，摆在桌子上，分别呈现的是A、K、4、7的字母或数字，然后对被试人员说，卡片的正面如果是A的话，那么背面一定是4。请问你需要翻开哪些卡片，来证明我说的是错误的？这道题的常见答案是A和4，然而正确答案其实应该是A和7，为什么？大多数人都会选择翻开A，因为如果翻开A的背面发现不是4，那么就可以证明我说的是错误的。你也可以翻开数字7，如果7的背面是A的话，也可以证明我说的是错误的。但是，翻开4这张卡片是没有任何意义的事情，因为实验人员说的是A的背面是4，而没有说4的背面就一定是A。翻开这4张卡片的行为，我们称为证实偏差，人们愿意为自己的假设收集更多的正面例子，来支持自己的观点。

证实偏差在投资中和生活中是常见的谬误。研究表明，相对于收集证据来证伪自己的观点，人们更愿意收集更多的证据来支持自己的观点，在心理学上来说，人们对于自己的观点和看法，更加愿意前后保持一致性，而不是试图来推翻自己的看法。比方说，人们更愿意阅读哪些书？那些与自己观点能够产生共鸣的书籍。人们更愿意与哪些人交朋友？那些人生观、价值观和世界观与自己相符的人，也就是所谓的志同道合的人，物以类聚人以群分。

然而，这是一个糟糕的验证自己观点的方式。相对于寻求更多的正面支持，我们应该多与那些最不同意我们观点的人一起讨论。当然，这样做并不是要我们改变自己的观点，通过简单的交流就可以改变自己的观点的可能性微乎其微。相反，通过与不同观点的人在一起交流和碰撞思想，我们可以站在他人的角度看到一个不一样的世界，聆听不一样的声音。如果我们无法证明对方的观点存在逻辑缺陷，那么对于自己的看法也不要固执己见。

投资中人们愿意收集更多的资料来证明自己的思路是正确的。当一个聪明的投资者拿到潜在的投资机会的时候，一般来说会查看公司过去历年的财务报表，重点关注营业收入、净利润和经营性现金流的变化，净资产收益率、毛利率和净利率分别都是多少以及是如何变化的，然后再分析公司的竞争优势，在行业中公司是否构建了护城河，能够有效地阻挡竞争对手的入侵，再进一步，投资者会查看历年的年度报告中董事会关于经营的分析和讨论，管理层是否诚信和值得信赖，通过估值分析判断当前价格是否高估等。然而，很多投资者会忽视掉一个非常重要的环节，就是思考“空头情形”，当你想要买入的时候，为什么市场上有些人更加愿意卖出呢？在做基本面研究的时候，不仅仅是要收集一些正面的证据清单来支持自己的投资逻辑，更重要的是还需要列出来一些负面的检查清单，试图去证伪自己的想法。

杀死你自己的投资想法。老虎基金的朱利安·罗伯逊一直坚持寻求相反的观点，然后本着对自己完全诚实的态度，决定是否能推翻自己的分析。这就是他们每天努力坚持做的事情。同样的费尔霍姆资本管理公司的布罗斯·伯克维茨表明他们在投资研究分析的时候，也是花大量的时间去思考公司经营会出现什么问题？尝试用各种方法来杀死自己认为最好的投资想法，如果不能杀死它的话，那么可能投资想法就是对的。足以杀死一家公司的方法有：不产生有效的经营性现金流，烧钱，过高的资产负债率，过度冒险，愚蠢的管理层，股票买入的价格过高，财务造假等。通过关注事物不利的一面，而不是有利的一面，伯克维茨保护了自己的投资组合，并且取得了显著的投资成绩。

逆向思考的重要性。“我只想知道我将来会死在什么地方，这样我就可以永远不去那里啦。”这是投资大师查理·芒格非常喜欢的一句妙语。伟大的数学家雅各比经常重复的一句话：“反过来想，总是反过来想。”雅各比知道事物的本质是这样的，许多难题只有在逆向思考的时候才能得到最好的解决。达尔文也特别强调逆向思考：他总是致力于寻求证据来否定他已有的理论，无论他对这种理论有多么珍惜，无论这种理论是多么得之不易。与之相反，大多数人早年取得成就，然后就越来越拒绝新的、证伪性的信息，目的是让他们最初的结论能够保持完整。爱因斯坦说他那些成功的理论来自：“好奇、专注、毅力和自省。”他所说的自省，就是不停地试验与推翻他自己深爱的想法。

抑制乐观主义情绪的，可以借鉴“事前验尸”的方法。当一个机构即将做出一个重要决策但还没有正式下达决议时，加里·克莱恩提议召集对这个决策有所了解的人开一个简单的会议。在会议之前有一个简短的说明："设想我们在这一年后的今天已经实施了现有计划，但是结果惨败。请用5~10分钟简单写下这次惨败的缘由。"通过这样的流程，有两个主要的优点：决策快要制定好时，许多团队成员会受到集体思考的影响，而事前验尸则扼制住了这种群体乐观主义情绪的影响。

同样的方法运用到投资决策中，设想我们一年后的今天已经实施了这一次的买入计划，但是结果是落得了大幅度的亏损，请用5~10分钟写下自己这一次投资惨败的原因是什么。通过这样的方式，可以强制自己看到一些原来被忽视掉的空方观点，用悲观的角度来思考问题。

9.8 从错误中学习

任何人都会犯错，投资大师也不例外。虽然巴菲特在过去半个世纪中获取了举世瞩目的伟大投资业绩，但是巴菲特坦诚地对股东们说，在他的投资生涯里面也犯了很多的错误，尤其是一些"非受迫性的失误"。有别于很多普通人喜欢掩盖自己的错误，真正成功的投资者会坦诚地面对自己的错误。就像一流的运动员在赛场上，也难免会出现失误的情况，投资也是一件非常复杂的事情，即使是训练有素的投资者，也难以确保自己在投资的过程中不会犯下任何错误。

如果想要从自己的错误中学习，前提是必须要勇敢地承认自己犯错了，否则，死要面子不肯承认自己的错误，那么又谈何可以从错误中学习，然后在以后遇到类似情况的时候，不再犯错呢？孔子最喜欢的一个弟子叫颜回，孔子夸他说能够做到"不迁怒，不二过"。其中"不二过"，表明颜回可以做到曾经犯下的错误，能够不再重复。智慧的人可以从别人的错误中学习，聪明的人至少应该做到从自己的错误中学习，接纳自己会犯错的事实，然后再反省和修正，努力做更好的自己。

把自己的投资思路写下来，可以方便自己进行事后的复盘。通过建立自己的投资笔记，将自己的投资思考过程给记录下来，有利于事后分析的时候，对于这一次投资的成败，研究下到底是自己投资技术上的能力还是外在环境的运气所导致的。如果没有建立投资笔记，大多数人在获得理想结果的时候，会把原因归结到自己的能力上，而在遇到糟糕结果的时候又归结于外在环境的不利因素，把失败的原因归结到是运气不好。

然而，一旦建立了自己的投资笔记，通过白纸黑字的方式把自己的思考过程都给写下来，当一次投资完成以后，我们通过事后的复盘过程，让自己保持开放的心态来分析自己当初的投资逻辑推演上存在哪些问题，自己考虑事情的时候，覆盖了哪些基本面的要点，对公司未来的发展预期又有哪些逻辑上的推演，并且在真实的结果发生以后，与自己推演上存在哪些差异。自己到底是因为有能力而获取了不错的投资成果，还是有很大的运气成分在里面。瑞·达利欧在《原则》中谈道："每当我在市场上开始一笔交易，我都会把自己用来做决策的标准写下来。然后，每当我结束一笔交易，我都会回顾一下这些标准的效果怎么样。当然，我们也在不断犯错，但错误都在我们的预期范围之内。而我们会尽最大可能利用我们的错误，因为我们养成了习惯，把错误看作学习和改进的机会。"

自我归因偏差。人们习惯于把好的结果归因于自己的能力和努力，而把不好的事情归因于其他人或事。这是人的一种自我保护的本能反应，但是自我归因偏差的存在，会阻碍投资者从自己的错误中学习的机会。然而要解决人类普遍存在的自我归因偏差的问题，一个很好的方法就是开始记录自己的投资笔记，把自己的研究过程和所做决定的原因给写下来。

然后，做复盘的时候，就可以看到当时自己的想法，其中存在哪些问题。通过区分运气和能力，避免自己以后一而再、再而三地在同样的错误上栽跟头。无论是巴菲特通过致股东信的方式公开自己的投资思考及事后的反省，还是像约翰·聂夫、约翰·邓普顿和彼得·林奇这样的世界级投资大师，都有记录自己的投资日子的习惯，并在成功以后通过书籍的方式分享给广大读者朋友，通过看他们的成功投资相关的传记，可以了解到在当时处境中大师是如何思考的，事后又是如何反省的。

人们喜欢做事后诸葛亮，后见之明的偏差会阻碍投资者的自省。人们有一种倾向，就是在事情已经发生以后的结果明确了，他们往往会认为自己之前其实就已经知道。通过记录投资笔记的方法，在事后做回顾的时候，可以有效地避免事后诸葛亮，自己当初是怎么想的，获取了哪些基本的信息，又是如何决策的，都记录下来了。事情的结果到底是如何，之前是知道，还是不知道，都清楚地记录下来了。这样才可以进行前后的对比。

例如，一个投资者说他早就知道这家公司经营不善，真是无稽之谈，他其实根本就并不了解这家公司，只是知道最近这家公司的股票下跌得比较严重。通过结果来推测原因，这其实就是结果偏见，是一种后见之明。

因此，承认任何人都会犯错，投资大师也不例外。普通人喜欢掩盖自己的错误，然而成功的投资者会坦诚地面对自己的错误，并从自己的错误中学习；人们有自我归因偏差和事后诸葛亮的心理倾向，所以为了避免这样的行为干扰自己的错误归因分析，比较好的方法是通过记录投资笔记的方式，把自己当初的想法和决定都给写下来，然后当结果发生以后，再与过去的笔记进行比较，保持极度开放的心态，从自己的错误中学习。

9.9 悠闲的投资者

投资中交易越多，投资回报率越低。随着移动互联网的普及，人们在接收资讯方面变得越来越便捷，对于专业投资者来说，希望对第一手的投研资料可以抢先阅读，然后立即开始行动。对于业余投资者来说，通过智能手机接收到海量资讯的轰炸，从行为投资学角度看，投资者接收到的信息越多，其实未必就一定能够提高投资者决策获胜的概率，反而是信息越多，投资者对自己决策行为的自信程度会越来越大，于是在过分自信的心理倾向下，投资者认为自己有更大的信息优势、更好的投资技能。

于是更加频繁地倒腾自己的投资组合，从结果上看，就是投资者的换手率越来越高。但是，研究人员发现，从样本统计得出的结论是换手率越高的组合投资回报率越低。频繁地进行交易，反映出来投资者对于自己的判断很有信心，相信自己可以抓住市场上那些转瞬即逝的投资机会，可以在上涨之前买入，在下跌之前卖出。投资者群体存在“多动症”的现象。

人们希望别人看到自己表现得很勤奋，而不是无所事事。在上学的时候，如果有班主任来到教室检查，提前发现班主任要来的同学，迅速把消息扩散给全班同学，于是大家急忙回到自己的座位上，拿出教材或者作业，坐在那里假装自己是很勤奋地在学习，如果哪位同学是无所事事的样子，估计要被班主任拎出来作为批评的典范。

在工作当中也是，有些人在年底考核的时候，与领导沟通绩效，强调自己这一年虽然没有多大的功劳，但是至少也是有苦劳的，在领导的面前一直在表现出来的是兢兢业业工作的。中国也有一句古话：天道酬勤，很多人将此作为自己的座右铭，勉励自己要在学习和工作中勤奋努力。

足球比赛中守门员若站在中间，可以表现得更好。喜欢看足球比赛的朋友知道，如果在赛场上出现了犯规行为，或者需要分出高下的时候，但是比分一直都是持平的，那么就会进入刺激的点球环节。点球能够命中的概率是80%，然而足球比赛中平均只能进2.5个球，所以关键时刻的一个点球，可能会直接影响到整个赛事的结果。有研究人员通过分析足球的一些重要的赛事，发现点球的运动方向是均匀地分布在球门的左中右三个方向上的。

然而，守门员的表现却出现了明显的行为偏差，他们在大多数的时候会选择向左边或右边进行扑球，概率是94%，只有6%的时间会停留在中间位置。我们偶尔会看到的一个画面是，点球直接从正门的位置进入了，但是守门员却扑向了一侧，这个时候电视画面会聚焦到射门的运动员，表现出来喜悦的心情，然后再切换到守门员脸上，一般是痛苦、懊恼的表情。统计资料表明，如果守门员停留在中间位置不动的话，可以接住60%往中间方向射门的球，远高于向两边扑球的概率。

有人问守门员为什么要往两边扑球，为什么不站在中间位置呢？守门员说，往两边扑球，至少可以表现出来自己是在努力做一些事情的，如果站在中间不动的话，眼睁睁地看着球从左边或右边被射门了，那种感觉会非常痛苦，自己可以做点什么，总比什么都不做，在心理上会更舒服一些。可见，人们面对事情的时候，如果无所事事会觉得内疚，总是希望可以有所作为。

没有好球，绝不挥棒。巴菲特在1997年的致股东信中，提到了棒球明星

Ted Williams的做法，他会把打击区域分为77个，每个区域只有一个棒球的大小，只有当球进入最理想的那个“甜蜜”区域，才能保证四成的打击率。如果勉强去击打那些在最佳区域边缘的球，打击率将会降低到二到三成以下。也就是说，耐心等待好球出现的时候奋力一击是进入名人堂的通道，与那些随便什么球，上来就挥棒的运动员是完全不一样的命运。但是，即使有这样的认知，他也不可能整天都在等待好球的出现，棒球的规则是，如果三投不击，就要被三振出局。

巴菲特强调，就这一点而言，投资者其实是有更大优势的，因为投资者并不会被强制性地三振出局，所以没有必要承受外在行动压力的逼迫。他们可以错过很多的投资机会，直到一个极佳的机会送到眼前。投资的魅力体现出来，你站在本垒板上，投手以16元的价格投给你格力电器，以200元的价格投给你贵州茅台。没有人会被三振出局，在价格没有达到你理想标准的时候，你可以选择无视它，在这里没有惩罚，只有机遇的出现。你可以整天都在等待好球，当守门员昏昏欲睡的时候，给出致命的一击。

设定投资标准，然后等待机会送上门。赛思·卡拉曼说：“投资标准是很重要的。设定标准过高，你或许仍然持观望态度。设定标准太低，你将会立刻全力注入资金，然而这与你没有标准时的表现并没有多大的区别，经验和全方位的思维是设定标准的关键所在。”霍华德·马克斯说，橡树资本管理公司的格言之一是：“我们不找投资，投资找我们。”我们尽量作壁上观，不会怀揣“购物清单”出门寻找，而是等待机会自己送上门。他提醒我们，等待投资机会到来，而不是去追逐投资机会，你会做得更好。只有当你遇到极佳的机会，才应该采取行动，在没有合适的机会的时候，你应该耐心地等待机会，有足够的耐心按兵不动。

9.10 聪明一次

曾经与一个朋友面对面交流，他告诉我最近买了一家房地产公司的股票，我问他这个生意你可以持有30年吗？他直摇头说，当然不行的，准备就拿个

3~5年，赚一波钱以后就撤走。我摇头说，房地产开发并不是理想的生意，尤其是这个生意你做不到可以长期持有的话，在你的投资生涯中，你就需要反反复复地聪明很多次，然而理想的投资情况应该是寻找那些咱们只需要：聪明一次就够了的生意。

聪明一次就够了，而不是要聪明很多次。在我们有限的投资生涯里面，我们应该是积极地去寻找那些可以真正地长期持有的好生意，一旦合适的买入价格出现，我们只需要聪明一次就够了，买入然后就是长期持有，分享生意成长所带来的复利式积累。如果一个生意你看不到它在10年后会发生怎样的变化，那么就尽量谨慎回避掉这些生意吧。如果要反反复复聪明很多次，我们就需要把大量的精力投入到股市中，不断地去寻找下一个可以投资的机会，然后再不断地倒腾自己的投资组合，这样就太累了。

然而，如果我们找到了那些具备消费垄断特征的企业，能够超长期进行持有的好生意，只需要在买入之前进行深度研究分析，一旦我们看懂了这个生意，就可以被终身所用。然后有新增资金进来就可以买入持有这些好生意，我们其实并不需要聪明很多次。这样的投资方法，既可以限制我们出手的次数，提高出手的胜率，也可以让我们在投资上变得更加省心。

从数学概率上说，出手的次数越多，反而降低了胜率。比方说，你认为一个生意未来具备良好前景的概率是90%，出现意外情况的概率只有10%，那么买入持有以后，这个投资机会的确定性在90%；但是，如果你发现了N个概率都是在90%的投资机会，然后反反复复地在这些投资标的上进行倒腾的话，随着你倒腾次数的增加，反而拉低了获胜的概率。比方说，第一次出手概率是90%，第二次出手的概率90%，两者相乘的结果是81%，出手的次数越多，越是频繁交易，最后看到结果的确定性越低。

有节制地出手，限制出手的次数。巴菲特曾经在一个大学做演讲，给同学们一个建议，当你们从学校出去以后，如果把自己这一生买入的公司数量限制在20个以内，那么你将会富有一生。这是什么意思呢？对于大多数投资者来说，现在是电子化交易了，通过手机就可以非常方便地进行股票的买卖操作，从一家公司的股票跳到另一家公司的股票，可以在极短的时间内完成，别说一生只买20个公司了，很多人可能几个月时间内就要倒腾几十个公司。如果限制了自己投资生涯出手的机会，我们知道自己每一次买入以后，就减少了总的买入机会，那么我们必然会对自己的每一次出手，要特别谨慎，在进行了大量的对比以后，只下手那些我们真正认为是非常好的投资机会，只需要聪明一次，然后可以进行超长期持有的好生意。

聚焦在具备消费垄断特征，有良好的经营前景，有值得信赖的管理层，生意内部可以持续复利积累，并且依然有很大成长空间的好生意。如果要聪明一次就够了，必然是要寻找那些有长期良好经营前景的生意，那些变化不大的，我们能够看懂，至少是可以看到未来10年这个生意依然会保持竞争优势。

同时，公司必须有值得信赖的管理层，在一个依然具有广阔发展空间的行业中，可以持续性地创造增量的价值，为股东带来长期的良好收益。一旦找到了这些生意，我们买入持有，然后就是不断收到这些生意经营良好的反馈消息。这样做既省心，又可以获取不错的投资回报率。

9.11 内部记分卡

股市会周期性地发生调整，尤其是一些基本面还不错的公司，也会随着整体市场一起在向下调整，好公司的价格变得越来越便宜了。但是，如果你之前就已经买了股票，随着价格的持续性下跌，感觉到了心理上的压力吗？投资大师在面对股票市场持续性调整的时候，他们又是如何思考的呢？

巴菲特：“在别人贪婪时恐惧，在别人恐惧时贪婪。”

格雷厄姆：“市场先生的出价是用来服务于你的，你应该根据他的出价，由自己来决策是否要跟他进行交易，如果你要买股票，在他出价愚蠢的时候，跟他进行成交，你要卖股票，在他报价非常疯狂的时候把股票卖给他。但是，你不要根据他的报价来帮你做决策。”

约翰·聂夫：“如果温莎基金的投资组合看起来就很容易让人认同，那么可以说我们在敷衍了事。”

约翰·邓普顿：“恐慌和危机会给卖家造成强大压力，却为发现低价股创造了良机。如果你能在其他人都夺门而逃的时候岿然不动，好股票就会轻轻落入你的手中。”

真正的投资大师，都有自己的内部记分卡。巴菲特擅长在好公司遇到黑天鹅事件打击的时候，逆向买入，例如美国运通的经典投资案例，当时在20世纪60年代，因为色拉油事件的丑闻，股价持续性下跌，但是巴菲特通过身边的观察，发现并没有对美国运通造成多大的负面影响，所以拿合伙企业的40%买入了美国运通的股票。

在2000年互联网泡沫的时候，巴菲特掌管的伯克希尔哈撒韦的表现落后于市场，当时美国的一些主流媒体报道说巴菲特的投资方法过时了，巴菲特青睐的是一些传统企业，产品简单、业务变化不大的公司，在互联网泡沫期间的股价表现相对来说并不理想。

但是，巴菲特并没有因为市场人士的人云亦云而踏出自己的能力圈。当时他的观点就是这些科技、互联网类的公司，并不在他可以理解的范围内。这些生意的变化特别大，很难建立强大的护城河优势，10年以后会怎样，并不在巴菲特可以认知的范围内。因为他有自己的内部记分卡，所以他拒绝了市场的热潮，坚守在自己的能力圈内。即使在那个期间的投资收益落后于市场，他依然可以坦然地告诉公司的股东，他在做自己认为正确的事情。随着互联网泡沫的破灭，在历史的考验下，人们终于发现，还是巴菲特的投资方法能够站住脚。

约翰·聂夫擅长的是低市盈率投资，他在花旗银行的投资传奇被投资圈所熟知。从平均持股成本33美元/股，一路下滑到8美元/股左右，在账面巨大的浮亏下，聂夫一直坚守花旗银行。他在事后回顾花旗的投资案例时说，成功的投资并不需要人气旺盛和单边向上的市场，正确判断和坚持信念是成功的先决条件，投资上的推理可以帮助我们发现潜力股，但是最终还需要好的心态、耐心，让我们坚持到可以看到投资回报的时候。

9.12 检查清单

在我们的日常生活中，经常可以接触到各种各样的产品，如果我们看到一家公司的产品非常的畅销，对于敏锐的投资者来说，总是想要调查一下这是不是一家上市公司，如果价格合适的话，有可能是一个很好的买入机会？在看到一些关于公司基本面报道的财经信息，其中涉及某一家公司的商业模式介绍，你特别感兴趣，想要进一步了解一下这家公司。我们有机会接触到各种形形色色的上市公司，但是我们不可能有精力覆盖到绝大部分的公司，所以要给自己设定一些基本的投资原则，通过快速筛查的方法，只留下一少部分真正值得深入研究的。那么，到底有哪些需要检查的地方呢？笔者在这里列一个基本的清单。

这家公司是最近才上市的吗？因为国内市场独特的新股发行制度，导致新上市的公司，往往估值都特别的高，需要一定的时间来消化高估值，要么是漫长的阴跌，要么是业绩逐步爬坡上来。同时，刚上市的公司，没有足够的财务数据可以进行追溯，所以我们在对它的基本面进行调查的时候，手上的数据不够充足，不能够有效地判断未来的发展情况。以及对于需要冲击上市的公司，在上市之前几年内的财务报表，有一定的动机希望能够做一些美化，然后在资本市场上获取到一个比较好的估值表现。因此，最好是公司已经上市满五年，在上市以后，成为一家公众公司，在得到了市场监督之下，交出了五份上市以后的年度财务报表。

这家公司赚取净利润吗？最近几年的净利润是保持着稳健增长吗？公司存在的目的，一方面是输出产品或服务来满足社会需求，另外一个方面就是要能够盈利，为股东创造价值。同时，净利润最好是保持着稳健的增长，而不是上蹿下跳，前者表明公司的盈利能力在逐渐地提高，后者表明公司的盈利能力有较大不确定性，一方面可能是公司是身处一个周期性的行业，另一方面可能是公司经常性地收到竞争对手的袭击，公司缺乏护城河的保护，不能够有效地守护利润。通过这种方法，我们可以排除掉那些以炒概念为生的公司。我们应该喜欢那种能够产生净利润，最好是芝麻开花节节高的生意。

这家公司的净资产收益率是多少？最近几年是否保持着稳健的状态？衡量一家公司经营成果最好的指标就是净资产收益率，它表明公司利用归属于股东的权益所创造的净利润百分比是多少。通常来说，在没有较高财务杠杆的前提下，能够数年保持在15%以上的净资产收益率是一个好生意的象征。我们同时还要考察最近几年的净资产收益率的变化趋势，公司是否可以保持稳健的状态，而并不是偶然的高净资产收益率。对于能够多年保持高净资产收益率的生意，说明公司的管理层可以有效地利用公司的资产为股东创造超额收益，同时如果有留存收益在公司内部，通过持续性地高净资产收益率，可以为股东实现生意内部的复利积累。

这家公司的销售净利率是多少？通过杜邦分析可以把净资产收益率拆分为销售净利率，总资产周转率和财务杠杆，好的生意即使在没有财务杠杆的情况下，也可以为股东创造良好的回报。那么，如果想要获取比较高的净资产收益率，理想的情况是可以匹配比较高的销售净利率。净利率是反映公司盈利质量的一个指标，表明在单位销售收入的基础上，可以转化出来多少净利润。在销售价格一定的情况下，成本越低，利润率越高；在成本一定的情况下，销售价格越高，利润率越高。公司可以通过有效地控制成本来提高利润率，或者通过提价的方式来改善利润率。然而，这些通常都是反映出公司具备竞争优势。

这家公司产生经营活动现金流量净额吗？公司既要有利润，也要有现金流量的净流入，对于在经营活动方面不能够产生有效的现金净流入的公司来说，往往是体现了公司的自我造血能力匮乏。我们可以把现金流量比喻成人体的血液流动，如果一家公司的经营活动的现金流量方面出现了问题，就好比一个人的血液流通出现了异常。考虑到折旧和摊销的因素，我们最好是选择那些经营活动所产生的现金流量净额与核心利润的比值关系在70%以上的公司。

这家公司的生意是否简单易懂？是否有优秀的经营历史？是否有良好的未来发展前景？这个生意我们的智商是可以理解的，要排除那些距离日常生活太遥远的生意。相对于生产高科技零部件的企业，我们在日常生活中就可以看到的食品饮料类的企业，要容易理解得多。投资并不是一个高智商打败低智商的游戏，尊重基本的常识才是更重要的事情。我们通过前面的若干盈利能力的指标的组合，来判断公司是否有优秀的经营历史，要优先选择那些已经在历史经营中留下来优秀痕迹的公司。同时，还要思考公司过去的优秀经营历史，是否可以继续保持下去，未来十年是否依然有广阔的发展空间。

这家公司需要大量的资本支出进行厂房和设备的更新吗？对于某些生意来说，每过几年就需要大手笔的资本支出来更新厂房和设备，那么对于实际所披露出来的净利润，其实是有相当一部分是属于限制性盈余的。如果公司不伴随行业一起进行设备升级，就要失去持久性的竞争力。相对于需要大量的资本支出的生意，有些生意只是在早期有一些投入，之后就可以稳稳地赚取现金流，并不需要持续性地再投入，那么公司可以用赚到的钱给股东分红、拿来收购其他赚钱机器或者是回购公司的股份，这些都可以让股东变得越来越富有。我们要优先选择小投入，大产出的生意。

这家公司的产品或服务可以随着通货膨胀不断地提高价格吗？随着经济的发展，社会总体财富的不断增加，通货膨胀从长期来看是一件必然发生的事情。这家公司是否可以随着通货膨胀不断地提高销售价格呢？如果可以超过通货膨胀的速度提价，那么当然是更好的。公司可以通过产品提价的方法，把生产成本的提高转嫁给消费者。我们买入一个抗通胀的生意，那么我们的财富就可以随着这个生意的发展，不断地保值和增值。

这家公司的总股本变化情况是怎样的？决定一家公司市场价格的计算方法是每股股价乘以总股本。如果流通在外的股本数量变得越来越多，公司主要通过发行股票的方式来进行融资的话，就会稀释掉老股东的权益。相对于发行股票融资的另一面是拿公司自有资金从二级市场上回购股份并注销，那么对于留存下来的股东，虽然持股数量没有变化，但是拥有公司的权益比例变得更多了。通常来说，如果一家公司在股票的市场价格被低估的时候，通过回购注销的方式可以提高留存股东的价值，也是公司管理层善于支配公司留存收益的体现。

因此，我们在日常生活中会接触到很多的上市公司，面对这么多的上市公司，我们没有那么多的精力可以保持覆盖，但是可以通过设定一些简单的筛选标准，通过清单检查的方法，留下来一些真正值得深入研究的股票池；优秀的上市公司一定是在过往的经营历史中留下来了足够让我们发现其优秀一面的痕迹，通常衡量公司盈利能力角度有净利润的稳健成长、良好的净资产收益率和销售净利率，与净利润能够匹配的经营活动产生的现金流量净额；对于那些不需要再次投入大量资本支出的生意，才是股东真正的赚钱机器，流入公司的现金流可以给股东分红、对外收购或者回购股份，股东将会变得越来越富有。较差的生意是需要持续性地拿留存收益来更新换代设备，才能够保持住生意的竞争力。

第10章

拨开投资中的迷雾

胜兵先胜而后求战，败兵先战而后求胜。

——《孙子兵法》

10.1 决定股票长期收益率的三大要素

决定股票长期收益率的基本要素有哪些？一部分是来源于企业的内部经营收益率，另一部分是来源于市场估值的变化。其中有三大基本要素。

（1）买入时的股息率。

（2）在持有期间公司净利润的年复合增长率。

（3）期初和期末之间的市盈率变化。

第一种情况：A公司每年净利润30亿元，拿出50%利润给股东现金分红，15亿元继续留存在公司内部，可以用于扩大目前的生意，也可以对外收购或者回购公司股份。总市值300亿元，市场估值10倍PE。然而，这家公司在投资者买入以后，五年时间中，净利润都没有增长，买入时10倍PE，五年后还是10倍PE，那么投资者拿到手的收益率，只是持有5年期间的现金分红，股息率为5%，期末如果还是以300亿元的市值卖出，投资者没有赚到公司的业绩成长及市场估值的弹性变化。

第二种情况：B公司每年净利润30亿元，净利润保持了15%的年复合增长率，即净利润实现了五年翻一番，从30亿元增长为60亿元，如果期初市值600亿元（20PE），期间没有任何分红，期末市场估值还是20PE，市值将从600亿元增长为1200亿元，投资者选择卖出，赚取的就是过去五年公司业绩成长的钱，即使在市场估值没有变化的情况下，推升了市值跟着净利润一起做到了五年翻一番。

第三种情况：C公司期初的净利润30亿元，市值600亿元（20PE），净利润实现了五年翻一番到60亿元，这个时候市场发现了公司优异成长性，并匹配了更高的估值，从20PE提高到30PE，市值高达1 800亿元，相对于期初的600亿元，增长了3倍，折算年复合回报率为24.57%，其中一部分来源于企业的内部业绩成长15%，另外一部分来源于市盈率的扩张，每年贡献了约10%的收益率。公司业绩增长与估值弹性放大叠加到一起，也就是通常的戴维斯双击。

第四种情况：D公司期初的净利润30亿元，市值600亿元（20PE），净利润五年翻一番到60亿元，每年拿出来50%的利润给股东分红，股息率2.5%，市盈率从20PE扩张到30PE，那么在五年的持有期间总收益率来源于三大部分：股息率（2.5%）+ 净利润的年复合增长率（15%）、市盈率的扩张（8.44%），持有期间的年复合回报率将高达25.94%。

有一些投资者喜欢选择低市盈率、高股息率的生意，通常是一些生意已经比较成熟，成长性表面看似较差的公司，那么长期持有一方面可以赚取稳定的股息率，另一方面如果股票市场从熊市进入牛市的繁荣期，导致市盈率的扩张，还可以赚取到市场估值弹性的收益。因为低市盈率，反映了市场对公司估值前景的黯淡，如果公司实现了业务的扩张，或者进入了新的领域，市场预期公司会实现二次成长，那么叠加的业绩成长和市盈率的扩张，将会是一笔不错的投资结果，还有因为高股息率和低市盈率，某种程度上也是熊市进一步下跌的保护伞，投资者在熊市期间可以利用分红继续增持公司更多的股份。

有一些投资者更为青睐成长股，从三大要素的分析来看，决定了长期收益率的主要来源于企业的成长性，对于总收益率的贡献也是最大的。通常成长股很少分红，所以股息率极低，因为公司可以利用留存收益进一步扩大经营，通过净利润的持续增长来回馈股东。如果以10年的持有周期来看，在期初的时候以历史平均市盈率买入，期末的时候假设市场还是以平均市盈率进行交易的话，那么持有期间赚取的主要就是净利润的年复合增长率，以及少部分的股息收入。

我们以伊利股份为例来看，截至2017年净利润为60.03亿元，净利润年复合增长率，过去5年为28.16%，过去7年为33.45%，历史平均市盈率在18~35PE，接近20PE及以下为估值的低位区，中枢在25PE，超过30PE进入相对估值的高位区。在20PE的时候，对应股息率约3%，如果未来10年净利润的复合增速下降到10%，期末市盈率依然有20PE，持有期间的总回报率，即期初股息率加上净利润的年复合增长率为13%；另外一种乐观的情况，未来10年的净利润复合增速15%，期末市盈率扩张到30PE，那么总回报率的组成有股息率（3%）、净利润复合增速（15%）、市盈率弹性扩张（4.14%），毛估估22.14%；但是，如果投资者是在30PE买入，10年后市盈率下降为20PE，期间的总回报率有股息率（2%）、净利润复合增速（15%）、市盈率下降（-3.97%），投资收益率将下降为只有13.03%，如果净利润增速只有10%，那么总回报率将下降为只有区区的8.03%，相对来说持有期间的投资业绩就不是很理想了。

对于食品饮料类的公司，有不少市盈率的区间就是在20~30PE，未来十年如果业绩增速可以做到年复合增长率10%，即使股息率只有2%~3%，那么在20PE的时候买入的话，一方面在估值的低位，下跌的空间有限；另一个方面，既可以享受到未来业绩的增长，以及市场有可能从低估值区域运行到高估值区域，所叠加的市盈率弹性放大的收益率。相对来说，更重要的还是在持有期间公司业绩的稳定增长，市场估值溢价的部分即使没有也可以获取15%~20%的年复合收益率，那么就是相对不错的买入机会。

10.2 低市盈率投资策略

约翰·聂夫曾经执掌温莎基金31年，22次跑赢市场，投资者最初投入基金的1美元变成了56美元，而同期若投资于标普500指数的回报却只有22美元，由此计算，投资增长了55倍，比同期标普500指数的收益率两倍还要多，年均收益率超过市场平均收益率达3%以上。表面上看，似乎并没有多称奇，但是这样的投资收益率是在承担了远小于市场平均风险的情况下所获得的，而且考虑了超过几十年的时间因素，能够在这么长的时间内取得如此高投资收益率，也只有沃伦·巴菲特、约翰·邓普顿、赛思·卡拉曼等少数投资大师才可以做到。

约翰·聂夫选股的永恒原则：

（1）低市盈率（指低于市场平均值40%~60%）。

（2）基本增长率超过7%（未来5年，排除低于6%或者高于20%增长率的）。

（3）收益有保障（重视股息率）。

（4）总回报率相对于支付的市盈率两者关系绝佳。

（5）除非从低市盈率得到补偿，否则不买周期性股票。

（6）成长行业中的稳健公司。

（7）基本面好（重点考察：盈利增长、现金流、净资产收益率和销售净利率）。

市盈率（PE）反映的是一家公司的市值与净利润之间的比值关系，比方说市场给恒瑞医药60倍PE，给格力电器只有9倍PE，买入恒瑞医药的投资者为公司的每1元净利润付出了高达60倍的价格，而对于格力电器的每1元净利润只付出了9倍的价格，假设这两家公司的未来净利润都不增长的话，同时净利润都拿出来分红，那么买入恒瑞的投资者需要60年才可以回本，买入格力的投资者只需要9年的时间就可以回本。

然而，不同公司，在不同的时刻，市场给出的市盈率的高低差异，反映了投资者的群体共识，对这家公司未来净利润增长的预期，高市盈率的公司，市场预期未来还可以保持过去的高速增长率，而低市盈率的公司，市场预期未来增长可能会遇到天花板，净利润甚至会下滑。

比方说，恒瑞是中国医药行业的龙头企业，过去10年净利润的复合增速是22.78%（2007—2017年），目前60倍PE反映了市场对恒瑞未来发展前景的一致性预期的看好，尤其是恒瑞目前的市值与国外龙头企业市值之间较大差距，所以投资者非常乐观。然而，格力电器虽然过去10年净利润的复合增速是33.24%（2007—2017年），比恒瑞还要高，但是市场给9倍PE，反映了对格力的主营产品空调与中国房地产行业发展之间的密切关系，一致性预期是比较悲观。

在聂夫的观点来看，如果一家公司有高市盈率，那么支撑如此高股价的基础是市场对公司未来成长的美好预期，一旦公司的实际成长与市场预期之间发生了背离，那么市场将会恐慌性惩罚高市盈率的公司，进行杀估值。但是，低市盈率的公司，市场本身对于这家公司的未来成长就没有抱多高的期望，所以哪怕实际的业绩披露真不太理想的话，在已经是低估值的状态下，就不会在估值上雪上加霜，因为低市盈率中已经充分反映了市场的悲观预期。

但是，如果低市盈率的公司真实业绩成长超过了市场预期，那么当市场意识到这种基本面变化的时候，守候在低市盈率公司的投资者，既可以享受到公司业绩增长，也可以享受到低市盈率往合理市盈率方向扩展的双重收益。选择低市盈率的投资者也如《孙子兵法》中“胜兵先胜而后求战，败兵先战而后求胜。”所阐述的相似的人生智慧，与格雷厄姆的安全边际理论也是有异曲同工之妙。

举例：老板电器从2010年上市以来，净利润从1.34亿元增长到2017年14.61亿元，过去7年的复合增长率超过40%，市场给老板电器的历史市盈率在20~30倍区间，有的时候甚至超过35倍市盈率，但是随着2018年财务报表的陆续披露，老板电器无论是营业收入还是净利润，双双降低到只有个位数的增长率，市场进行了恐慌性地杀估值，从年初最高35倍PE，一路下跌到最低只有11.85倍PE，市值从超过500亿元下跌到不到200亿元，从原来的高知名度成长股转变为一只较低市盈率的股票，高预期可以在短短的几个月时间转变为低预期，然而在高位买入老板的投资者，落得了较大幅度的亏损。这也是买成长股所要面对的潜在风险。然而，目前老板电器的低市盈率，反映了投资者对未来的较低预期，如果未来实现了超预期的增长率，那么低市盈率投资者就可以享受到下跌空间有限、上涨空间较大的良好投资局面。

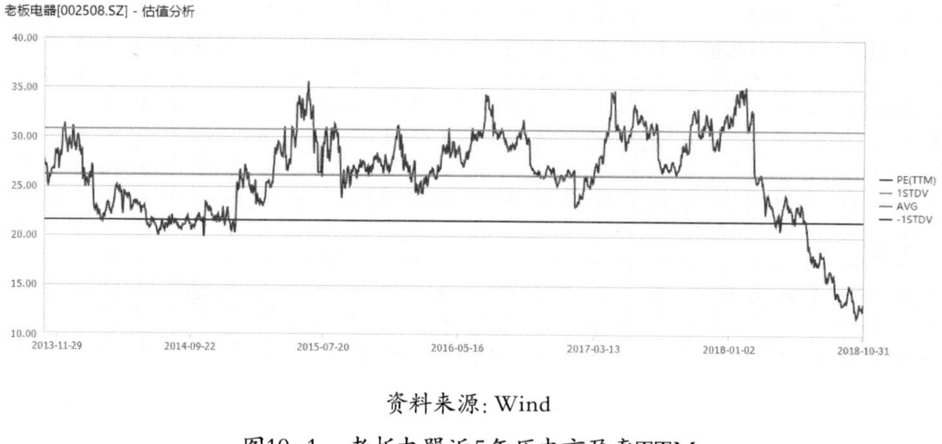

资料来源：Wind

图10-1　老板电器近5年历史市盈率TTM

不仅仅是低市盈率，还要有良好的基本面和适度的成长性。聂夫所要选择的是那些低市盈率股票中，未来5年的基本增长率不低于7%的公司，排除那些增长率低于6%，或者高于20%增长率的，在聂夫看来过高的增长率是难以维持的，高增长率预期所表现出来的高市盈率，给投资中引入了潜在的隐患，所以他主动排除了那些增长率高于20%的公司。同时，决定股票回报率的重要部分是公司业绩的增长率，所以较低增长率预期的公司，他也没有兴趣进行覆盖。

重视股息率，尤其是现金分红稳健增长的公司。在不影响公司经营和成长的情况下，将利润的一部分通过现金分红的方式反馈给投资者，可以提高投资者的潜在收益率。对于基本面良好的公司来说，在低市盈率的时候，往往同时匹配的是高股息率，投资者在耐心等待公司业绩增长和市盈率扩张的时候，可以提前收到一些股息，相当于正餐之前的甜点，投资者拿到股息以后还可以在公司处于低估值状态下，进一步增持公司股份。

总回报率相对于支付的市盈率两者关系绝佳。聂夫计算总回报率的方式是：预期增长率加上股息率，如果一只股票没有成长预期，无论是真实的，还是预期的，对于理性的投资者来说，就不会去买入这样的股票。聂夫把总回报率看成是购买股票所代表的投资所得。为了能够有效地衡量买入这个股票所获得的总回报率与所支付的市盈率之间的关系，他将总回报率除以市盈率，并命名为：总报酬率，将总报酬率超过市场平均值两倍的股票定为首选，很多年来，他一直在搜索的是市盈率数值是总回报率一半的股票。比方说，一家公司预期增长率为10%，股息率2%，即总回报率12%，如果市盈率为6倍，聂夫会笑纳这样的股票。

基本面要好。聂夫考察基本面的角度是盈利要持续性稳健增长，有良好的现金流，如果考察公司盈利能力的单一指标的话，他会选择净资产收益率。但同时也会关注销售净利率，尤其是那些预期净利率会得到改善的公司。高的净利率可以为生意面临突发事件的时候，提供一个缓冲下跌的空间，比方说之前净利率一直在20%，如果某次突发事件击垮了5个百分点，公司依然可以保留15%的净利率。但是，如果本身就是低净利率的生意，在偶然事件爆发的时候，公司可能会面临亏损的风险。在考察基本面的时候，重视净资产收益率和销售净利率两个重要的盈利能力指标方面，聂夫与巴菲特倒是有相似的地方。

10.3　增长率的陷阱

从跨越百年的历史看，在长期可持有的金融资产中，股票是最佳的选择。美国宾夕法尼亚大学沃顿商学院金融学教授西格尔在《股市长线法宝》中通过严谨的学术研究，揭示了股票过去两百年间长期收益率是9%（其中6.5%是真实增长率，2.5%是通货膨胀），这本书出版以后，在投资界和学术界获得了重大影响力，被列为有史以来最好的十大投资著作之一。在过去半个世纪中标准普尔500指数的长期收益率接近10%，一个普通的投资者通过买入并持有指数基金的方式，可以分享到股票市场长期的平均收益率。

在经济发展的不同阶段，有不同的行业在主导，然而一个覆盖主要市场的股票指数，随着时间的推移，通过清除代表旧经济的公司，吸纳进来新经济的公司，可以反映出来不同阶段的经济增长。一家公司有经营上的生命周期，从初创、成长、衰退到死亡，但是指数通过分散持有数百种不同的生意，不断地吐旧纳新，可以获得永生。

决定投资者长期收益的并不仅仅是增长率，还有低预期下的低市盈率，通过红利再投资的方式积攒更多的股份。市盈率的估值指标反映的是市场对一家公司未来增长率的预期，对于过去有高速增长率的公司，并且预期未来依然有美好发展前景的，市场预期未来还可以保持高速增长，在高预期的集体共识下，对这些股票给予了高市盈率，尤其是一些新经济的股票，市场往往会过于乐观，如互联网、高科技领域。而对于一些传统行业的公司，投资者认为公司未来不再具有很高的增长率前景，于是给予了低市盈率，然而低市盈率的另一面往往是高股息率。

很多投资者忽视了股息的重要性，包括一些专业的投资者。然而，西格尔教授在《投资者的未来》中，通过学术研究的历史数据回测，得到了一个惊人的结果，通过长期的投资对比，那些传统行业的公司，在低市盈率、高股息率的时候，市场对未来的成长预期没有多高，投资者通过红利再投资的方式，可以积攒到更多的股票份额，最终的投资收益竟然可以超过那些表面上增长率相对更高的新经济公司，这也就是所谓的：增长率陷阱。例如，1950—2003年，代表旧经济的新泽西标准石油的股票价格大概上升了120倍，而代表新经济的IBM的股票价格则上升到原来的近300倍，不过1950年投资标准石油并将股利再用于购买该公司股票的投资者可以积累的股票数量为最初购买量的15倍，而IBM的投资者采用相同的积累方法只能拥有3倍数量的股票。IBM的股价上升幅度每年超过11%，比标准石油高了3%，然而标准石油提供的投资者收益最终却超过了前者，其中高股息率在其中发挥了非常重要的作用。IBM的股利收益只有2.18%，标准石油的股利收益超过5%，根本原因是市场对IBM的未来成长性非常乐观，长期的平均市盈率是26.76倍，而对标准石油的增长率预期不高，长期的平均市盈率只有12.97倍，在这样的低市盈率、高股息率的背景下，耐心的投资者通过红利再投资积累了更多股票份额，最终发挥了长期复利的威力。

决定股票长期收益率的并不是公司的业绩增长率，而是市场预期的增长率与公司实际增长率之间的差异。假设未来10年，A公司的年增长率为10%，B公司的年增长率为3%，你会选择哪家公司？很多投资者会选择A公司，因为它的业绩增长速度更快。但是，投资者在买入决策的时候，忘了一个非常重要的因素，那就是市场的价格反映出来的预期增长率是多少？如果市场预期A公司未来的增长率是15%，B公司的增长率是1%。那么，从长期持有的结果来看，反而是选择投资B公司的人，可以获取到更高的投资回报率。

例如，IBM的业绩增长速度的确挺高，但是市场所给的高市盈率反映了对未来预期增长率更高的期望度，虽然新泽西标准石油的增长率要小于IBM，但是投资者对标准石油的预期增长率要更低，所以最终标准石油为投资者获取了更高的累计收益。投资市盈率低的股票，或者说投资于增长预期较为温和的组合，从长期看，比那些投资于高价格、高预期的组合，可以获取到更好的收益。

不仅仅要看增长率，还要看为增长率所支付的价格。《彼得·林奇的成功投资》中揭示了林奇是如何利用PEG来考察公司的业绩增长与市盈率之间关系的，利用市盈率与增长率之间的比值关系来判断一家公司股价估值的高低。在林奇看来，任何一家公司的定价如果是合理的话，那么市盈率应该与增长率是一致的。

比方说，如果可口可乐的市盈率是15倍，那么预期的未来业绩增长率就是15%，其他公司也可以用类似方法进行比较。如果一家公司的业绩增长率是15%，但是市盈率是小于15倍的，那么你可能为自己找到了理想的投资机会。比方说，一家公司的业绩增长率是12%，但是市盈率只有6倍，PEG是0.5倍，那么就是一个绝佳的投资机会。反之，如果业绩增长率是6%，市盈率却是12倍，PEG是2倍，那么这个股票的未来价格走势将会蕴含很大的下跌危险。

如果再考虑股息率，可以用收益增长率加上股息率与市盈率相除，比方说一家公司的业绩增长率为12%，股息率3%，市盈率10倍，那么用12+3除以10就是1.5倍。对于林奇来说，如果业绩增长率除以市盈率小于1的话，这只股票就缺乏吸引力，等于1.5的话，还不错，他真正要寻找的是那些增长率是市盈率2倍以上的公司，如果一家公司的增长率是15%，股息率3%，但是市盈率只有6倍，业绩增长率相对于市盈率只有3倍，那么就是非常好的下手机会。

10.4 投资赛道的选择

投资是面向未来的，我们在当下要选择的是那些在未来有增值潜力的好生意。西格尔教授通过严谨的学术研究得出，在美国过去半个世纪中，从长期看超过平均收益水平的是日常消费品和医药保健行业，每年的收益率分别达到13.76%和13.36%，超过标准普尔500指数两个百分点以上，在业绩最佳的股票中有90%都来源于这两个部门。

日常消费品胜出的原因是品牌和国际化。无论经济周期会发生怎样的波动，消费者在拿到收入以后，优先要考虑保证的是日常生活消费，然而在这个领域中，建立了品牌优势的消费品，通过国际化走向了全世界，消费者认可品牌、消费频次高、国际化提高销售额等综合因素的影响之下，从长期看为投资者创造了丰厚的回报，其中最具代表性的消费品牌有：可口可乐、百事可乐、高露洁、箭牌、宝洁、好时等。巴菲特也是非常喜欢投资消费品相关的公司，尤其是一些“嘴巴股”。例如，可口可乐、吉列刀片，长期持有过程中为伯克希尔贡献了很多的利润。具备品牌、定价权的消费垄断型企业，尤其是可以国际化的公司是投资中重点选择的对象。

可选消费品的长期投资收益与日常消费品相比来说，比较逊色。随着美国经济的腾飞，居民可支配收入的不断提高，按照常识推测的话，可选消费品应该也会有不错的增长。其中可选消费品指，除了日常必备的一些消费品之外的消费需求。例如，汽车、汽车零配件和大型零售商。但是，汽车行业难以保证质量，以及面临着劳动成本上升，以及日本汽车制造商的低成本和高质量竞争等问题的干扰。大型零售商中沃尔玛的表现非常杰出，与沃尔玛低成本的连锁扩张相对应的是其他大型零售商的日子过得比较辛苦，所以最终拉长时间看，这些难以建立品牌优势、质量不能够得到保证的可选消费品，创造的股东回报不是很理想。在投资中要考虑规避那些难以建立品牌优势的可选消费品。

医药保健行业胜出的原因是GDP占比的提升和专利的护城河。在1950年时，美国GDP的4.5%用于卫生保健，然而这个比例目前已经提高到了15%，同时上升的趋势还在进行着。占据主导地位的龙头公司：辉瑞、强生和默克都有着悠久和辉煌的经营历史。随着人口老龄化，对药品、医院、疗养院和医疗设备，缓解衰老的医美治疗等具有确定性的持续需求。虽然新药的研究需要不断地投入，但是对新药的专利保护，为医药研发类的公司建立了宽广的护城河保护，同时巨额的研发投入和不确定性的未来收入，也阻挡了新进入者。所以，占据主导地位的龙头公司可以把雪球滚得越来越大。

A股中通过定量的筛选，将上市满5年，在2009—2017年每年的净资产收益率都大于15%的公司给筛选出来，并按照总市值从高到低进行排序，最后按照所属行业进行分类。

食品饮料：贵州茅台、海天味业、洋河股份、伊利股份、古井贡酒、承德露露。

医药生物：恒瑞医药、云南白药、片仔癀、华东医药、长春高新、天士力、东阿阿胶、信立泰、国药股份、恩华药业。

其中属于日常消费，并且有知名品牌的，白酒占了3家，定位高端的贵州茅台，其次还有洋河股份和古井贡酒。酱油和调味品的龙头海天，国内乳业龙头伊利，全国最大的杏仁露生产企业承德露露。医药行业的恒瑞医药、华东医药等都具备显著的竞争优势，同时传统中药品牌中云南白药、片仔癀和东阿阿胶对于自身的产品具备定价权，可以伴随通货膨胀不断地提高产品的价格而不用担心销量下滑。

因此，参考美国过去半个世纪中的资本市场的发展历史，给我们的启示是优先考虑日常消费和医药保健行业；日常消费品是属于有品牌、定价权，尤其是具备消费垄断特征属性的公司，具备悠久和辉煌的经营历史，产品变化不大，被颠覆的可能性较小，在估值合适的时候，属于重点配置的行业；医药保健行业理解起来有一定的困难，投资者如果想要分配一部分资金到这个行业中，可以在估值接近平均值的时候，通过医药行业的指数基金的方式，来间接参与到这个行业的未来发展。

10.5 股东价值的源泉

购买股票是为了获得股利。约翰·伯尔·威廉姆斯在1938年出版的《投资价值理论》中表明："喂养母牛是为了获得牛奶，喂养母鸡是为了获得鸡蛋；很糟糕，购买股票只是为了获得股利；建设果园是为了获得果实，喂养蜜蜂是为了获得蜂蜜；此外，购买股票是为了获得股利。"一项金融资产的内在价值是未来能够产生现金流的折现值，而对于股票来说，在长期持有的过程中，对于投资者来说真正能够拿到手的就是股利，所以决定股票内在价值的重要因素是未来能够给投资者的现金分红。

长期持有股票的绝大多数收益来源于股利再投资。西格尔教授的研究成果表明，1871—2003年，除去通货膨胀的因素以后，其中97%的股票收益是来源于再投资的股利，只有3%的收益是来源于资本收益。如果在1871年把1 000美元投资在股票上，那么到2003年的时候，除去通货膨胀的影响，这些投资的美元真实的货币购买力增加到近800万美元。然而，如果在持有期间没有将股利再次投资的话，积累的财富价值不到25万美元。没有进行股利再投资，在刨除通货膨胀的因素以后，股票在过去一百多年间，提高货币的真实购买力，平均年收益率将从7%下降为只有4.5%，少了超过1/3，由此可见在超长期持有过程中，股利再投资的威力是巨大的。

把钱分给投资者是证明公司利润真实性的方法之一。在众多的财务造假中，上市公司的管理层最有动力操纵的指标就是净利润，因为股票市场在给公司进行估值的时候，参考市盈率的估值指标居多，如果公司未来的净利润能够保持良好的增速，那么市场往往会给予非常高的市盈率，公司为了进行市值管理，有动机将披露的利润进行美化，在常见的财务造假案例中，主要是通过提高应收账款来虚增利润，但是即使公司披露的利润非常的漂亮，如果没有经营性现金流量，那么这样的利润只能是空中楼阁。通过将利润以现金分红的方式派发给投资者，拿出真金白银的分红，可以表明公司的利润真实性，因为只有那些真正在踏实经营的企业，能够赚取真实的利润，才能够拿出利润进行分红。如果没有分红，那么投资者是否购买股票，就要取决于对公司管理层所披露财务报表的信任程度。如果没有长期稳定现金分红，那么就没有购买股票的吸引力了。

个人投资者长期持有高分红的股票可以享受到免征个人所得税的政策。一直以来国内外的资本市场中，关于投资者在持有上市公司股票的时候，所收取的分红是否还要征税的问题有广泛的讨论。因为公司作为征税的主体，在净利润披露之前就已经征收过税，那么投资者在拿到分红的时候，如果再收税，相当于二次征税。

然而，A股经历了2015年的巨幅震荡的行情以后，为了给市场注入持股的信心，同时鼓励投资者进行长线持有股票，而不要参与到市场的短线炒作中。2015年9月财政部出台《关于上市公司股息红利差别化个人所得税政策有关问题的通知》，针对个人从公开发行和转让市场取得的上市公司股票，持股期限超过1年的，股息红利所得暂免征收个人所得税。

如果持股期限在1个月以内，将会被征收20%的个人所得税，持有期限在1个月以上至1年的，暂减按50%计入应征所得税，即征收10%的个人所得税。

差异化的征税方式，对于真正的长线投资者来说是利好，尤其是鼓励投资者要进行价值投资，重视上市公司的分红。

股利再投资是熊市下跌保护伞和未来收益加速器。在1929年美国发生了股灾，进入了史上最漫长的熊市，一直到1954年11月，道琼斯工业平均指数才超过了1929年牛市巅峰期的高位值。

在道琼斯指数百余年的历史中，这25年是股票市场指数峰值跨度最长的一个时期。换句话说，如果当时有指数基金的话，在1929年牛市高点买入指数基金的投资者，要到1954年11月，25年以后才可以解套。很多股票下跌90%甚至更多，大量加杠杆借钱投资的人被血洗，数百万人发誓绝对不再碰股票这个危险的东西。

然而，这一期间选择将股利再投资的投资者，到1954年11月的时候表面上看指数才回本，但是却实现了超过6%的年平均收益率。股票的价格增值为零，股利再投资通过在漫长的熊市中，将股利转化为更多的股票份额，导致最终累计收益超过四倍，相当于同期债券投资的两倍。熊市中，一方面股票的估值比较低，投资者可以通过股利再投资来增加持股数量，增加的持股数量，缓和投资者资产的进一步下跌；另一个方面，当市场从熊市中走出来的时候，积累的更多股票份额，可以为投资者的资产实现收益的加速效应。熊市并不可怕，对于耐心持股的投资者来说，反而是利用股息再次埋下财富种子的好机会。

10.6　留存利润的卓越管理

在刚开始学投资的时候，当时正好身处熊市中，所以我买股票的参考指标中，非常看重股息收益率，尤其是拿股息收益率与余额宝的收益率做比较。如果股息率可以较大幅度的超过余额宝这种货币基金的无风险利率水平，那么往往会是我投资研究的备选标的。

按照当时比较原始的方法，筛选出来的是福耀玻璃和格力电器，从后来的投资回报的表现来看，的确还不错。我当时认为，上市公司赚到钱以后，要把钱分给股东，如果一家公司没有良好的派息历史，不能把钱派发给股东的话，那么盈利质量可能有一定的问题。

因此，盯着分红看，也就是间接地盯着现金流看了，所以可以避免踩到一些雷。但是，随着对价值投资进一步认识以后，到底是分红还是不分红，有了一些更进一步思考，尤其是对于那些能够把留存利润进行卓越管理的公司，即使不派发股息，对于股东来说也可以创造价值。

分红再投资，股息是熊市下跌的保护伞，牛市收益上涨的加速器。如果一家公司有良好的派息记录，并且生意经营稳定，那么股息率就可以作为一个重要的估值指标，以什么样的股息率买入股票，我们预期投入的资本可以拿到手的分红有多少，然后拿这个指标与无风险利率做比较，股息率越大，那么估值的吸引力越大，尤其是如果股息率很高的话，与银行理财产品进行对比时，有较大的相对优势，那么一定会吸引到部分投资者进行买入，然后让股息率回归到一个合理的估值区域，投资者就可以赚取到估值回归部分的资本利得。

有这样的逻辑存在，高股息率就提供了熊市下跌的保护伞，因为你知道如此高的股息率一定会吸引资本来买入，那么股价进一步下跌的空间就小了，这个角度看，股息率也是一种安全边际。同时，在漫长的熊市中，如果一家公司持续给股东分红，其实也就是在给股东额外送来弹药，可以拿分红在熊市中进一步地增持更多的股票，在度过了熊市以后，现金分红的部分可以积攒到更多的股票份额，那么当牛市来临的时候，资本就可以获取到更大的弹性增值。

没有经营性现金流的公司，难以维持长期的分红。现金分红是投资者实实在在拿到手的，既然上市公司要给股东进行现金分红，那么必然它在实际的经营活动中，一定是可以赚取到真金白银现金流的，而不是虚假的利润。因此，盯着分红看，其实就是在寻找一些真正可以通过实际的经营能够赚到钱的一些公司，而不是一些纯粹炒作概念的公司。

当然了，在实际的研究环节，要重点关注目前的高股息率是可以持续的，还是暂时性的。一方面要考察公司历年的派息总额，占净利润的百分比，另一个方面也要思考生意的可持续经营能力。尤其是要排除那些因为偶然的高分红，导致的暂时性高股息率的公司。

不分红也可以，管理层对于留存利润必须要有卓越管理。我们看伯克希尔在过去半个世纪中，只是早期有过一次分红，之后都没有再分红了。在巴菲特的领导下，公司对留存利润进行了卓越管理，在复利的推动下，长期年复合回报率近20%，为股东创造了丰厚的回报。

首先，如果有现金分红的话，投资者拿到了分红以后要缴税，扣了一部分税以后，会影响长期的复利积累；其次，投资者拿到分红以后，有可能会投入到一些投资回报率比较低的公司，相对来说还不如留在高投资回报率的生意内部进行复利积累。

那么，巴菲特对留存利润进行了哪些卓越管理呢？首先，旗下所持有的公司为总部输送来现金弹药，可以拿这些利润进行对外收购，不断把公司的盘子变大，利润变得越来越多；其次，在公司的股票市场估值比较低的时候，可以进行回购注销股份，那么留存股东即使在持有股份数量不变的情况下，也可以分享到公司这块蛋糕更多的比例；最后，用留存利润进一步加宽公司的护城河，提高生意的市场占有率。

把钱留在那些分红虽然少、但可以持续性获得高净资产收益率的好生意内部进行复利积累。决定股东长期回报率的重要指标就是一家公司在存续期内的净资产收益率，公司管理层如果可以对留存利润进行卓越管理，那么从长期的经营结果看，必然是要有高净资产收益率的结果才行；反之，如果留存利润在公司内部，但是保持了持续性的低净资产收益率，公司的管理层不仅仅没有拿留存利润为股东创造价值，甚至是在毁灭价值，对于后者还不如把钱分给股东。

如果一家公司现金分红少，甚至没有分红，然而如果可以拿留存利润进一步为股东创造价值，相当于留存利润在公司内部在进行着复利的积累，那么我们考察回报率高低的重要指标就是看有没有相匹配的高净资产收益率，例如净资产收益率可以长期保持在15%以上，甚至超过20%，那么留存利润的长期滚雪球之后，为我们实现了资本的有效增值。

因此，有持续分红能力的高股息率公司，对于投资者来说是可以作为熊市下跌的保护伞，又可以作为牛市上涨的加速器。通过分红再投资，在熊市中投资者可以积攒到更多的股票份额；现金分红的好和坏，需要辩证来看。对于那些不能够有效进行留存利润管理的公司来说，把赚到的钱派发给股东是正确的，但是如果一个生意依然有广阔的成长空间，无论是内生性的增长，还是外延式的扩张，留存收益在公司内部可以进行高投资回报率的复利积累，对于后者来说，其实也不错。

10.7 回购的秘密

在《巴菲特致股东的信》中提到伯克希尔哈撒韦投资的几家巨大的公司，当其股票价格与价值存在巨大差距的时候都进行了股份回购。作为股东，我们发现这种行为有两个地方具有鼓舞和奖励作用，其中一个是显而易见的，而另一个是微妙的，不那么容易理解。

显而易见的是回购属于“利好”消息，可以迅速刺激股价的上涨，对于老股东来说可以赚取资本利得，这是短期的。不显而易见的是，回购注销股本之后，对于留存股东来说，占的“蛋糕”份额变得更大了，即使自己没有花钱去增持该公司的股份，同样的持股数量没有变化，但是占这家上市公司“权益”的部分变大了，这是长期的。在公司被严重低估的时候，愿意进行回购，说明管理层是以股东利益为导向，回购的“行为”，管理层也向股东证明了自己。所以说，回购是管理层对股东表“忠心”的一种方式。

对于美国的情况，分红是有资本利得税，但是回购不需要缴税。按照国际惯例来看，公司利用留存收益进行二级市场的回购，并不涉及任何的税赋影响。所以巴菲特在买入了一家心仪的公司以后，一旦可以进入董事会，就会利用自己的影响力来游说管理层拿公司账上的现金进行回购而不是分红，尤其是股价低估了就要多多回购。

在巴菲特的持股名单中，例如：华盛顿邮报、可口可乐、盖可保险，都是在巴菲特的影响力之下开始回购的。如果是现金分红，巴菲特拿到分红要被扣税，同时持有该公司的权益没有扩大，但是如果公司拿本来要分红的钱来进行回购，不仅可以避免被扣税，同时可以提高在该公司上面所占的权益，因此相对于分红来说，巴菲特更喜欢的是回购。

回购股份另一个好处不那么容易精确地测量，但是随着时间的推移也非常重要。通过股份回购，管理层清楚地证明，他们关心提升股东财富，而不是目无股东，只顾拓展企业帝国版图，以至于干出无益于股东利益甚至损害股东利益的事。看到这些行为，股东以及未来潜在的股东会提升他们对于企业未来回报的信心。这种向上的预期调整，会反过来推动股票的价值更加与内在价值趋于一致，使得股价更为合理。相比一家掌握在自私自利的管理层手中的公司，投资者应该给那些被证明关心股东利益的管理层手中的公司出更高的价。

对于美国的情况，他们的职业经理人制度已经比较完善，管理层未必是公司的控股股东，有可能是董事会提拔的人员在进行着公司管理。然而，对于管理层的薪酬激励制度方面，有可能挂钩的是未来几年公司的营业收入、净利润或每股收益的增长率，在这样的激励制度驱使下，管理层有动机将公司的留存利润盲目进行再投入，无论是继续投入公司的生意中，还是对外进行并购扩张。他们没有较大的动力，将公司产生的现金流拿来回购公司的股份。但是，若管理层是以股东利益为导向的，那么对于留存利润的管理，应该是站在股东利益最大化的角度进行思考和行动。如果公司发现与其拿钱到外面收购其他企业，还不如直接买自己公司的股票来得划算，那么理智的管理层应该启动回购方案。

举个例子，你和几个朋友合伙投资了一家咖啡店，共5个合伙人，每个人持股20%，一年净利润100万元，如果在经营了一年以后，拿出来50万元给股东分红，按照你的持股比例可以拿到10万元。如果有一个合伙人准备撤资，你们商议着用咖啡店账上的现金来回购这个合伙人的20%股份，出价60万，在该合伙人退出以后，你的持股比例从原来的20%变成了25%，第二年咖啡店的经营效应更好了，净利润是120万元，你的持股比例是1/4，也就是对应着30万的净利润。如果没有回购那个退出合伙人的股份，那么你的占比是1/5，也就是对应着24万元。由这个例子可以看出来，对于经营效益发展有前景的生意，如果能够以公允的价格回购其他合伙人的股份并注销，那么对于留存下来的股东来说，即使对该生意没有进行追加投资，但是享受到该生意的“权益”变得更大了。这也就是回购的秘密所在。

10.8 内部人士正在买入

对一家公司基本面和前景的了解程度，没有人比公司内部人士更清楚的了。所以，为了避免公司内部人士利用信息获取的优势来交易自己公司的股票而获利，对于公司重要的管理层人员及其关联的亲属，如果有任何买卖自家公司股票的行为，必须要在交易所做公开披露。然而，这样的信息对于很多普通投资者在搜集基本面的时候会忽视掉，对于成熟的投资者来说，却是一个不可忽视的重要环节。

一个内部高管卖出自家公司的股票，往往会找出各种理由，比方说：因为个人资金的需求，需要换购大房子，或者给子女提供海外留学的费用等。但是，如果高管拿出自己的真金白银与广大投资者一起在二级市场上“抢购”公司的股票，理由往往只有一种，那就是：基于对公司未来发展前景的信心以及对公司价值的认可。关于上市公司董事、监事、高级管理人员及相关人员持有公司股份变动情况，可以在上海证券交易所、深圳证券交易所官方网站上查询。

不仅仅是公司内部人士买入股票，如果公司的重要股东或者关联方也开始进入市场增持公司的股份，那么通常可以表明公司认为市场价格相对于公司的基本面和前景被低估了。为了防止“门口的野蛮人”在公司股价被低估的时候，通过二级市场可以轻易地买足公司的股票，并占有相当一部分比例的股权，从而影响了重要股东的地位，那么一些控股股东要么通过合理的信息披露，让市场可以认识到公司的价值，或者自己调用资金来进行增持，将公司的股价与内在价值之间进行有效的匹配。

内部人士通过二级市场增持公司的股份是一个催化剂。对于价值投资者来说，首先要衡量公司的内在价值和未来前景，然后在公司的股价具备安全边际的时候买入，尤其是在市场情绪比较悲观的时候。但是价值投资也无法保证买入的股票就一定会很快上涨，多数时候在市场趋势的影响下，价值投资者买入以后股价还会进一步下跌，表面上价值投资者被“套住”了，但是如果真的是一个很好的投资机会的话，3~5年回头看，当初暂时性的账面亏损，只不过是一个小的浪花。

可是，如果在公司的股价持续性调整以后，市场的情绪非常的悲观，这个时候内部人士开始大手笔地进入市场来买入公司股票的话，往往会释放出来很好的信号，同时对公司的股价造成正面的催化剂。在股价相对于内在价值严重低估的时候，同时再叠加内部人士增持双重的因素下，可以为价值投资者的买入增加更大的安全边际。

在2015年中旬股灾以后，格力电器的市值一度跌破到公司账面现金的位置，作为公司时任董事长，董明珠女士进行了多次数百万元的增持，给市场注入了信心的同时，也释放了股价反转的催化剂，格力电器从2015年10月的947亿涨到2018年初的3 453亿，在较短的时间内为投资者获取了数倍以上的投资收益。在2017年5月份，中国平安披露了近期公司内部高管集体大手笔增持公司股份的交易记录，从2015年股灾以后，中国平安的市盈率一直在10倍上下浮动沉寂了近两年时间，但是在内部人士增持的消息发布以后，对公司股价形成了明显的正向刺激，在短短的数月时间内股价就翻了一番，总市值也是首次突破万亿的大关。

好公司、好价格是买入的前提，内部人士的买入只能作为催化剂的辅助。A股市场中，也经常会有些公司发布内部高管在增持的公司，但是很多公司本身的质地并不是很好，甚至是一些所谓的垃圾股，对于这样的一些公司，根本就不存在买入的前置条件，所以即使有高管买入的消息，也不要参与。只有那些我们本来就青睐的好生意，并且市场价格比较吸引人，那么叠加了内部人士共同参与的催化剂，可以为我们提供多一层次的安全边际，同时可能会避免买入之后的长时间的账面亏损，对于持有中的心态上也会更好一些。

10.9 巴菲特的独特优势

巴菲特被大家推崇为股神，其实在巴菲特的身上有若干种不同身份的重合，他不仅仅只是一个简单的股票投资者。他是企业家，也是投资家，更是一个杰出的资本家。

巴菲特在投资生涯早期，师从格雷厄姆，通过买入有安全边际的低估值公司的股票，然后在估值回归以后，再不断地切换到其他低估值的投资机会，也就是“捡烟蒂”阶段。这一期间巴菲特主要是通过合伙企业的资产进行股票买卖，合伙企业的经营区间是1957—1969年，年复合收益率30.4%，同期道琼斯指数的年复合收益率是8.6%，在超过10年以上连续的投资管理期间，不仅仅是击败了指数，甚至比指数要高出22%，这个投资成绩还是非常令人称奇的。这一期间的巴菲特倒是有点儿像是勤劳的蜜蜂，通过频繁的套利在挣钱。

但是，在收购了伯克希尔以后，巴菲特的投资平台从原来的合伙企业变成了有限公司，这个有限公司是一个上市公司，所以它的股份是可以流通的，相对于合伙企业的平台来说，有一个巨大的好处，合伙人需要资金的时候，如果在原来的合伙企业的平台，巴菲特可能要被迫卖出股票，然而如果是上市公司，需要钱的人，直接卖出伯克希尔哈撒韦的股票就行了，有交易所在中间撮合交易，有人卖，必然是有人买，并不需要巴菲特的参与。

所以，上市公司的平台，可以让巴菲特像操作一个“封闭式基金”一样来进行投资，不再需要面对合伙人注资和撤资这些烦琐的事情。然而，正是有这样的投资管理平台的机制，对于后期巴菲特选择对旗下买入的公司，进行长期持有，也是有很大的前置条件的。

在与芒格接触以后，尤其是针对喜诗糖果的成功投资，让巴菲特的投资哲学开始逐步升级，从原来的“捡烟蒂”进化到对优质企业的长期持有。巴菲特不仅仅是买股票，他也会对优质的未上市公司进行全资收购。所以，巴菲特不仅仅是涉足二级市场的股票投资，对于一级市场的优质并购项目，他也非常喜欢参与。在把好企业收入伯克希尔旗下后，他并不像国内的一些投资机构通过把项目推上市来实现资本化，而是私有化地长期持有。巴菲特说："因为我是经营者，所以我成为好的投资人；因为我是投资人，所以我成为好的经营者。"这一期间的巴菲特已经不简单的是一个买卖股票的人，他更像是一个资本家，通过持有优质公司的股权，在分享生意的成长回报。

伯克希尔哈撒韦是一个控股平台，通过这个平台再买入了一些保险公司，类似像盖可保险这样的，从原来持有一部分股份，最后买成了旗下的全资子公司。在这些保险公司优秀的经营团队管理之下，为巴菲特积累了越来越多的保险浮存金，对于一般的保险公司来说，如果保险覆盖的客户和产品设计的赔率出错的话，保险公司在经营上是需要成本的。但是，伯克希尔旗下的这些保险公司，因为管理团队的杰出工作，对低成本的控制，结果是对于拿到的客户保险浮存金不仅仅是没有资金成本的，甚至浮存金的成本还是负数。

换个角度看，相当于有很多人把钱交给巴菲特，让巴菲特可以拿着这些钱去长期投资，没有短期赎回的资金压力，同时不仅仅不需要找巴菲特要利息，而且还倒贴给巴菲特"管理费"。巴菲特可以拿着这些"负成本"的资金，进行长期的投资，所赚取的资本利得收入，归保险公司所有。巴菲特是可以加杠杆买股票的，但是他的资金来源没有平仓的风险。

首先，手上的资金可以确保长期持有，没有投资人的赎回压力；其次，不论市场处于什么样的水平，巴菲特旗下的一些实业公司，通过经营为总部送来源源不断的资金弹药，同时保险公司还在积累大量的"负成本"的客户浮存金，免费的杠杆。有了这样的前置条件，巴菲特可以说，我们喜欢熊市，因为在熊市的时候，伯克希尔看中的一些投资机会，可以用很便宜的价格买入。归根结底，因为巴菲特手上几乎总是有花不完的钱，对于市场，他是要净买入的。

相对来说，国内的一些机构投资者，无论是公募基金还是私募基金，大部分是募集的客户的资金，用于投资，如果不是封闭式基金的话，客户可以灵活申购或者赎回，往往会导致的结果是，在市场上涨，赚钱效应明显的时候，基金相对容易募集，在熊市的时候，市场交易不活跃，连知名的一些基金也很难募资。

因为有这样的客户群体，导致基金在牛市的时候流入很多钱，在熊市的时候流出很多钱，那么基金经理往往被迫只能高买低卖，越是在牛市的时候，投资机会不多了，反而送来很多钱，在熊市的时候，明明机会一大把，投资者还要赎回基金份额，基金经理也只能跟着一起卖了。如果是这样的资金结构，基金经理即使知道巴菲特的投资方法很好，又怎么可能去实践呢？

对于一些职业投资者来说，如果切断了工资收入的来源，绝大多数的资产都是配置股票的话，不再有新增的现金流，对于市场的非理性波动，往往有时候也比较被动，在熊市的时候，明明看到机会一大把，无奈早已经满仓了，只能眼睁睁地看着。

所以，如果真的要学习巴菲特的投资方法，我个人的思考是要做到实业和投资的双轮驱动，有自己的实业项目，可以赚取经营性的利润，相当于打造了一个赚钱机器，可以供给源源不断的经营性方面的现金流，在满足了实业的稳健可持续发展的前提下，有富余的资金，可以为投资提供源源不断的弹药，尤其是在熊市的时候，优质的公司，出现了很多的下手机会，实业方面的现金流，可以逐渐变成优质公司的股权。

在股票估值合理的时候，可以选择长期持有这些生意，但是如果阶段性地发生了牛市，尤其是在市场非常疯狂的时候，可以兑现一部分股票方面的收益，然后拿着这些资本利得的收益，既可以反哺自己的实业，如果在股市没有好的投资机会的时候，也可以考察和投资一些不错的早期项目，甚至可以拿钱在自己公司内部去孵化一些新的项目。这样就做到了实业和投资的有效正向循环了。

用巴菲特的投资智慧，点亮创业和经营之路。通过学习投资来指导自己的创业。巴菲特所青睐的是那些已经建立了消费垄断特征属性的好生意，尤其是具备品牌、定价权和护城河优势，并且是优秀的管理层团队在参与经营。如果是投资者的角度，我们可以直接选择那些已经构建了内部结构性竞争优势的好生意，通过资本入股的方式来分享好生意的成长价值回报。那么，换一个角度来看，如果你是一个生意的创业者、经营者，你应该如何去打造自己的生意呢？巴菲特的智慧之光是可以点亮创业者、企业主的生意经营的。

价值投资应具备的思维方式

生意的存在是解决问题，为客户创造价值。要区分真实的市场需求和伪需求，不断地聆听市场的声音，搜集用户的需求。只有消费者愿意掏钱的服务，才是真实存在的市场需求。如果创业者埋头做了一个技术上很高大上、很炫又很酷的东西，消费者看着很新奇，也愿意尝试，但是就不愿意付钱，那么这个往往就是没有找到真实的刚性市场需求点。

通过判断客户到底愿不愿花钱来用自己的产品，这是一个很好的视角，来排除伪需求。在一些创业孵化机构中，有一些技术团队主导的创业项目，往往是3~5个创业者闷头做了一个产品，技术开发忙了大半年，感觉也挺充实的，但是创业公司多数是死在了产品上线以后，发现根本没有人愿意用，也不知道客户在哪里。对于创业者来说，先积累用户，搜集真实的需求，然后再做产品，往往可以避免走很多的弯路。

能够有效地树立品牌。具备消费垄断特征的生意，与普通商品型的生意，一个重要的区别就是消费者是否看中品牌，如果消费者不重视品牌的话，行业中生产相似产品的公司有很多家，消费者在进行决策的时候，主要看中的就是价格，那么对于生产这种普通商品型的企业来说，就会疲于奔命地参与到市场的价格战中，因为有激烈的价格战，那么必然的结果就是低利润率，生意赚钱比较辛苦。

那么，创业者在选择一个市场切入点的时候，一个重要的考虑因素就是，为社会创造并输出的这个产品或者服务，自己可以建立品牌吗？可以进入消费者的心智中，当他们下一次有这个方面需求的时候，可以优先想到自己的品牌吗？还是说，消费者根本不可能会考虑到商品的品牌。那么，对于后者的创业方向，就要慎重。

有品牌，然后才是定价权。好的生意应该是具备定价权的，可以随着通货膨胀的发生，不断地提高产品的价格，而不用担心市场销量会下降。更好的生意，甚至可以超过通货膨胀的速度来提高自己的产品价格。那么，对于创业者来说，在选择创业方向的时候，也是要想明白，自己的产品或服务一旦被打造出来以后，可以形成差异化的竞争优势吗？可以随着时间的推移，不断地提高产品价格吗？如果答案是怀疑的，那么可能这样的创业方向并不能够形成有效的品牌或结构性的竞争优势，或者市场的竞争压力特别大，产品没有办法形成差异化，那么就不可能做到持续地提价。真正好的生意，是可以掌握定价权，并不断提高价格的。

建立生意的护城河，不断加宽护城河。好的生意是可以建立护城河的，有一定的进入门槛，对于新的市场进入者来说，不能够简单地复制你的业务。如果你做的东西，别人可以轻松的复制，没有什么门槛，那么创业者就要疲于奔命地参与市场的竞争，最后也赚不到什么钱。护城河优势可以往品牌、网络效应、转换成本和无形资产的方向进行考虑。总之，随着你这个生意做得越来越大，竞争对手越来越难以复制你，客户越来越依赖你，那么这样的创业方向，才是真正可以考虑的。不能建立护城河的生意，就难以真正地形成生意内部的复利积累，暂时的市场领先地位，不过也只是水中月、镜中花罢了。

把战略聚焦在不变的事物上。如果从创业者的角度看，一定要选择那些可以形成内部复利积累的商业模式，尤其要注意在科技领域的创业中，如果行业变化特别大，需要不断地重新构建产品，那么就不能够做到有效的积累，就是一个非常辛苦的生意。把战略聚焦在不变的事物上，一旦生意被打造以后，用户有这方面持续性的需求，甚至10年、30年以后，相同的产品还可以不断地进行售卖。而不是那些，每过3~5年产品就要被推翻，然后重新再来一遍的。

因此，巴菲特的投资智慧是筛选出来好生意，通过学习巴菲特的投资之道，也可以指导创业者、企业主的经营，把时间和资源往好生意的方向进行投入和打造；对于创业者来说，切中真实的市场需求，消费者愿意付钱购买的那些服务。不断地为客户创造价值，然后得到市场的积极反馈；对于好生意，要牢记品牌、定价权和护城河，把资源投入在不变的事物上，随着时间的积累，不断地构建生意的进入门槛。

10.10 在熊市中做什么

真正热爱投资的人是没有熊市和牛市区分的。在牛市的时候，指数快速地拉升，个股也是前赴后继地上涨，买的是什么股票并不重要，关键的是你在市场中。有的人甚至被股市短期的赚钱效应而吸引，通过券商融资，甚至场外配资加杠杆的方式来买入股票，在市场情绪放大以后，有一些公司的估值开始泡沫化了，于是聪明的投资者开始兑现利润，直到最后一个买家出现的时候，市场开始下跌。

在A股市场以散户居多，大部分投资者都没有完善的投资体系，更不用谈风险控制，只是跟着市场的情绪一起追涨杀跌，当熊市来临的时候，个股开始出现迅速地调整，于是散户跟风卖出股票，陆陆续续地爆出新闻，有些加了杠杆的投资者被平仓了。市场的交易活跃度持续性地下降，身边也越来越少听到有人在谈论股票，不少人的账户开始出现了浮动亏损，股市的赚钱效应没有了，于是很多散户渐渐地淡出了市场。但是，那些真正热爱投资的人，依然在市场中活跃着。在熊市中完善自己的投资体系。真正热爱投资的人，在熊市中依然会保持着良好的学习热情。无论是对自己过往的投资案例进行回顾和总结，还是阅读大量优秀投资者的书籍，学习更多优秀上市公司的商业模式，不断地扩大自己的视野，不断地完善自己的投资体系。

在熊市中，场外的增量资金和股票分红可以以较低价格增持更多的股份。对于聪明的投资者来说，身处熊市中，虽然自己的股票账户的资产总额也是随着市场报价一步步地缩水了，但是心中明白持有的是生意，只要这些股票背后的生意经营发展越来越好，市场最终一定会反映出来公司所创造的内在价值。在熊市中，无论是上班族的工资收入，还是企业主的经营分红，有主动收入可以增持股票，同时有一些上市公司会派发股息，那么股息的被动收入也可以拿来增持。

重要的是，在熊市中，市场先生可以给我们报出来相对更低的价格买入到一些优秀上市公司的股份。当市场持续性调整的时候，一些加了杠杆而被平仓的投资者成了被迫卖出的人，他们卖出股票根本不是基于价值，而只是因为愚蠢的犯错而不得不卖出。在这个时候市场可能会出现一些匪夷所思的低估值买入的机会，对于可以进行持续增持的人来说，可以接手那些被迫卖出的股票，也就是所谓“带血的筹码”。关键是，聪明的投资者心中以生意的价值为基准，市场的报价只是服务于咱们的，如果出现很好的买入机会，那么就要果断出击。

在熊市中，当出现大面积低估值机会，可以对投资组合的资产配置进行优化。聪明的投资者，无论是身处熊市还是牛市中，在平时做的一件非常重要的工作，就是不断收集一些符合自己投资原则的好公司，加入自己的股票备选池中。唯一需要等待的就是好价格的出现。每个聪明的投资者都有一套符合自己价值观的筛选原则，在平时大量阅读过程中，就是在考察公司的基本面情况，分析这些公司自己是否可以看得懂，是否有确定性的良好前景，是否有值得信赖的管理层在经营，然后给这家公司进行估值，等待股票市场给出好价格。有些投资者甚至可能在发现了一家好公司以后，等待了数年才出现了好价格的买入机会。

然而，熊市来了，对于聪明的投资者来说，甚至是越跌越兴奋，因为他看到那些自己艳羡已久的好公司，市场价格的持续性下跌，距离自己心中的理想买入价格越来越接近了，他在耐心等待开枪的机会。当合适的投资机会出现的时候，要么是增量资金的买入，要么可以进行换股调仓，为投资组合纳入进来那些理想的可以长期持有的优秀投资标的。熊市的出现，对于真正的投资者来说，就是积极拥抱自己理想投资机会的大好时机。应该说是熊市成就了优秀投资者日后灿烂的投资业绩。

因此，对于真正热爱投资的人来说，没有熊市和牛市的区别，即使是身处熊市中，身边愿意聊股票的人越来越少了，但是自己依然保持着高度的热情，依然在不断地学习新的知识，不断地完善自己的投资体系；熊市的典型特征就是市场的赚钱效应没有了，那些没有完备的投资体系的人，根本没有能力识别出来自己手上持有股票的价值是多少，于是在他们需要钱的时候，选择卖出股票，对于聪明的投资者来说，可能会以匪夷所思的低估值买入自己理想的投资标的。在熊市中的增量资金，聪明的投资者会用来进一步地收集优秀公司的股权，同时在熊市中，有更多好机会出现的时候，可以优化投资组合，纳入那些“垂涎已久”的好生意。

10.11 建立股票观察池

对于刚开始选择做价值投资的朋友来说，面对市场上几千个上市公司，如何从里面挑选出来一小部分，纳入自己的股票观察池，然后做深度研究的工作呢？通常来说，有以下几个常见的方法。

利用股票软件定量筛选。在一些股票软件中，可以非常方便地通过“条件选股”的功能，在软件中设定符合自己筛选原则的条件，然后利用软件把符合这些条件的公司给定量地筛选出来。比方说，上市满5年，最近5年每年的净资产收益率（ROE）都是大于15%，同时每年的经营活动所产生的现金流量净额不低于净利润的70%，通过这样的筛选逻辑，我们可以排除掉那些次新股，上市时间还比较短的、尚未经过市场充分考验的公司。对于净资产收益率的指标来说，反映了公司利用股东所投入的资本创造出来利润的盈利能力有多强，该项指标越高，表明公司的盈利能力越突出。最后将经营性现金流量净额与报告期所披露的净利润之间进行比较，只覆盖那些既有利润，同时又有经营性现金流的公司，通过这样的方法，可以排除掉那些在商业模式上，现金流不太好的公司。

在日常生活中多多留意。在生活中，无论是逛超市购买日常生活用品，还是看到一些公司所做的广告，我们都可能会发现一些不错的上市公司。比方说，在逛超市的时候，我们会看到很多上市公司的产品，如果发现了哪一家公司的产品，不仅仅是你自己经常购买，而且身边人也经常购买，那么对于这样的公司，就可能会是盈利能力比较好的。通过查看产品的包装盒，找到是哪一家公司生产的商品，再把该公司的基本面指标搜集出来后，通过考察基本面的常用指标：营业收入、净利润、毛利率、净利率、经营性现金流量净额的变化，看看该公司在财务上有没有体现出来很好的盈利能力，如果盈利能力很一般就没必要再跟踪了，如果盈利能力看起来比较好，那么就可以先纳入自己的股票观察池，做进一步的商业模式、竞争优势的定性分析。同样的道理，无论是在电视上，还是户外的广告，当你看到一家公司的广告能够打动你的话，那么也可以进一步地去看看它的一些资料，没准就能够找到一些不错的投资机会。

关注一些优秀投资者的网络账号。随着互联网的发展，现在投资者可以非常方便地通过互联网渠道将自己的投资实践和感悟心得通过互联网进行分享。通过这些互联网平台，我们可以关注一些行业内的优秀投资者发布的文章。有的是基金经理，或者是民间涌现出来的投资达人。通过学习他们的投资思路、案例分析，在这个过程中，有可能会遇到一些我们感兴趣的投资机会。对于一个人是否值得关注的衡量标准是，在他过往的投资经历中，获取了比较好的投资业绩，同时分享的文章内容有很好的逻辑性，对于这样的一些高人可以作为我们投资路上的指引。当然，在投资中非常重要的是需要有独立思考的能力，无论这些高人的投资成绩如何，他们任何的分析文章，也仅仅只能是作为我们阅读材料的参考，尤其要注意不能因为迷信权威，在这些达人买入以后，自己也跟风买入。

建立自己的投资社交圈子。在投资的过程中，如果一个人自己闭门造车，往往有可能会忽视掉一些公司的负面清单。那么，通过建立自己的投资圈子，将一些自己所信任，在投资理念上比较相通的朋友们聚集到一起，可以不定期地在网络上相互之间分享，或者举办线下的投资交流会，大家互相之间分享最近的投资理念的认识、投资案例的分析，那么通过这种朋友圈的关系，就可以有效提高我们可能会遇到的一些潜在的投资机会。尤其是，通过与某一些已经对一家公司有过深入研究的朋友们交流，我们可以快速地抓住该投资机会需要关注的核心要点，也是可以大大地提高我们投资研究的效率。

10.12　卖出的基本原则

巴菲特说："每当查理和我为伯克希尔旗下的保险公司买进股票时，我们采取的态度就像我们买下的是一家私人企业一样。我们着重于这家公司的长远经济前景、经营管理层以及我们支付的价格。我们从来没有考虑要在什么时候以何种价格再把这些股份卖出。事实上，只要预期这家公司的内在价值能以我们满意的速率稳定增加，我们愿意无限期地持有这些股份。"查理·芒格说："我们偏向于把大量的钱投放在我们不用再另外作决策的地方。如果你因为一样东西的价值被低估而购买了它，那么当它的价格上涨到你预期的水平时，你就必须考虑把它卖掉。那很难。但是，如果你购买几个伟大的企业，那么你就可以安坐下来啦。那是很好的事情。"

对于巴菲特式价值投资者来说，在买入的时候并不是期望能够尽快地脱手，然后赚取中间的差价。即使买的是股票，也是以收购私人企业的思维方式在进行价值评估和买入后的长期持有。重点考察公司是否有伟大企业的基因，是否有良好的长期前景，是否有德才兼备的管理层，以及购买股权所支付的价格。在买入的时候，并没有考虑到什么时候会卖出。只要公司的内在价值能够以满意的速率进行稳定成长的话，那么价值投资者愿意永久性持股。从逆向思维来看，价值投资者会在什么时候卖出呢？公司不再有长远的经济前景，或者经营管理层发生了变化，乃至于公司未来的内在价值的增速不能够满足投资者的基本要求。重点关注的是公司基本面的变化，忽视市场价格对公司内在价值的创造的反映。

基本面发生了变化。我们在买入之前，会审慎评估公司是否有持续稳定的经营历史，是否有良好的长期前景，是否有德才兼备的管理层，是否有护城河优势，再落实到财务指标方面，是否有高净资产收益率、高销售利润率，经营性现金流是否保持稳健。在我们买入持有以后，企业在不同的生命周期阶段，以及内外部环境的变化，都可能会导致企业的经营层面发生变化，既可能会变得越来越好，也有可能会发生恶化。如果基本面出现了严重的恶化，那么支持当初我们买入时候的投资逻辑就站不住脚了，换句话说，以企业当前的基本面情况，我们不会买入的，那么就可以考虑卖出。

内在价值创造的速率不够。即使企业的基本面没有发生变化，企业依然有良好的长期经济前景，依然有德才兼备的管理层在经营。但是，企业已经进入了生命周期的成熟期，预期未来的内在价值创造的速率可能不够理想。比方说，一个投资者期望的企业内在价值创造的速率能够保持在15%以上，那么如果预期未来的成长速率将会衰退到10%以下，并且也没有看到扩展二次成长的新业务推出。如果企业的内在价值创造的速率不够，那么预期未来的市场价格的变化也将会不够理想。在这样的情况下，如果能够找到相对更好的投资机会，可以进行卖出调仓，抛出内在价值创造速率不够的生意，切换到更为满意的内在价值创造速率的生意上。

买入的股票是个错误。在投资的成长中，尤其是对于一些尚处于初中级阶段的价值投资者来说，在买入的投资体系方面还没有完全成熟。冲动地买入以后，因为已经持有了一家公司的股票，投入了成本后，才愿意坐下来认真地评估一家公司的基本面，以及找到一些投资方面比较成熟的朋友们在一起交流切磋。随着自己更加深入地了解这家公司以后，结果发现自己的买入逻辑上是存在不严谨性的，当初在买入的时候，忽视掉了某一些重要的推演环节，在更加清晰地看明白一家公司的基本面以后，意识到自己的买入是个错误，那么随后的出售应该是毅然决然。在这个时候，如果账面出现的是浮动亏损，投资者有可能会陷入损失规避的陷阱中，不愿意卖出基本面有问题的股票。这个时候，可以换一个思维方式，如果我没有持有这家公司的股票，我愿意现在买入吗？如果答案是否定的，那么就应该果断采取行动，而不是被基本面不好的公司，给套牢而错失了其他更好的投资机会。

因此，对于巴菲特式价值投资者来说，重要的功课是放在买入之前的审慎评估，以选股如选妻的态度来决定自己的买入决策，绝对不轻易地执行买入操作。在买入持有以后，还需要定期做基本面和回报率的评估，如果基本面没有发生变化，内在价值的创造速率依然令人满意，那么就可以继续持有。对于价值投资的初学者来说，在投资体系尚未成熟的时候，如果在买入以后发现自己的买入决策是个错误，那么在当前基本面和估值情况下，自己其实是不愿意买入，应该果断地卖出来纠正自己的错误，不要因为沉没成本、损失规避的心理障碍让自己深陷在泥潭中。

第三部分

精神投资

第11章

功夫在诗外

真正的快乐源自于精神上的富足，而非物质上的富有。

——约翰·邓普顿

11.1 意义

每个上市公司都有一个“内在价值”，你通过买入这些上市公司的股票，让它们的市值更加地接近它的内在价值，就是在帮助公司。为什么公司的市值与内在价值相近，对公司来说是好事？如果公司的市值一直被低估，那么市场上，会存在一些带着恶意的资本，通过非常便宜的价格，就买入了大量公司的股票，以至于可以影响一家上市公司的经营。

A股中曾经出现过某资本大鳄通过买入万科的股票，然后发布罢免万科目前经营管理团队的公告，严重影响了上市公司的正常经营，资本市场出现了一些兴风作浪的“妖精”，通过保险公司，从大众那里募集到资金，然后再到资本市场里面来干预实体经济的正常运作。还有，如果国内优秀企业的估值，一直比较低，境外的恶意资本，也有可能通过资本市场，轻松地收割中国人民的劳动成果。

所以，价值投资者，在股价暴跌的时候，看到了公司所存在的价值，愿意主动承担风险，敢于逆向买入，其实就是在帮助上市公司、帮助社会、帮助国家。对于从事资产管理行业的朋友，在拿到了客户的资金后，去从事价值投资，一方面帮助了企业，另一个方面为客户实现了财富的保值增值，资本也是稀缺的社会资源之一，而投资的行为优化了社会资本的配置，就是在为社会的发展做贡献。

对于少数幸运的创业者可以带领创业项目最后实现公司上市的梦想，一旦上市以后，公司成为一家社会公众公司，会得到社会上更多的关注，对于公司的经营发展也是有一定的好处。当然，最重要的是公司上市以后，股份可以进行流通了。公司在上市的环节可以发行一部分的新股，投资者通过申购公司新股的方式来拿到原始股，对于国内的A股来说，申购的数量远远大于实际供给的数量，所以证监会推出了摇号的方式，只有那些幸运的中签投资者才有机会以期初上市的价格申购到公司的原始股。这些中签的新股投资者，他们的缴款流入了公司账户，可以用于公司在上市以后新项目的投入，他们的投入资本其实也是在帮助公司日后的发展。

所以，刚上市的时候发行新股的融资，这些钱是流入了生意内部，可以投入实业的发展环节中，这些资金是在发挥着社会作用的。那么，一家公司上市以后呢？如果它的商业模式运作得非常良好，不再需要股权融资，也就不会再从投资者手上拿到一分钱来投入生意内部了，对于经营良好的生意，甚至还会通过分红的方式来回馈投资者。那么，在这个阶段的投资者，他们买入持有的是股票，他们的存在又有什么社会意义呢？

为股票提供流动性。股票是上市公司所有者权益的一部分，如果持有一家公司的股票，那么这个公司的所有者权益中，就有你的一部分。对于有闲钱的人来说，如果看好一家公司的未来发展潜力，可以通过买入股票的方式，非常方便地成为这个生意的股东之一，分享生意未来发展的收益。如果公司经营良好，从长期看的话，股票市场一定会给予正面的反馈，所以买股票的人，付出今天的资本是为了以后可以赚取更多的投资收益。然而，一家公司的股票在上市以后是可以流通的，对于想要买的人，必须要有人愿意卖出才可以配对成交，想买股票的人，拿到股票支付现金，想要卖出的人，付出股票拿到现金。因此，大量股票投资者的广泛存在，非常重要的作用就是自发地为一家公司的股票提供了市场流动性。

为公司维持合理的市场估值发挥积极的作用。在股票市场中存在一些价值投资者，他们是以看生意的价值进行投资决策的，然而正是这些少部分聪明投资者的存在，帮助公司维持了一个合理的市场估值地位。尤其是在公司的股价持续性下跌的时候，看价值而投资的人，在审慎的基本面分析以后，认为公司的市场估值出现了严重的偏差，于是他们拿出自己的资金，勇敢地接住正在“下落的飞刀”。因为有这些投资者的存在，可以扭转市场的下跌趋势，他们帮助企业维持了一个合理的市场估值。所以，价值投资者的存在，其实是可以在幕后帮助到公司的。在公司价值被低估的时候买入公司股票，帮助公司维持合理估值，通过帮助别人最后帮助了自己。

11.2 道德

我们手上所拥有的每一分钱，在选择是消费还是投资的时候，我们选择是消费哪一家公司的产品或服务，就是在拿自己的钱去投票支持这个企业的发展，同样的道理，我们选择把钱投入到什么生意里面去，就是成为这个生意的一分子。我们选择什么，就是我们内在价值观的体现。我们应该把钱投入到那些对我们自己、家人和朋友们有益的生意上。对人类的美好未来进行投资，不仅仅可以收获到财务上的成功，同时也可以收获到精神上的富足。真正的快乐源自于精神上的富足，而不仅仅只是物质上的富足。

很少有人知道，在美国最受欢迎的50只基金中有5只基金是不投资于酒精、烟草和赌博行业的，这已经成为这些基金的内在投资原则，很多的投资机构把这些股票归类为"有罪的股票"。约翰·邓普顿先生说："这仅仅只是常理，没有什么别的原因。"投资者要避免投资于那些政府、医生或慈善机构所限制的行业，这些行业通常对社会是有负面效应的。应该把钱投资者于对我们自己，乃至于对全人类有益的生意中。

如果我们成为烟草公司的股东，那么从价值观上来看，我们就是在支持烟草，企图通过在烟草公司的销售上赚取利润，然而烟草公司所生产的香烟，不仅仅是伤害到了那些持久吸烟的人，同时也伤害了那些被迫吸入二手烟的人。如果你的家人、年幼的孩子被迫吸收有毒的烟雾，你又是什么感受呢？如果我们成为赌博公司的股东，那么从行为上看，我们就是在支持这样生意的发展，当看到那些在赌场中因为贪婪而迷失了自我的人，因为滥赌成性而家破人亡，我们内心又如何能够做到平静呢？

反之，如果我们投资的是那些健康、快乐、富足的生意，让人类的生活能够更加幸福的。比方说，医药行业是在输出有益于人类的商品，能够帮助那些遇到疾病的人，从苦难中走出来；保险行业，通过为消费者输出一份保单，而拥有了一份保障计划，万一发生了重大疾病、意外的风险，那么保险公司可以通过理赔的服务来帮助这些遇到困难的人们，对于那些买了保单，一辈子都没有发生重大疾病、意外的人来说，就权当作自己的钱是拿来做慈善了，自己所付出的保费，通过保险公司的平台帮助到了那些真正有需要的人。作为投资者，我们通过持有医药公司、保险公司的股份，成为这些生意的一分子，用我们的行动来支持这些事业的发展，让人类更加的美好。

当我们回首往事的时候，能够欣慰地说，那些年我们所做的生意是有意义的。无论是生意，还是我们自己，都不可避免地会走到终结的地方。在我们的一生中，将有限的时间、精力和金钱投入到那些对于他人是有帮助的生意上，我们支持了这样的一些事业的发展，我们在促进人类更加幸福的事业上，贡献出了自己宝贵的“投票”。

通过做有意义的生意来积累财富，然后再通过慈善事业，将金钱回馈给社会。我们所积累的财富，不过是社会相信我们，这些钱在我们手上能够发挥更好的社会作用。然而你的职责就是要对这些金钱进行分配，让它们可以流入更好的地方，无论是攻克重大疾病的慈善基金，还是促进贫困地区经济改善的基金会，让贫穷家庭的孩子能够得到更好的教育机会，都是要让金钱能够发挥出来更好的社会作用。

11.3　空性

万事万物本身是没有自性的，事物本身其实是空性的。因为，如果事物本身如果具有某种固定自性的话，那么任何人看待同样的事物，应该会认为是一致的。但是，事实上同样的人或事情，在不同的人眼里，会看到不一样的结果。

如果你手里有一支笔，你可以拿这支笔来写字，也可以绘画，在你的手里，这支笔因为有你的存在，而可以发挥出来具备笔的潜力。但是，这个时候，从门外进来了一条狗，那么从狗的眼里来看，这支笔的作用，可能会是磨牙棒，它不可能看出来这个棒子具备笔的任何潜力。然后，你牵着狗离开了房间，把那支笔留在房间里面，在没有你和狗的存在的时候，那支笔根本无法发挥出来任何的属性。因此，从你的眼里看到的是一支笔，而从狗的眼里看到的却是磨牙棒，笔的属性来源于你，而磨牙棒的属性来源于狗，具备某某功能的这个看法来源于谁来看它，以及如何看它。在没有主体的情况下，作为客体的这支笔，它是空性的。

股票本身是"空性"的。因为它是空性的，所以蕴含了无限的"潜能"。面对同样的市场，同样的股票，有的人把它看成是赌博的筹码，有的人把它看成生意的一部分。你把股票看成什么，就是你的价值观的体现。很遗憾的说，有些人根本就无法接受买股票就是买生意这样的视角。在赌徒的眼里，股票是用于交易买卖的筹码。在投资者的眼里，股票是上市公司所有者权益的一部分。股票可以展现出来什么样的潜力，完全取决于谁来看它，以及如何看它。

因为事物本身是空性的，所以具备了无限的潜能。当我们知道了事物本身是没有自性的时候，就可以放下对事物的执着。比方说，在你买入以后，股票开始下跌了，你的账面资产在缩水，有的人会痛苦和郁闷，然而有的人却能够做到内心的宁静和从容。股价下跌这件事，本身是空性的，你想要采取什么样的方式来回应它，完全取决于你自己，而不是外在的环境。聪明的投资者明白，不应该被外在环境的变化而影响了自己的情绪，可以做自己内心的主人。比方说，股价下跌，从生意的角度看，它变得更便宜了，如果后面有新增资金（工资或分红）可以用更加便宜的价格买入更多自己喜爱的生意的股权，它反而是一件值得高兴的事情。投资的成功需要一种心理上的转换力。

11.4 无常

霍华德·马克斯说："无常含有接受变化和起落的必然性之意。换言之，无常意味着周期有起伏，事物来而往，环境在以不受我们控制的方式而改变。因此，我们必须承认、接受、配合并且响应。这不就是投资的本质吗？逝者已矣，覆水难收。过往造就了我们面临的现状。我们所能做的，不过是客观地认识环境，并以此为前提，做出我们能够做出的最好的决定。"

一切和合事物皆无常。悉达多坐在一棵菩提树下，探索人类的本性。经过长时间的思维，他终于悟到一切万有，包括我们的血肉、我们所有的情绪和我们所有的感受，都是由两个以上的元素组合而成。当两种或多种元素和合在一起，新的现象就会发生：电子硬件和操作系统软件产生了电脑；新鲜的鸡蛋和热水产生了煮熟的白水蛋；卵子和精子的结合产生了受精卵；贪婪、恐惧和股票市场，产生了赌徒。这些最终的产物，并没有独立于其各别元素而存在。相信它真实独立存在，是最大的骗局。在和合的过程中，各个元素也起了变化。只因接触了和合，它们的性质也随之改变了。不仅人类的经验是如此，所有事物、整个世界、整个宇宙都是如此，一切事物都是相互依存的，因此一切事物都会改变。一切万有，没有一样是独立、恒常、纯粹的状态存在。任何在人心可达之处的事物，即使只是想象的，比方说十二生肖中的“龙”，都需要依赖于其他东西的存在。你心中想象出来的“龙”会长什么样子，它是依赖于你的想象的，这样想象出来的画面，如果没有你，它是不能够独立存在的。因你看见，所以存在。

无常意味着变化。任何事物和另一个事物之间的位置或关系发生了改变，哪怕只是细微的改变，都要遵循着无常的法则。认识无常后接纳无常。在客观认识了变化是不可避免的以后，那么就要解除对恒常的执念。比方说，股票价格的波动是不可避免的，这是客观存在的事实。没有什么全能的神可以扭转股价的波动之路，因此觉悟的投资者就不会困在期待之中。如果没有盲目的期待，就不会有失望的情绪。如果能够了解一切都是无常，就不会攀缘执着；如果不攀缘执着，就不会有患得患失的情绪变化，因此通过认识无常和接纳无常而解脱，真正完完全全地活在当下。

一切和合的事物与其无常的本质是合而为一的。当我们看到一个人从我们眼前走过的时候，即使很健康，我们知道这样的状态是不可能恒常的，随着时间的流逝，他在不断地接近死亡的那一刻。生和灭是一体两面，在生命的旅途中能够同时看到一体两面，能够给我们带来很奇妙的体验，让我们的内心能够做到更加的宁静和从容。当我们看到一个股民抱怨说，一旦他买入的话，股价就开始下跌，一旦他卖出的话，股价就开始上涨，股市好像就是跟他对着干的，渐渐地他陷入了一种受害者强迫症的心理状态。在他买入的时候，他对股价的未来走势，有着错误的期待，那么当期待落空的时候，他有了失望的情绪，反之亦然。他的情绪随着外在股价的波动而患得患失，体验着过山车般的心情。但是，如果接纳了无常，就不会有他这样的期待和失望，当它们消融了以后，你对事物的觉受会转化，从而拥有宁静的内心。面对那些依然深陷于股价波动痛苦的股民们，你会生起慈悲心，你慈悲心来源于无常的客观规律是如此的显而易见，人们却视而不见。

影响事物变化的因和缘。以煮鸡蛋为例，鸡蛋煮熟需要一些变化，如果没有变化，那么我们就不可能得到熟鸡蛋的结果。在事物变化发展的过程中需要一些因缘，一些必要的东西，如一颗鸡蛋，一锅水，和一些加热的元素。次要的东西，有厨房、灯光，还要有一只把鸡蛋放入水中的手。同时在事物发展的过程中，没有其他意外情况的发生，比方说突然停电了，或者发生了地震。一颗鸡蛋的来源需要有母鸡，同时它又来源于另外一只母鸡下蛋后孵化的结果。这些需要在安全的地方，某些因缘际会的成熟，才有了现在手上的这颗鸡蛋。当无数的因缘和合在一起，而且没有阻碍和干扰的话，那么结果是必然的。许多人误以为这是命中注定或者运气，其实我们有能力对事物发展的因缘产生影响力，至少在开始的时候。然而，一旦到了一定程度以后，即使我们祈求鸡蛋不要煮熟，它还是会熟的。

在因上耕耘，在果上随缘。在了解无常的知识以后，有些朋友误以为既然事物的发展是无常的，那么我们什么都不要做了，任由事物进行自由地发展吧。其实，并不是这样，无常并不是要我们做一个悲观者，或者逃避生活的人。反而是意识到了无常的力量，从而开启了通往希望、光荣和成功的大门。接受从此刻会有无限的可能性，你会运用便在的觉性和预见能力。例如，雾霾、地沟油和问题疫苗是贪婪的资本主义条件下的产物，资本在追逐利润的情况下，在道德上沦陷了。但是，这些不幸的事实是可以转变的。我们并不需要依靠某种全能神的超自然力量，只需要单纯地了解和合现象的本质，就可以扭转乾坤。当你了解现象，就能够操纵它们，从而影响因和缘。你可能会惊讶地发现，哪怕是少开一次车，选择步行或者骑自行车的方式，也可以影响到雾霾天气的形成。穷苦人家出身的孩子，可以通过后期的努力学习，不断地埋下改变命运的种子。没有机会，自己创造机会，才是最好的。

11.5 耐心

在我们年幼的时候，学过一个成语：拔苗助长。一个农民把秧苗插入水田之后，每天都来观察秧苗的生长状态，可是从每天来看，秧苗根本都没有发生多大的变化，他非常的着急，于是下田自己动手把秧苗往上拔高一点，这样看起来秧苗就长高了，他心里面非常高兴，可是没有过多久，田里的秧苗都干枯了。后用“拔苗助长”比喻违反事物发展规律，急于求成，反而坏事。

在投资的过程中，人们的行为其实也有类似的地方。如果买入持有的股票，相对于市场中其他股票的涨势比较差，于是有些人就卖出自己的股票，换仓到其他股票上，在不同的股票之间频繁地换来换去。从整个市场变化角度看就是换手率在持续地升温，越来越多的投资者失去了耐心，尤其是在资讯如此发达的时代背景下，人们受到了铺天盖地信息地轰炸，不断影响着人们的决策行为，可能某一个突发事件的来临，就驱动着人们要对自己的投资组合进行调股换仓。

在2000年的一个早上，亚马逊创始人贝佐斯给巴菲特打电话，问巴菲特：“你的投资体系这么简单，为什么你是全世界第二富有的人，别人不做和你一样的事情？”巴菲特回答说：“因为没人愿意慢慢地变富。”贝佐斯突然明白，关注长期的人，比关注短期的人有巨大的竞争优势。通过长期持有优质公司的股权，伴随企业内在价值不断地成长，巴菲特收获了巨大的财富。

乔尔·格林布拉特：我总是告诉我的学生们：“如果你对股票价值的估计是准确的，我保证市场也会认可你的意见。”我从不告诉他们这个时限是几周还是几年。格雷厄姆说，长期来看，市场是一个“称重仪”，即使它在短期内常常表现情绪化。以我对美国股市的了解，市场要恢复“正确”，通常来说两到三年的时间就足够了。但如果你每天都在看盘，那日子可就难熬了。

在做投资的过程中，能够耐心地等待形势的变化是一个基本功。无论是等待那些我们心仪已久的投资对象的市场报价进入我们的目标买入价，还是等待那些我们已经持有中的生意能够变得越来越好，或者市场能够更加准确地认识我们所持有的这些被低估好生意的价值。事物的发展是循序渐进的过程，从每一天来看似乎并没有多大的变化，但是从每年来看日积月累以后，在各种外缘的助力之下，事物必然会朝着动态的方向进行发展，不以人的意志为转移。

如果把我们投入到股市中的财富看成是种子的话，只要我们所选择的土壤比较肥沃，有值得信赖的合伙人在持续地照料着，那么随着时间的推移，必然会生根、发芽、开花和结果。

11.6　布施

通过价值投资的方法，随着时间的积累，在复利效应下，你解决了个人财务问题，成为金钱的主人，你不再需要为钱而被迫谋生了。在财富持续性地滚雪球以后，一方面财富的绝对值有了更大的成长，另一个方面无可避免地每个人都将步入自己的人生晚年。在人生的最后阶段，当我们回顾自己这一生所走过的路，曾经所投资过的生意，能够心安理得地说自己所投资的生意是有意义的，积累的财富是应得的。

那么，当财富超越了一定的数额以后，更多的金钱其实并不能够换来更多的幸福感。如果说来源于社会的巨额财富，并不是真的属于我们，只是社会相信这些财富交给我们能够发挥更好的社会作用。那么，如何去支配这些财富，让他们能够被配置到更好的地方，更好地促进整个人类社会文明的发展呢？

在2006年6月巴菲特宣布他将开始捐赠自己在伯克希尔哈撒韦公司的财富，总价值超过400亿美元。逐步将他持有85%的伯克希尔哈撒韦公司股票赠予5家慈善基金会，其中5/6将进入世界上最大的慈善组织：资产达300亿美元的比尔和梅琳达·盖茨基金会。该基金会主要致力于全球健康问题，与诸如疟疾、艾滋病和肺结核等疾病做斗争，而且它还在为美国图书馆和高中教育的改善而奋斗。

巴菲特说："命运的不公让全世界数十亿人口生活在水深火热之中，而盖茨和梅琳达一心一意、尽其所能地改善这种不平等的状况。如果你的目标是把金钱返还给社会，以解决没有相应资金基础的重大问题，还能找到能比这对天资聪颖、理念正确、能力出众的年轻夫妇更好的答案吗？在伯克希尔哈撒韦，管理着公司的是那些有才华而且可靠的人，他们取得了远超过于我的杰出成绩；而在比尔和梅琳达·盖茨基金会，由这对出色的年轻夫妇管理着我的善款。无论你希望做什么，还有什么比知人善用更合乎逻辑的吗？在高规格的高尔夫球比赛中，谁又不会选择泰格·伍兹来替自己出征呢？"

巴菲特说："有些物质上的东西使我的生活更惬意，但也有很多东西不能。拥有一架昂贵的私人飞机挺不错的，但拥有半打豪宅却是一种负担。你占有的越多，反而往往被物质所占有。我所拥有的最珍贵的财富，除了健康以外，就是形形色色的有趣而恒久的朋友。我的财富来源于多项因素的结合，比如生活在美国、幸运的基因以及复利。要不是我生活在一个人口众多的富裕国家，而且这个国家的市场上有着不可胜数的有价证券，不时还会出现荒谬的被低估的价值，我配置资本的能力本不太可能有用武之地。我和我的家人对于我们不同寻常好运的反应不是愧疚，而是心存感恩。如果我们在自己身上使用超过1%的财产，也并不会让我们更快乐或是更健康。相反，其余99%的财产却能给其他人的健康和福利带来巨大影响。保留足够我们享用的财富，其余的捐给社会，满足社会的需要。"

巴菲特说："我和爱人从未觉得我们应该把这么多钱留给子女。我们的孩子都很出色。然而，我要申明的一点是，在成长经历以及得到的教育机会，包括家庭教育方面，他们已经占尽了优势；因此，再赋予他们无数金钱既不正确，也不理智。世代相承的巨额财富将会进一步加剧我们本应努力维护的社会公平。家人不会从我的净财富中获得巨额馈赠，但这并不意味着他们什么也得不到。富人留给孩子的财富应该足够他们做任何事情，而不是足够他们无所事事。"安德鲁·卡内基说："大部分源自社会的巨额财富应该返还到社会中去。"当我们意识到如巴菲特这样的投资天才，在通过投资的方式积累了巨额财富以后，也是将大部分财富又再次返还给了社会，那么在投资中假如遇到了特殊年份，暂时性的账面亏损，你也可以更加坦然地去面对。不会被一时的财富得失，而影响了自己的幸福感。

有一位禅师很喜欢养兰花。有一次他外出云游，就把兰花交代给徒弟照料。徒弟知道这是师父的爱物，于是也小心照顾，兰花一直生长得很好。可是就在禅师回来的前一天，他不小心把兰花摔到地上，兰花摔坏了。徒弟非常担心，他自己受罚倒不要紧，他害怕师父会生气伤心。问问自己，如果你是禅师，你会怎么处理？禅师回来以后知道了，并没有生气，也没有惩罚。他告诉徒弟："我当初种兰花，不是为了今天生气来的。"

投资对于我们来说只是人生积累财富的一场游戏，身处游戏的过程当中，我们要体会到快乐和幸福。如果对于财富的积累有过多得失心的话，那么难免就容易陷入纠结的人生状态中。我们通过价值投资的方法，发现市场上那些被标错价格的证券，通过我们的投资决策，优化了社会资源的配置，并收获了源自社会的财富，但是这些财富对于我们来说，不过只是暂时性地帮助社会在进行管理。我们所拥有的财富越多，承担的社会责任也就越大。放下对金钱的执着，金钱只是手段，幸福的人生才是终极的目的。投资可以是很煎熬的事情，也可以是很快乐的事情，对于巴菲特而言，他是每天跳着踢踏舞去上班，在他生命中的每一天都只做自己喜欢的事，只和自己欣赏的人打交道。最后，财富取之于民，用之于民，他收获了健康、幸福的一生。

后记

在16块钱买格力电器的人，被推举为价值投资者，人们认为他们买入真是神来之笔，原因是买入以后，很快就涨了3倍嘛！然而，在40块钱又继续买入格力电器的人，价格既然已经上涨了这么多，在这么“贵”的基础上买入的人，应该是投机，而不是投资吧？其实，关于到底什么是价值投资者，什么不是价值投资者，市场上存在着一些基本的认识误区。

从价值投资的开山鼻祖，格雷厄姆先生提出证券分析理论以后，衣钵再传承到巴菲特手上，师徒两人经过近百年的理论研究和实践，最后归纳出来了价值投资体系的“四大基石”：

一切股票都是生意的一部分，买股票就是买生意（股权思维）。

一切股票都具有内在价值，在买入价格上相对于内在价值要留有余地（安全边际）。

一切股票的市场报价，相对于内在价值，既可能低估，也可能高估（市场先生）。

一切投资者都有自己的认知界限，在有限的生命内，只能够真正看懂极少数的生意（能力圈）。

有别于市场上的绝大多数投资者，在价值投资者眼里来看，股票是上市公司所有者权益的凭证，拥有一家上市公司的股票，就是一家上市公司的股东之一，哪怕只是持有100股，也是拥有股东思维在看生意。不断变化的股票价格是幻象，透过幻象看到股票背后的本质是生意，那么就没有必要盯着价格看，价格的变化是无常的，在短时间内可能会朝着任意的方向发展，不明真相的投资者追逐着价格变化的幻象，在错误的期待中，等到的只能够是一次次的失望。

价值投资应具备的思维方式

既然是生意，那么在存续期内就能够产生现金流，决定一个生意内在价值的唯一衡量标准就是在存续期内，未来能够产生现金流的折现值。生意的未来发展具有不确定性，二鸟在林，不如一鸟在手。所以，任何投资者在给生意的内在价值做评估的时候，也只能够是毛估，我们需要的是模糊的正确，而不是精确的错误。在最终决定是否买入的时候，相对于所评估的内在价值，要留有一定的余地。

既然市场上广泛存在着很多不看价值买股票的人，以及人类的动物性，在面对股票价格波动的时候，会有贪婪和恐惧的情绪发生。那么，市场的报价相对于生意的内在价值，在某一个选定的时间点，就可能会低估，也可能会高估。正是因为市场上存在着这样的错误，让稍微懂一点股票的投资者，拥有了纠正市场错误而获利的机会。价值投资者通过自己的能力来发现价值，拥抱价值，最后获取盈利。

任何投资者都有自己的认知界限，在有限的生命内，只能够看懂极少数的生意。聪明的投资者，会把精力聚焦在少数，真正值得深入研究的生意上，把少数生意看懂，知道它们的内在价值是多少，然后就可以利用市场愚蠢的报价来为自己服务。一个业余投资者对某几个生意持续跟踪了数十年，可能会比专业投资者同时覆盖数百家生意，对生意的商业模式、竞争优势和内在价值评估，能够做到更加的接近事实。所以，杰出的投资者都有自己的能力圈，只在能力圈内下注，在舒适圈外保持好奇心不断地学习。

那么，什么令你不是价值投资者呢？

如果你认为，并非一切股票都是生意的一部分，你认为有某些股票就是赌博的筹码，那么你就不是价值投资者。

如果你不能接受一切股票都是具有内在价值的，在买入的时候，出价相对于内在价值，要保留一定的安全边际，如果你相信某些股票在任何价格买入都是正确的，那么你就不是价值投资者。

如果你不能接受，市场的报价相对于生意的内在价值，存在偏差的可能性，如果你相信任何时候，任何报价都是正确的，那么你就不是价值投资者。

如果你认为，对任何股票都可以发表自己的见解，没有看到自己的认知界限，如果你相信投资者没有所谓的能力圈，那么你就不是价值投资者。

价值投资的难点在哪里？知不易，行更难。很多普通投资者没有亲近正确投资理念的缘分，在错误的方向上耗费了时间和金钱。少部分能够接触到价值投资的人中，知行合一又需要一个修行的过程，犯错了以后纠正错误，增进智慧，最后能够走出来的人，寥寥无几。这是一条少有人走的路，但却是股市中真正的康庄大道，愿在这条前进的路上与各位志同道合的朋友们共勉。

读 者 意 见 反 馈 表

亲爱的读者：

感谢您对中国铁道出版社有限公司的支持，您的建议是我们不断改进工作的信息来源，您的需求是我们不断开拓创新的基础。为了更好地服务读者，出版更多的精品图书，希望您能在百忙之中抽出时间填写这份意见反馈表发给我们。随书纸制表格请在填好后剪下寄到：北京市西城区右安门西街8号中国铁道出版社有限公司大众出版中心 张亚慧 收（邮编：100054）。或者采用传真（010-63549458）方式发送。此外，读者也可以直接通过电子邮件把意见反馈给我们，E-mail地址是：lampard@vip.163.com。我们将选出意见中肯的热心读者，赠送本社的其他图书作为奖励。同时，我们将充分考虑您的意见和建议，并尽可能地给您满意的答复。谢谢！

- -

所购书名： ______________________________

个人资料：

姓名：________________性别：___________年龄：___________文化程度：______________

职业：________________________电话：____________________E-mail：________________

通信地址：____邮编：______________

- -

您是如何得知本书的：

□书店宣传 □网络宣传 □展会促销 □出版社图书目录 □老师指定 □杂志、报纸等的介绍 □别人推荐

□其他（请指明）____

您从何处得到本书的：

□书店 □邮购 □商场、超市等卖场 □图书销售的网站 □培训学校 □其他

影响您购买本书的因素（可多选）：

□内容实用 □价格合理 □装帧设计精美 □带多媒体教学光盘 □优惠促销 □书评广告 □出版社知名度

□作者名气 □工作、生活和学习的需要 □其他

您对本书封面设计的满意程度：

□很满意 □比较满意 □一般 □不满意 □改进建议

您对本书的总体满意程度：

从文字的角度 □很满意 □比较满意 □一般 □不满意

从技术的角度 □很满意 □比较满意 □一般 □不满意

您希望书中图的比例是多少：

□少量的图片辅以大量的文字 □图文比例相当 □大量的图片辅以少量的文字

您希望本书的定价是多少：

本书最令您满意的是：

1.

2.

您在使用本书时遇到哪些困难：

1.

2.

您希望本书在哪些方面进行改进：

1.

2.

您需要购买哪些方面的图书？对我社现有图书有什么好的建议？

您更喜欢阅读哪些类型和层次的理财类书籍（可多选）？

□入门类 □精通类 □综合类 □问答类 □图解类 □查询手册类

您在学习计算机的过程中有什么困难？

您的其他要求：